HEYNE <

JOHN SWEENEY

DER FALL NAWALNY

MORD IM GULAG

Aus dem Englischen von Eva Schestag,
Bernhard Schmid, Karl Heinz Siber,
Karsten Singelmann, Gisela Fichtl, Sylvia Bieker,
Johanna Wais, Henriette Zeltner-Shane

WILHELM HEYNE VERLAG
MÜNCHEN

Die Originalausgabe erschien 2024
unter dem Titel *Murder in the Gulag:
The Life and Death of Alexei Navalny* bei Hachette.

FSC
www.fsc.org
MIX
Papier | Fördert
gute Waldnutzung
FSC® C014496

Penguin Random House Verlagsgruppe FSC® N001967

Deutsche Erstausgabe 2024

First published in 2024 by
HEADLINE PUBLISHING GROUP
An Hachette UK Company

Redaktion: Ulrike Strerath-Bolz und Jürgen Bolz
Umschlaggestaltung: wilhelm typo grafisch
Umschlagfoto: laif/Peter Rigaud
Satz: satz-bau Leingärtner, Nabburg
Druck und Bindung: GGP Media GmbH, Pößneck
Printed in Germany
ISBN: 978-3-453-60704-0

www.heyne.de

Alarmsirenen im ganzen Land
Ein Gefühl, als würden alle
zur Hinrichtung hinausgetrieben
Doch es geht nur um eine Person
Normalerweise die am Rand
Diesmal bist du nicht gemeint;
Alles klar.

Victoria Amelina, ukrainische Schriftstellerin
und verantwortlich für die Dokumentation
von russischen Kriegsverbrechen (1986–2023)

Ich habe ihn nicht getötet. Ich habe auf ihn geschossen,
die Kugeln und der Sturz haben ihn getötet.

Vincent, Auftragskiller in dem Film Collateral (2004),
gespielt von Tom Cruise

Ich verstehe diese Haltung nicht.
Zunächst einmal ist sie langweilig.
Und zum zweiten, man möge mir vergeben,
wenn ich klinge wie ein Angeber, ist es besser,
aufrecht stehend zu sterben, als auf den Knien zu überleben.

Alexej Nawalny (1976–2024) zur Erklärung,
warum er sich von der Macht und Korruption
des Kreml nicht einschüchtern ließ

Inhalt

Einleitung 11

1 Der Junge aus Tschernobyl 33

2 In den Apfel beißen 46

3 Hat was von einem Faschisten? 62

4 Jailhouse-Rocker 80

5 Ein Russland, zwei Zaren 101

6 Der Mann, der einen Wald gestohlen hat 123

7 Schrödingers Bürgermeister 132

8 Ist dies ein Wurstbrot, was ich vor mir sehe? 145

9 Die Diebe Russlands 155

10 Im Kampf gegen den Drachenkönig 180

11 Der Mann, der von den Toten auferstand 199

12 Moskau4, Moskau4 217

13 Der Tempel des schlechten Geschmacks 231

14 Ein mutiger, aber verhängnisvoller Fehler 250

15 »Der Koch hat's gern scharf« 266

16 Im Schatten des großen Krieges 283

17 »Sie werden mich auf jeden Fall töten« 307

18 »Ich komme wieder« 326

Dank 337

Liste von ermordeten Putin-Gegnern 340

Quellen 342

In diesem Buch habe ich mir die Freiheit genommen, mich an Originalübersetzungen zu versuchen, wenn das Original sich ungeschmeidig anfühlt und meinen Sinn für feingeistiges Hoch-Englisch beleidigt - und weil ich einen Abschluss in Russisch habe und ein professioneller Schriftsteller bin.

Einleitung

Terminator 2 – Tag der Abrechnung war Alexej Nawalnys Lieblingsfilm, und so wurde er zu der schmalzigen Melodie zu Grabe getragen, bei der Arnold Schwarzenegger als Terminator T-800 in einem Stahlwerk auf seinen bösen Schöpfer trifft und dem Hoffnungsträger der Menschheit, John Connor, ein finales »Daumen hoch« gibt. Nawalnys letzter Scherz zielte, natürlich, auf Wladimir Putins Neurose. Um es mit einem von Arnies berühmten Sprüchen zu sagen: »Ich komme wieder.«

Die Frage, die den Killer im Kreml umtreibt, betrifft auch die Zukunft des größten Landes der Erde: Wird das Auslöschen von Nawalnys Mut, Charisma und Ehrlichkeit Russland im Hals stecken bleiben und Putins Sturz nach sich ziehen? Wird Nawalny, das Gesicht halb aus Titan, halb menschlich, ein Cyborg-Auge rot blink-blink-blinkend, eines Tages quer über den Roten Platz auf die hohen roten Mauern der Festung des blutrünstigen Zaren zustapfen? Als ein »Fuck you!« aus dem Jenseits ist das alles ziemlich cool.

Und: passend.

Nawalnys Leben wurde auf jeden Fall ausgelöscht. In Russland ist es schwierig, Fakten zu überprüfen, denn macht man das gründlich, ist man am Ende tot. Wenn Sie mir das nicht glauben, werde ich Sie mal eben tüchtig einnorden: Anna Politkowskaja, Natalja Estemirowa, Boris Nemzow und Alexej Nawalny haben mir gegenüber persönlich die märchenhaften Unwahrheiten des Kreml in Frage gestellt. Mittlerweile leben sie alle nicht mehr. In chronologischer Reihenfolge der Ereignisse bei Nawalny: Giftanschlag, dann angeschossen; noch mal angeschossen; noch mal angeschossen; Giftanschlag, die Zweite; dann ermordet, genaue Methode noch unbekannt. Am Ende dieses Buches finden Sie eine ausführliche Liste der von Putin getöteten Menschen und der jeweils höchstwahrscheinlichen Mordmethode. Übrigens, ich mache mir keine Sorgen, dass mich der psychopathische Präsident verklagen könnte. Er wendet andere Vorgehensweisen an, um sich Genugtuung zu verschaffen.

Aber damit wir uns richtig verstehen: Der Begriff »Desinformation« wird der Macht des Kreml, Zweifel und Unsicherheit in den frei entwickelten und eher unterdrückten Ländern der Erde zu erzeugen, nicht annähernd gerecht. Wie reagiert man auf das Böse, wenn man nicht weiß, was genau passiert ist? Oder wer was getan hat?

Schrödingers Katze ist ein Gedankenexperiment der Quantenphysik, bei dem es darum geht, dass winzige Partikel an zwei Orten gleichzeitig existieren können, bis sie beachtet werden. Stellen Sie sich eine Katze in einer Schachtel vor, und gleichzeitig befindet sich darin etwas, was die Katze töten könnte. Schachtel auf: Die Katze ist sowohl tot als auch lebendig. Der Kreml hat Schrödingers Katze in teuflischer Absicht umfunktioniert, sodass Unwissenheit, Unverständnis, zum natürlichen Zustand für die Feinde des russischen Dunkelstaats geworden sind. Wladimir Putin hat die größte Nebelmaschine der russischen Geschichte gebaut.

In diesem Buch geht es darum, genau diesen Nebel zu vertreiben. Das Buch ist kein Krimi. Putin hasste den Russen, der sich wie kein anderer über ihn lustig machte, er hasste ihn so sehr, dass er zu keiner Zeit je seinen Namen erwähnte. Als ich 2018 Nawalny in Moskau interviewte, witzelte er mir gegenüber, dass er wie »Er, dessen Name nicht genannt werden darf« aus den

Harry-Potter-Büchern sei - »ich bin Lord Voldemort«. Putin ließ Nawalny ermorden.

Andererseits ist das hier auch ein Krimi. Denn wie genau hat man Nawalny getötet? Er war ein Mensch mit einer außergewöhnlich robusten Gesundheit, wenn man bedenkt, dass er unzählige Male verprügelt wurde, dass man zwei Mal versucht hat, ihn zu vergiften, und dass er seit seiner Rückkehr 2021 nach Russland mehr als zwei Jahre Folter in Putins Gulag erduldet hat, einschließlich dreihundert Tagen in Isolationshaft. In Nawalnys erster Strafkolonie IK-2 in Pokrow, ungefähr hundert Kilometer von Moskau entfernt, wurde er acht Mal pro Nacht geweckt: Folter durch Schlafentzug.

Nawalny wurde in ein noch übleres Straflager verlegt, das IK-6 im Dorf Melechowo. Er beschrieb die dortige Zelle folgendermaßen: eine knapp sechs Quadratmeter große »Hundehütte aus Beton ... Ich habe eine Strandausgabe - sehr heiß und kaum frische Luft. Das Fenster ist winzig, und weil die Wände so dick sind, steht die Luft - nicht mal die Spinnweben bewegen sich. Es gibt keine Belüftung. Nachts liegt man da und fühlt sich wie ein Fisch auf dem Trockenen.«

Seine letzte Unterbringung war IK-3, das als »Polarwolf« bekannte Straflager inmitten eines sehr kalten Gefrierschranks. Irgendwann war dieser gut gelaunte und lustige 47-Jährige auf einem Videolink zu sehen, aufgenommen im IK-3, wie er die diensthabende Richterin auf die Schippe nahm, indem er sie scherzhaft aufforderte, mit einem Teil ihres enorm hohen Gehalts sein Bankkonto aufzustocken. Die Kamera schwenkte auf die IK-3-Gefängniswärter neben ihm, die über den Witz des Häftlings lachten. Am nächsten Tag ist Nawalny tot.

In Russland ist nichts Offizielles wahr. Oder anders gesagt, es bleibt nicht lange wahr. Die Vergiftung des Informationsbrunnens in der westlichen Welt - durch Bots, Counterfacts,

Onlinegerüchte und düstere Lügengeschichten auf Social Media angetrieben - ist kein Zufall, sondern einer der erfolgreichsten Exporte des dunklen russischen Staats. Alles, was Putin im Westen unternimmt, übt er erst einmal zu Hause. Seit seinen allerersten Tagen an der Macht hat er die Wahrheit zersetzt - nachdem Boris Jelzin, einst die Hoffnung eines neuen, demokratischen Russlands, ab etwa Sommer 1999 jedoch ein seniler Alkoholiker, von seiner elend korrupten Familie kontrolliert, seinen furchterregenden Geheimdienstchef zum amtierenden Ministerpräsidenten ernannte. Wenige Tage später wurden in Moskau und Südrussland Wohngebäude von »tschetschenischen Terroristen« in die Luft gejagt - so die offizielle Version. Allerdings ist die Beweislage überwältigend, dass die wahren Schuldigen beim Inlandsgeheimdienst FSB - so der neue Name des KGB - zu finden waren. Näheres zu Wladimir Putins Erbsünde an der Macht, und dass er Russland gesprengt hat, lesen Sie in meinem Buch *Der Killer im Kreml.*

Innerhalb weniger Stunden nach Nawalnys Tod tauchte im Internet eine Vielzahl von Todesursachen auf. Die offizielle Darstellung hieß, er habe irgendeine Form eines natürlichen Todes erlitten, doch als seine 69 Jahre alte Mutter Ljudmila Nawalnaja um den Leichnam ihres Sohnes bat, widersetzten sich die Behörden und eröffneten ein neues Ermittlungsverfahren gegen Oleg Nawalny, Alexejs jüngeren Bruder, der aufgrund erfundener Vorwürfe für dreieinhalb Jahre im Gefängnis gesessen hatte, bevor er 2018 entlassen wurde. Oleg gilt als untergetaucht, doch die Botschaft an Nawalnys Mutter war deutlich genug: Halten Sie den Mund, oder Sie werden den Leichnam Ihres Sohnes nie zu sehen bekommen. Und eventuell sehen Sie auch Ihren anderen Sohn nie wieder.

Um sich von Putins Russland ein Bild zu machen, schauen Sie sich den Film *Der Pate* an. In der ganzen Welt wurde Nawalnys

Tod gedacht, aber noch wichtiger: Hunderte von Menschen wurden in Russland verhaftet, weil sie es wagten, ihres Helden öffentlich zu gedenken. Eine berühmte Ausnahme von der enorm großen Trauer: Wladimir Putin. Als die Nachricht von Nawalnys Tod bekannt wurde, befand er sich in der Stadt Tscheljabinsk am Ural. Normalerweise ein Miesepeter bei offiziellem Zeremoniell, hielt Putin an diesem Tag zwar wie immer Abstand von allen potenziell infektiösen Sterblichen, zeigte sich aber gut aufgelegt, lachte, scherzte und war hocherfreut. Warum auch nicht? Er hatte gerade den Anführer der Gegenseite ermordet.

Dmitri Peskow, Putins PR-Mann, dementierte Behauptungen, dass der russische Staat etwas mit Nawalnys Tod zu tun hätte. Selbstverständlich hatte er das. Peskow ist rothaarig und trägt eine Vokuhilafrisur, er sieht aus wie die Zombieversion eines Trainers von Rotherham United in den 1970er-Jahren. Er nannte die Anschuldigungen von Julija Nawalnaja, Putin hätte ihren Ehemann getötet »haltlos und vulgär«, woraufhin Nawalnaja entgegnete: »Mir ist vollkommen egal, wie der Pressesprecher eines Mörders meine Worte kommentiert.«

Als Junge hatte Nawalny ein Poster von Schwarzenegger an der Wand seines Zimmers. »Der wichtigste Held für mich war und ist immer noch Arnold Schwarzenegger«, erzählte er 2011 in der russischen Ausgabe des Magazins *Esquire*. Nawalnys Sympathie für den Terminator-2-Cyborg ist auffallend; wie wir alle wissen, war Terminator 1 ein Bösewicht. Wie Terminator 2 war Nawalny ein nerviger Kerl, aber das gehört dazu, wenn man den Mut hat, sich Putin zu widersetzen. Außerdem war er charismatisch, sehr charismatisch. Er war groß, hatte blaue Augen, ein geborener Anführer, dessen Vorliebe für das Absurde ihn davor bewahrte, ein echter Messias zu werden. Er hatte als Anwalt begonnen und vertrat Mandanten, die durch die russische Korruptionsmaschinerie Unrecht erfahren hatten. Auf politischer

Ebene startete er als Liberaler in der Partei Jabloko, war aber zunehmend frustriert wegen der mangelnden Zugkraft bei den einfachen Leuten. Danach kam es zu seinem überaus umstrittenen Flirt mit dem rechten Rand des politischen Spektrums. Von 2007 an zeigte er sich drei Jahre in Folge bei dem jährlich stattfindenden, von Rechtsextremisten unterstützten »Russischen Marsch«, allerdings gemeinsam mit einer jüdischen Freundin, die ein riesiges Banner mit einem Davidstern schwenkte. Nawalny stellte zwei kurze Videos her, die widerwärtig rassistischen Inhalts waren, mit Migrationsängsten spielten und implizierten, dass Tschetschenen »Kakerlaken« seien. Die Einzelheiten sind nicht schön. In diesen Videos kam Nawalny ein Stück weit wie ein Faschist rüber. Aber während eines Stipendiums in Yale war einer seiner besten Freunde der spätere erste schwarze Bürgermeister einer britischen Großstadt. Nawalny verteidigte sich in der Sache damit, dass er, um Putins Faschismus wirksam in Frage zu stellen, mit ein paar seltsamen Gesellen spielen musste.

Etwa ab 2011 legte er seinen früheren finsteren Unsinn ab und kam nie wieder darauf zurück - entschuldigte sich aber auch nie dafür - und wurde der populärste Verfechter eines demokratischen Russlands, das den Gestank der putinesken Korruption vertreiben und den Gesetzen der Rechtsstaatlichkeit folgen wollte.

Doch nachdem er die rechtspopulistischen Positionen hinter sich gelassen hatte, geriet er in neuerliche Schwierigkeiten, indem er die ukrainische Bevölkerung gegen sich aufbrachte. 2011 übernahm er zunächst das Geschwätz des Kreml: »Natürlich wäre es großartig, wenn wir mit der Ukraine und Belarus in einem Staat leben würden, aber ich glaube, früher oder später geschieht das sowieso.« Als Russland im Frühjahr 2014 die Krim annektierte, wurde das von vielen Russen begrüßt. Im Oktober 2014 vom Chefredakteur des Senders *Echo Moskaus,* Alexej

Wenediktow, zur Rede gestellt, versuchte Nawalny, sich herauszuwinden.

»Gehört uns die Krim?«, fragte Wenediktow.

»Die Krim gehört den Menschen, die auf der Krim leben«, verklausulierte Nawalny.

»Sie kommen nicht um eine Antwort herum. Gehört uns die Krim? Ist die Krim russisch?«

»Selbstverständlich, die Krim gehört nun de facto zu Russland. Ich glaube, obwohl die Krim unter eklatanter Verletzung aller internationaler Rechtsnormen erobert wurde, dass die Realität trotzdem lautet: Die Krim ist nun Teil der Russischen Föderation. Wir sollten uns da nicht täuschen. Und ich rate den Ukrainern dringend, sich ebenfalls nichts vorzumachen. Die Krim bleibt ein Teil Russlands und wird in absehbarer Zeit nicht wieder zur Ukraine gehören.«

Wenediktow drehte das Messer in Nawalnys Wunde: Falls er im Kreml wäre, würde er die Krim an die Ukraine zurückgeben?

»Ist die Krim ein Wurstbrot oder so, das man nehmen und zurückgeben kann?«

Nawalny war damit für viele Ukrainer nur ein weiterer russischer Imperialist, der ihr Land in die Knie zwingen will. Fairerweise muss man sagen: Nawalnys Ziel war es immer, Putin im Kreml zu entthronen. Für die rechtmäßigen Eigentümer der Ukraine Partei zu ergreifen, hätte Nawalny nicht geholfen, in Russland Stimmen zu gewinnen, falls er überhaupt je zu einer freien Wahl gegen Putin zugelassen worden wäre.

Wurde er nicht. Im Februar 2023, als er wieder in Putins Gulag war, veröffentlichte er folgendes Statement: »Was sind die Grenzen der Ukraine? Es sind die gleichen wie die Russlands, 1991 international anerkannt und festgelegt. Russland hat diese Grenzen damals anerkannt und muss sie auch heute anerkennen. Da gibt es nichts zu diskutieren.«

Im Klartext: Nawalny war der Ansicht, die Krim sei ukrainisch, Punkt. Er forderte Russland auf, die Ukraine zu verlassen, verlangte eine gründliche Untersuchung von Kriegsverbrechen und zudem Reparationszahlungen für die Ausbeutung des ukrainischen Staatsvermögens in Form von Öl- und Gasvorkommen.

»Sind alle Russen grundsätzlich imperialistisch? Das ist Bullshit. Zum Beispiel ist Belarus ebenfalls am Krieg gegen die Ukraine beteiligt. Bedeutet das, dass die Belarussen auch imperialistischer Gesinnung sind? Nein, sie haben bloß auch einen Diktator an der Macht. Es wird in Russland immer Menschen mit imperialistischer Einstellung geben, wie in jedem anderen Land mit den entsprechenden historischen Voraussetzungen dafür, aber diese Menschen sind weit entfernt davon, die Mehrheit zu bilden. Solche Leute sollten in Wahlen besiegt werden, genauso wie Radikale des rechten wie linken Flügels in entwickelten Staaten besiegt werden.«

Es ist extrem schwierig, ein fundiertes Urteil über das Gewicht russischer Meinungsumfragen zu fällen. Meine Meinung dazu lautet: Wenn man im Russland des 21. Jahrhunderts sagt, was man wirklich denkt, springt man wahrscheinlich sehr bald danach aus dem Fenster. Die Meinungsumfragen berichten, Putins »militärische Spezialoperation« - also Russlands Krieg gegen die Ukraine - sei populär. Nawalny sagte, dass das stimmt. Er fuhr fort: »Der wahre Grund für diesen Krieg sind die politischen und wirtschaftlichen Probleme innerhalb Russlands und Putins Verlangen, um jeden Preis an der Macht zu bleiben. Er will in die Geschichte eingehen als ›Der Eroberer-Zar‹.«

Zu wenig, zu spät, meinen viele Ukrainer. »Die russische Demokratie endet, wo die ›ukrainische Frage‹ beginnt«, pflegt man in Kiew zu sagen.

Beim Schreiben dieser Einleitung bin ich mir einer Tatsache

sehr wohl bewusst: Es wird meinen ukrainischen Freunden nicht gefallen, dass ich für Nawalny eintrete. Mein Kumpel Vlad Demchenko, der mich am Tag 2 des großen Kriegs wegen des Verdachts, ein russischer Spion zu sein, verhaftete, tobte vor Wut, tobt und wird noch etwas mehr toben. Er kämpft an der Front für die Ukraine und ist ein Held. Er hat zu viele großartige ukrainische Kameraden verloren, um jemandem wie Nawalny auch nur ansatzweise ein »im Zweifel für den Angeklagten« zuzugestehen. Russland ist eine unaufhörliche Monstermaschine, so die allgemeine Ansicht. Im Februar 2022 war ich in Kiew und sah die Folgen des russischen Raketenangriffs auf den Fernsehturm und beobachtete mit eigenen Augen, wie die Leute des städtischen Leichenschauhauses die Leichname eines alten Mannes sowie einer Mutter und ihres fünf Jahre alten Kindes mitnahmen. Es ist mir allzu oft schwergefallen, der allgemeinen Ansicht nicht zuzustimmen.

Doch trotz all seiner Fehler finde ich nicht, dass Nawalny ein Monster war. Ich schreibe dies von London aus, am Abend, bevor ich ein weiteres Mal an meinem kaputten Knie operiert werde, weil ich in Kiew auf Glatteis gestürzt bin, und ich kann nur sagen: Die Tatsache, dass Nawalny in Putins Gulag getötet wurde, erklärt, warum die Ukraine bis zum Letzten kämpft. Von London aus Nawalnys Geschichte zu erzählen, sie ohne jede Beschönigung zu erzählen, hilft der Ukraine.

In dem Film *Nawalny*, der außergewöhnlichen und 2022 mit einem Oscar prämierten Dokumentation, fragt ihn der Regisseur Daniel Roher: »Als Kind, hattest du da irgendein politisches Bewusstsein? Wart ihr eine politische Familie?«

Nawalny antwortete: »Ja, meine Familie spricht die ganze Zeit über Politik. Nach der Tschernobyl-Katastrophe wurde noch mehr darüber geredet, denn mein Vater und seine Familie stammen aus Tschernobyl, einem kleinen Dorf, ich würde sagen, so zehn Kilometer vom Atomreaktor entfernt. Jeder wusste, es gab eine Explosion eines Atomreaktors, aber in den Nachrichten kam kein Wort davon, und so war auf all diesen Feldern nuklearer und radioaktiver Staub, und die Leute wurden gezwungen, dort Kartoffeln anzupflanzen, nur um Gerüchten vorzubauen und um der Bevölkerung weiszumachen, dass alles gut ist. ›Alles ist in Ordnung! Geht und arbeitet auf den Feldern!‹ Und als Putin das erste Mal auf dem Fernsehbildschirm auftauchte, spürte ich es einfach. Als würde ich fernsehen und einen politischen Drachen beobachten, und er schaut mir in die Augen und lügt mich an.«

Das Monster in diesem Buch ist nicht Nawalny, sondern Russlands Drachenkönig. Nawalnys Vater wurde in der Ukrainischen Sozialistischen Sowjetrepublik geboren, und der kleine Alexej verbrachte seine ersten neun Sommer bei der Großmutter im Dorf Salissja, bevor die Atomkatastrophe von Tschernobyl die Behörden zwang, die gesamte Bevölkerung nach Neu Salissja, nahe Borodjanka nördlich von Kiew, umzusiedeln. Im Verlauf des großen Krieges ab 2022 töteten die russischen Besatzer einen seiner Großcousins allein deshalb, weil der den Nachnamen Nawalny trug. Man kann sagen, indem Nawalny dem Kreml auf seine Art die Stirn bot, wurde er seinen ukrainischen Wurzeln gerecht.

Für mich symbolisierte Nawalny die Vorstellung eines Russlands ohne Faschismus, eines freiheitlichen und demokratischen Landes. Von Stauffenberg hat den Versuch gewagt, Hitler zu töten, aber er hat noch etwas getan: Er hielt 1944 die Vorstellung von einem anderen Deutschland aufrecht. Nawalny wagte es, Putin die Stirn zu bieten, und hielt 2024 die Vorstellung von einem anderen Russland aufrecht. Dass von Stauffenberg eine Nazi-Uniform trug, tut nichts zur Sache.

Oder nehmen wir noch mal *Terminator 2*. Am Ende des Films hören wir Sarah Connor, die Mutter des Menschheitsretters

John, sagen, dass es noch Hoffnung gibt, weil eine Maschine lernen konnte, ihren Sohn zu lieben. Dass ein russischer Nationalist wie Nawalny irgendwann Putins Tötungsmaschinerie auffordert, die Ukraine zu verlassen; dass er verlangt, Russland müsse die Grenzen von 1991 respektieren, und die Krim der Ukraine zuspricht, ist keine Kleinigkeit. Der Kreml passt auf, was Kiew sagt, und genauso halten es Russlands nützliche Idioten. Denken wir an Tucker Carlson, einst der meistgesehene Nachrichtenmoderator der US-amerikanischen Privatsender, bis er von *Fox News Channel* gefeuert wurde. Das Murdoch-Imperium, zu dem *Fox News* gehört, verbreitete zwar freudig Carlsons Verschwörungstheorie, wonach Joe Biden dank Wahlmaschinen, die gefälschte Ergebnisse lieferten, die Wahl 2020 von Donald Trump gestohlen habe. Doch Murdoch missfiel der Gedanke, dem Unternehmen Dominion Voting Systems, also dem Hersteller der Wahlapparate, nach einem Rechtsstreit womöglich 787,5 Millionen Dollar zahlen zu müssen, und deshalb glauben viele Leute, das wäre der Grund, aus dem Tucker Carlson entlassen wurde.

Am 9. Februar 2024 interviewte Carlson, mittlerweile Freelancer, Wladimir Putin in Moskau. Was man da zu sehen bekam, war eine manchmal surreale, aber meist extrem langweilige Begegnung, in der der russische Präsident dem rechtspopulistischen US-Fernsehstar einen Vortrag über abstruse Schnipsel der russischen Historie hielt, um die uralte Kiste von der Zugehörigkeit der Ukraine zu Russland darzulegen. Putin redete Müll und Carlson ließ ihn gewähren. Carlsons naive Fragen langweilten sogar Putin, der später »keine volle Zufriedenheit« zurückmeldete. »Um ehrlich zu sein, dachte ich, dass er sich aggressiv verhalten und sogenannte scharfe Fragen stellen würde. Darauf war ich nicht nur vorbereitet, ich wollte es, weil es mir die Möglichkeit gegeben hätte, auf die gleiche Weise zu antworten. Aber er wählte eine andere Taktik.«

Putin, immer erpicht darauf, die Schwachstellen des Gegners aufzudecken, sprach sogar Carlsons kläglichen Versuch an, sich mit der Company, also der CIA, zusammenzutun. In einer eigenen Verschwörungstheorie behauptete Putin, die Revolution in der Ukraine 2014 sei inszeniert gewesen.

»Von wem unterstützt?«, fragte Carlson.

»Mit Unterstützung der CIA natürlich.«

Ein übermütiger Putin stichelte dann: »Die Organisation, mit der Sie sich damals zusammentun wollten, soweit ich weiß. Vielleicht sollten wir Gott danken, dass Sie nicht hineingelassen wurden.«

Das klang nicht wie ein Kompliment und war auch nicht so gemeint.

Als ich Putin 2014 in einem Mammut-Museum in Sibirien spontan zu fassen bekam, fragte ich ihn nach dem Abschuss des Passagierflugzeugs MH17. Bei dem Vorfall waren 298 unschuldige Menschen durch eine russische Rakete vom Himmel geschossen worden. Putin log und schob die Schuld auf die Ukrainer, weil die nicht mit den prorussischen Separatisten der Ostukraine verhandelten. Eine Formel, zu der er auch später gegenüber dem französischen Staatspräsidenten Macron griff – nur ein paar Tage vor dem Beginn des Krieges gegen die Ukraine. Wenige Stunden nach meinem Interview boxte mir ein stummer Schläger in den Magen. Das war auf eine sehr spezielle, seltsam komische Art ein Kompliment des Kreml. Gewalt bedeutet, man wird ernst genommen.

Das Interview von Carlson dauerte zwei Stunden, aber er vergaß, auch nur ein Mal das Schicksal des berühmtesten politischen Gefangenen in Russland zu erwähnen. Ist es möglich, dass sich Putin auf Carlsons mangelndes Interesse an Nawalny verlassen hat und dass es ihn darin bestärkt hat, Nawalny eine Woche später ermorden zu lassen? Ich glaube schon.

Zurück in den USA gab Carlson dem ehemaligen CNN-Star Chris Cuomo ein Interview, bei dem dieser Carlson wegen seiner Unterlassung zur Rede stellte.

Cuomo: »Sie haben ihn nicht nach Nawalny gefragt. Sie sagten, alle Staatsführer töten. Aber hatten Sie nicht das Gefühl, wenn Sie schon losgehen und mit so einer Person zusammensitzen, dass Sie sie für die wichtigen Dinge zur Rechenschaft ziehen müssen? Er könnte jemanden ermordet haben, könnte eine Menge Leute ermordet haben.«

Carlson: »Die Ukrainer sagen, er hat ihn nicht ermordet.«

Cuomo: »In der einen Minute sieht der Kerl noch gut aus. In der nächsten ist er tot.«

Carlson: »Die Regierung der Ukraine sagt Nein, er ist eines natürlichen Todes gestorben.«

Richtig, die Sphinx von Kiew, Kyrylo Budanow, Chef des militärischen Geheimdienstes der Ukraine, wurde nach einem Gespräch mit Journalisten wenige Tage nach Nawalnys Tod wie folgt zitiert: »Ich mag Sie enttäuschen, aber wir wissen, er ist an einem Blutgerinnsel gestorben.« Und er fügte hinzu, das habe sich »mehr oder weniger bestätigt«.

Carlson weiter: »Nun, was geht da wirklich vor sich? Ich kann nicht mal raten. Okay, Nawalny starb mitten während der Münchner Sicherheitskonferenz. Und mitten in der Debatte über Militärhilfen der USA für die Ukraine, und der Präsident der Vereinigten Staaten nutzte seinen Tod kurze Zeit später, um weitere 60 Milliarden zu rechtfertigen. Das sind bloß Fakten. Ich habe nicht mal die blasseste Ahnung. Aber was ich erfahren habe - und ich bin nun wirklich kein Russlandexperte - ist, dass das ein extrem kompliziertes politisches Umfeld ist. Extrem. Also: next level. Das sind die Leute, die das internationale Schachspiel dominieren. Darum ist ihre Politik für mich nicht nachvollziehbar. Was geschieht dort also? Ich war schon in einer Menge

Ländern und habe über eine Menge Geschichten berichtet. Und eine Sache, die ich gelernt habe, ist: Man weiß tatsächlich nie wirklich, was vor sich geht.«

Ich habe damit so meine Schwierigkeiten. Ich habe Schwierigkeiten damit, wie jemand, der dermaßen eloquent ist wie Carlson, derart absichtlich ignoriert, dass eine Reihe von Putin-kritischen Menschen zu Tode gekommen sind. Ich habe Schwierigkeiten damit, weil ich weiß, dass Nawalny in dem russischen Gulag gefoltert wurde und dass seine Anwältin sehr schockiert war, als sie sah, dass das Gesicht ihres Mandanten ganz grau war. Aber dass Carlson ein zweistündiger Slot mit dem Mann gegeben wurde, der für die Ermordung so vieler Menschen verantwortlich war, mit dem Mann, der letzten Endes für Nawalnys luftleere Zelle in der Isolationshaft verantwortlich war, dass Carlson sich aber nicht einmal die Mühe machte, seinen Namen zu erwähnen ...

Als wäre Tucker Carlson ein Geschöpf Moskaus.

Mittlerweile ist das nur noch schwer vorstellbar, aber Nawalny ist es beinahe gelungen, das Putin-Regime zu stürzen. Sein großer Moment kam 2012, als Putin seinen Sündenbock Dmitri Medwedew - »Al Capones Anwalt« - aus dem Kreml verschob, damit er selbst wieder zurückkehren konnte, und die Verfassung damit in sehr häufig benutztes Toilettenpapier verwandelte. Menschen, die an Nawalnys Vorstellung von einem »anderen Russland« glaubten, einem Russland, das für Demokratie und Rechtsstaatlichkeit stand, gingen zu Hunderttausenden auf die Straße. Nawalny nannte Putins politisches Vehikel »Die Partei der Gauner und Diebe«, er nannte Putin einen Dieb - auf Russisch: »Путин – вор«/ »Putin vor« - und wurde damit zu einer Art Rockstar. Einmal wurde er von der Polizei verhaftet, der Arm wurde ihm dermaßen auf den Rücken gedreht, dass er vor Schmerz aufschrie, und dann sperrte man ihn in einen Polizeitransporter. Dieses Video wurde millionenfach angeschaut.

2016 interviewte ich Nawalny zum ersten Mal, via Zoom, ich war damals am Baikalsee in Sibirien. Ich hielt Pommes frites in die Luft und wartete, dass sich Möwen darauf stürzten. Der Witz daran war, dass wir uns in dem Beitrag auf Nachforschungen konzentrierten, die Nawalny über den damaligen, sagenhaft korrupten Generalstaatsanwalt Juri Tschaika angestellt hatte - und das russische »Tschaika« bedeutet »Möwe«. Ja, erwischt: *BBC Newsnight* konnte nicht das Geld aufbringen, damit ich nach Sibirien fliegen konnte, also haben wir stattdessen bei Ebbe in Southend-on-Sea gedreht. Der Unterschied war kaum zu erkennen.

Auf Zoom äußerte sich Nawalny verächtlich über Londongrad als Schleuse für Russlands schmutziges Geld und kritisierte Putin als »Zar der Korruption«. Seine Worte klangen glockenklar, und man wusste, jede Silbe stellte ein potenzielles Todesurteil dar. Es ist keine Überraschung, dass man ihn im Februar 2024 töten ließ; überraschend ist, dass er so lange lebte. Doch sogar während ich dies hier schreibe, trauere ich um ihn und kann nicht ganz glauben, dass diese große Naturgewalt für immer zum Schweigen gebracht wurde.

Nawalny war den meisten westlichen Medienvertretern in Russland gegenüber misstrauisch, beziehungsweise hatte nicht viel Zeit für sie. Natürlich wollte er in den meistbeachteten russischen Medien präsent sein, um alle Leute zu erreichen, aber er wurde aus sämtlichen staatlichen Fernsehkanälen verbannt. Bei einigen unabhängigen Sendern wie *TV Rain* konnte er zwar auftreten, aber die waren eng verbunden mit der Opposition und hatten nicht viele Zuschauer. War er ständig im West-TV, würde er wie ein altmodischer Dissident wirken, und für den Kreml wäre es ein Leichtes, ihn als Marionette des Westens zu verkaufen. Möglicherweise kam noch ein weiterer Faktor hinzu, denn ich vermute, Nawalny hatte das Gefühl, die in Moskau ansässigen westlichen Medien seien mehr oder weniger kompromittiert, weil sie sich an die Regeln des Kreml hielten. Vielleicht ging es ihm mit mir anders, weil ich so etwas wirklich nicht tat. Ich lebte in London, hatte Putin erstmals im Jahr 2000 in der Zeitung *The Observer* einen »Kriegsverbrecher« genannt, lange bevor das in Mode kam und nachdem ich undercover in Tschetschenien unterwegs gewesen war. Und ich hatte Putin persönlich wegen des Abschusses der MH17 befragt. Dennoch hatte ich den Eindruck, Nawalny hielt es für Zeitverschwendung, mit mir zu sprechen, und darum freute ich mich, als Roman Borissowitsch, ehemals Boss einer Versicherung in Moskau und einer der ersten Unterstützer von Nawalnys Stiftung für Korruptionsbekämpfung - »The Anti-Corruption Foundation« - mir im März 2024 eine alte E-Mail von Nawalny weiterleitete: »Sweeney ist ein cooler Typ, ich fand es interessant, mit ihm zu reden, und das Thema war gut. Aber kein ›coup d'état‹, nur ein weiterer TV-Beitrag. Du schenkst der Angelegenheit zu viel Aufmerksamkeit, wie die meisten Leute, die nicht oft mit den Medien reden. Ich würde gern von *Channel One* oder *Komsomolskaja Prawda* interviewt werden, aber die fragen nicht an. Und die BBC und CNN sind nicht das, was ich will.«

Wie man dem Ton der E-Mail an Borissowitsch entnehmen kann, konnte Nawalny nervig sein, sehr nervig. Persönlich begegneten wir uns im Januar 2018 beim Europäischen Gerichtshof für Menschenrechte in Straßburg, vor dem Nawalnys Anwälte Russland verklagten, weil man ihn daran hinderte, gegen Putin zu demonstrieren.

Nach Nawalnys gerichtlicher Anhörung hatte er fünf Minuten Zeit, um mit mir für das BBC-One-Format *Panorama* zu sprechen. Der Titel der Sendung über ihn war *Taking On Putin*. Kameramann Seamas McCracken befestigte gerade die Mikrofone an unseren Revers, und ich erklärte Nawalny, dass Seamas aus

Nordirland stamme. Seamas hörte mitten in der Bewegung auf zu arbeiten. Nawalny war sehr amüsiert, während wertvolle Sekunden verstrichen und ich mich entschuldigte und richtigstellte, dass Seamas aus dem Norden Irlands stamme. Erst als Nawalny zufrieden war, dass Seamas zufrieden war, wurde das kurze Interview fortgesetzt.

Was mir in Erinnerung geblieben ist, ist nicht, dass mein irischer Freund für seine Rechte eintrat, sondern dass Nawalny sich über meine peinliche Situation amüsierte. Seamas beschrieb das Zusammentreffen von Nawalny und mir so: »Als würde man zwei große Hunde beobachten, wie sie sich gegenseitig am Hintern schnüffeln.«

Die Dreharbeiten für *Taking On Putin* 2018 in Moskau waren heftig. Ich war bestürzt über das unmenschliche Verhalten der russischen Geheimpolizei gegenüber dem Team Nawalny. Zwei Mal wurde ich von russischen Medien heimgesucht, zu Unrecht beschuldigt, eine Pilgerstätte für Boris Nemzow entweiht zu haben, den liberalen Frauenschwarm und ehemaligen Stellvertretenden Ministerpräsidenten, der 100 Meter vom Kreml entfernt erschossen wurde. Dann wurde ich zusammen mit Seamas auf einer Polizeiwache festgehalten. Unsere Ausweispapiere tauchten im Internet auf, sodass sie entwertet werden mussten. Und wir wurden rund um die Uhr von Schlägertypen verfolgt und unser lokaler Mitarbeiter wurde zum Terroristen erklärt und musste das Land verlassen. Aber im Vergleich zu Team Nawalny hatten wir es noch leicht. In Moskau wurden Nawalny und seine Unterstützer ununterbrochen angegriffen. Ein Mann wurde mit einem Elektroschocker traktiert, dann niedergestochen und blutend im Schnee liegen gelassen. Einem älteren Mitglied seines Teams wurde mit einer Eisenstange auf den Kopf geschlagen, ein anderer wurde von stummen Gangstern grün und blau geprügelt.

Das alles öffnete mir wie nie zuvor die Augen für die Maschinerie des russischen Faschismus.

Und dennoch, Nawalny ließ sich nicht einschüchtern. Was man bekam, war echt: sarkastisch, amüsiert, amüsant - er versetzte dem kleinen Mann im Kreml mit Worten Boxhiebe. »Ist Russland ein Polizeistaat«, fragte ich ihn. »Absolut«, antwortete er.

Frustriert darüber, dass Putin ihm den demokratischen Weg zu dessen Absetzung blockierte, drehte Nawalny geistreiche YouTube-Videos, die das ungeheure Ausmaß der Korruption in Russland aufzeigten und millionenfach angeschaut wurden. Diese Videos waren sowohl argumentativ stark als auch äußerst unterhaltsam. Die letzten beiden Filme waren herausragend. Der erste war *Nawalny*, eine oscarprämierte Dokumentation darüber, wie das Team Nawalny die Giftmörder des Kreml ausfindig machte, die Typen, die Nawalny fast umgebracht hatten. Als er sich in Deutschland von dem Anschlag erholte, waren an seiner Seite Christo Grosew, der digitale Sherlock Holmes unserer Zeit, sowie sein treuer Gefährte Leonid Wolkow und seine Chefrechercheurin Maria Pevchikh. Grosew kaufte im Darknet Telefonnummern und Flugpassagierlisten und - schwupps - schon hatten sie einen Treffer. Der Film gipfelt in der verblüffenden Szene, in der Nawalny, der vorgibt, ein hohes Tier des Kreml zu sein, einen der Giftmörder anruft. Der unglückselige Trottel plaudert das Vorgehen bei dem Attentat auf Nawalny aus - die Nähte im Genitalbereich seiner Unterhose waren mit Nowitschok präpariert worden -, während Grosew, der mithört, die Hände vor den Mund schlägt, um nicht über die Dummheit des Geheimpolizisten laut aufzulachen.

Der zweite Film, *Putin's Palace - Ein Palast für Putin*, so der deutsche Titel - erschien unmittelbar nachdem Nawalny nach Russland zurückgekehrt war. Der Film wurde auf YouTube 125 Millionen Mal aufgerufen; er schildert in allen Einzelheiten, wie Putins Oligarchen einen geschmacklosen, mit goldenen Toilettenpapierhaltern ausgestatteten Palast am Schwarzen Meer finanzierten und wie der Dieb Putin Russland bis aufs letzte Hemd ausgeraubt hatte.

Für Außenstehende ist das große Rätsel in Nawalnys Leben, warum er, nachdem er sich von einem abscheulichen Mordversuch erholt hatte, nach Russland zurückkehrte und damit Putin herausforderte, ihn zu ermorden. Und genau das tat Putin dann ja auch. Ein Ziel dieses Buchs ist zu erläutern, was Nawalny dazu veranlasste, nach Hause zurückzukehren. Es folgte ein Schauprozess; das einzig Echte daran war der Moment, als Nawalny von seiner gläsernen Anklagebank aus für seine Frau Julija die Hände zu einem Herz formte.

Als Nawalny nach Russland zurückkam, ging er die Wette ein, dass Wladimir Putin nicht wagen würde, den Mann zu ermorden, der auf der schwärzesten aller schwarzen Listen stand. Nawalny verlor die Wette.

Neulich trank ich abends einen Wodka-Martini, geschüttelt, nicht gerührt, mit einem ehemaligen Beamten eines westlichen Geheimdienstes, der zu mir sagte: »Sie müssen sich fragen, warum Nawalny so lange leben durfte. Ich glaube, ein Teil der Antwort ist, dass er von den Oligarchen bei ihren Spielchen benutzt wurde, die sie weit über seinen Kopf hinweg gegeneinander spielten. Sie benutzten ihn, um ihre Feinde zu blamieren, und so war er, zumindest für einige der sehr mächtigen Männer, die Putins Ohr besaßen, lebendig nützlicher als tot. Das war seine Versicherungspolice. Doch irgendwann kam der Zeitpunkt, an dem er nicht mehr nützlich war.«

Nawalny war so etwas wie ein Gladiator: ein tapferer Krieger, der immer bis zum Äußersten kämpfte, ohne je ganz zu begreifen, dass er nicht viel mehr war als eine Marionette, die von höheren Daseinsformen kontrolliert wurde. Vielleicht ist etwas

Wahres dran an der Sichtweise, dass er ein Spielball der Oligarchen war, aber ich glaube nicht, dass das die ganze Geschichte ist.

Meiner Meinung nach wurde Nawalny vor allem getötet wegen der Beschwichtigungspolitik des Westens gegenüber Putin: weil unsere führenden Politiker noch heute und trotz all der Morde an unschuldigen Männern, Frauen und Kindern in der Ukraine Angst haben, dem Monster im Kreml die Stirn zu bieten, die Sanktionen gegen Russland gründlich durchzusetzen, die Ukraine wirkungsvoll mit Waffen auszustatten und Russland vom internationalen Finanzsystem abzuschneiden. Der Westen tut nichts von alledem und läuft Gefahr, nicht nur die Ukraine im Stich zu lassen, sondern auch die eigene Sicherheit zu riskieren.

Dieses Buch ist also drei Bücher in einem: Erstens ein Kriminalroman, der zu verstehen versucht, wie ein nicht ganz makelloser russischer Held, ein Ritter in verbeulter Rüstung, zu Tode kam; zweitens eine Studie über das außergewöhnliche Dahinscheiden des demokratischen Russlands; und drittens eine Analyse des Scheiterns der westlichen Staaten, sich gegen den Psychopathen zu verteidigen, der die russische Demokratie zerstörte. Allein seit der Veröffentlichung meines Buchs *Der Killer im Kreml* wurden zwei russische Schwergewichte ermordet: Jewgeni Prigoschin, der nach dem gescheiterten Militäraufstand in seinem Privatjet vom Himmel gepustet wurde, und Nawalny.

Proof of Concept, der Beweis der Machbarkeit, sollte es denn eines Beweises bedurft haben. Aber *Der Killer im Kreml* wurde noch in den guten Zeiten geschrieben, unmittelbar nach der Schlacht um Kiew im Frühsommer 2022, als die russische Armee eher ein Witz war. Das Ganze hat sich leider weiterentwickelt und ist viel, viel finsterer geworden. Obwohl Nawalny in einem Betonhundezwinger eingesperrt war, fürchtete Putin ihn mehr, als dass er ihn hasste. Er fürchtete die realen Folgen seiner Ermordung. Während die russische Tötungsmaschinerie mahlend weiter Richtung Westen rollt, während die Aussicht auf eine zweite Amtszeit von Trump immer wahrscheinlicher wird, während der Westen dabei versagt, der Ukraine ausreichend Wehrmaterial zu liefern, wird Putin von Tag zu Tag stärker. Am Valentinstag des Jahres 2024 beschloss der Drachenkönig, den Mann zu töten, dessen Namen er nicht auszusprechen wagte, und er setzte darauf, dass er damit durchkommen würde.

Alexej Nawalny war demnach ein Kanarienvogel in einem Kohlebergwerk. Ist das Lebens des Kanarienvogels ausgelöscht, dann reicht es nicht zu trauern. Wir müssen handeln und zwar schnell, sonst ist die nächste Beerdigung unsere eigene.

Deshalb ist es so wichtig, Nawalnys Geschichte zu erzählen.

Deshalb versucht dieses Buch, Nawalnys Denken zu verstehen.

Deshalb möchte ich, dass Sie dieses Buch lesen.

Kapitel eins

Der Junge aus Tschernobyl

Kein Alarm, keine Zeitungsmeldung, nichts im Fernsehen: nur der Befehl, auf die Felder zu gehen und Kartoffeln zu pflanzen, um später im Jahr die Ernte zu sichern. Und das war seltsam, denn Salissja, das Heimatdorf von Nawalnys Großmutter väterlicherseits, lag weniger als 30 Kilometer vom Zentrum des größten Atomunfalls der Welt entfernt. Nawalnys Mutter war Russin, doch sein Vater war im Schatten der rot-weißen Kamine des Atomkraftwerks Tschernobyl in der sowjetischen Ukraine aufgewachsen, und Nawalny verbrachte dort die ersten neun Sommer seiner Kindheit. Wladimir Putin bezeichnete das Ende der Sowjetunion einmal als »die größte geopolitische Katastrophe des 20. Jahrhunderts«. Nawalny wusste schon im Alter von zehn Jahren, dass Putin und alle, die dachten wie er, Idioten sein mussten.

Was im April 1986 als Sicherheitstest im Reaktorblock 4 des Kernkraftwerks Tschernobyl geplant war, war ein übler Scherz. Der RBMK-Reaktor war die sowjetische Antwort auf die hohen Ölpreise. Doch er hatte eine Reihe schrecklicher Konstruktionsfehler. Er konnte seinen Operatoren nicht mitteilen, was in seinem Inneren wirklich geschah. Die Mitarbeiter konnten an einem Ventil drehen, indem sie ein steuerradgroßes Rad bewegten, wussten aber nicht, ob sie die Situation damit entschärften oder gefährlicher machten. Und der von den Konstrukteuren entwickelte Sicherheitstest konnte eine Kettenreaktion einleiten, die den Atomreaktor zum Kochen brachte.

Genau das war 1975, elf Jahre zuvor, im sowjetischen Leningrad - heute St. Petersburg - passiert, als Putin in seiner Heimatstadt seine Karriere beim KGB begann. Aufgrund der sowjetischen Geheimhaltungspolitik wurde das riesige Strahlungsleck vertuscht. Die betroffene Bevölkerung wurde nicht über die Gefahr informiert. In den Medien wurde über den Unfall nicht berichtet. Das Ministerium für mittleren Maschinenbau machte Baumängel, nicht die desaströse Konstruktion für den Unfall verantwortlich. Die Kommission, die den Vorfall untersuchte, sprach mehrere Empfehlungen aus. Keine wurde umgesetzt. Niemand beschwerte sich, weil niemand davon wusste. Willkommen in der Sowjetunion.

Als die Reaktortechniker in Tschernobyl im April 1986 den AZ-5-Knopf betätigten, um die Regelstäbe in den Reaktor einzufahren, dachten sie, sie würden den Test stoppen. In Wirklichkeit setzten sie eine Kettenreaktion in Gang, die den Kernreaktor in die Luft jagte, das Betondach zerstörte und den Kern freilegte. Es wurde tonnenweise entsetzlich verstrahltes Grafit herausgeschleudert. Die Menschen in der angrenzenden Stadt Prypjat sahen eine außergewöhnlich schöne dunkelblaue Lichtfontäne aus dem geborstenen Kernkraftwerk aufsteigen, dann ein orangefarbenes Leuchten, ohne zu ahnen, dass diese ionisierende Strahlung und das massive Kernleck in den darauffolgenden Jahren zu ungefähr 9000 Krebstoten in der Ukraine, in Weißrussland und Russland führen würden.

Jahre später kehrte Nawalny an einem der wenigen Tage, an denen die Behörden es gestatteten, in die leeren Straßen Salissjas in der Sperrzone von Tschernobyl zurück, um sich die verlassenen Klassenzimmer, die überwucherten Spielplätze, auf denen er herumgetollt war, und das verlassene Haus seiner Großmutter anzusehen. Erschüttert besichtigte er, was die Sowjetunion dort alles zerstört hatte.

2019 wurde die fesselnde HBO-Fernsehserie *Chernobyl* erstmals ausgestrahlt. Sie basiert auf den persönlichen Geschichten von Überlebenden, die die Literaturnobelpreisträgerin Swetlana Alexijewitsch zusammengetragen hat, und setzt sich eindringlich und schonungslos mit dem auseinander, was tatsächlich schiefgelaufen war. Die Behörden schoben die Schuld auf den Leuteschinder Anatoli Djatlow, den reizbaren, unsympathischen stellvertretenden Chefingenieur des Kernkraftwerks, weil er noch an dem Sicherheitstest festgehalten habe, als die Dinge bereits aus dem Ruder liefen. Djatlow wurde zum Sündenbock gemacht und ins Gefängnis gesteckt. Doch die HBO-Serie legte Beweise vor, dass die Konstruktion des Reaktors und letztlich die Engstirnigkeit des sowjetischen Systems, die Verantwortung trugen, nicht eine Einzelperson, die so schwer versagt hätte. Putins Anhänger hassten *Chernobyl* und erklärten die Miniserie kurzerhand zu westlicher Propaganda.

Nawalny wusste, dass diese Leute Unsinn erzählten, und äußerte das auch auf YouTube: »Was in Tschernobyl geschah, war wirklich eine ungeheure Katastrophe, und schuld daran war genau die permanente Lügerei, die widerliche, hässliche Lüge von all diesen Leuten, diesen Sowjetbossen, die in Moskau und Kiew saßen. Ich werde ein bisschen emotional, wenn ich darüber spreche, denn in gewisser Weise ist das meine Familiengeschichte. Alle meine Verwandten väterlicherseits stammen aus Tschernobyl. Ich weiß durch meine Verwandten bestens Bescheid und kenne die ganze Geschichte der endlosen Lügen. Das Kernkraftwerk explodierte, trotzdem sagten sie nichts und trieben die Leute hinaus, um ... Kartoffeln für die Kolchose zu pflanzen. Dort gruben die Menschen mit eigenen Händen in der Erde, während der radioaktive Staub auf sie herunterrieselte und sie eine enorme Strahlendosis abbekamen.«

Russia 24, einer der wichtigsten russischen Propagandasender holte zum Gegenschlag gegen *Chernobyl* aus: »Das Einzige, was fehlt, sind die Bären und die Akkordeons!«, sagte der Moderator Stanislaw Natanson und zeigte als Beweis für eine Fälschung auf Bilder von Sturmfenstern aus den 2000er-Jahren, die angeblich zu einem Gebäude im Prypjat des Jahres 1986 gehörten. Das Fernsehpublikum sah die anachronistischen Fenster nur flüchtig. Natanson widersprach vor den Zuschauern von *Russia 24* auch der Behauptung, das Sowjetsystem habe keine ehrlichen Stellungnahmen zugelassen: »Der Wissenschaftler Waleri Legassow leitete nicht nur die Reaktion der Regierung auf die Reaktorkatastrophe, sondern übte auch offen Kritik an ihrem Umgang mit der Atomindustrie.«

Stimmt fast. Legassow hatte tatsächlich 1987 für die meistgelesene Zeitung *Komsomolskaja Prawda* einen kritischen Artikel über die Sicherheitsstandards der sowjetischen Atomindustrie geschrieben. Darin legte er dar, warum die Konstruktion der RBMK-Reaktoren gefährlich war, und forderte, sie zu verbessern, und zwar drastisch. Doch der Artikel wurde nicht veröffentlicht. Erst nachdem sich Legassow 1988 aus Protest gegen die staatliche Vertuschung das Leben genommen hatte, kam der Artikel mit seiner Forderung, alle RBMK-Reaktoren sofort umzubauen, ans Tageslicht.

Die Strahlenverbrennungen in Tschernobyl waren ein Argument für die liberale Demokratie, doch Putin war zu verbohrt, um das zu begreifen. Zum Zeitpunkt der Katastrophe im Jahr 1986 war er ein Kämpfer im Kalten Krieg und arbeitete als untergeordneter KGB-Offizier mit sämtlichen Tricks aus dem Arsenal der Geheimpolizei, um die Macht der Sowjetunion im ostdeutschen Dresden durchzusetzen. Als die Sowjetunion fünf Jahre später auseinanderbrach, glaubte Putin, dass sich die CIA, der MI6 und andere westliche Geheimdienste verschworen hatten, um das Land, in dem er gelebt und dem er zeit seines Lebens gedient hatte, zu zersetzen. Im Betonkopfdenken eines sowjetischen Geheimdienstlers der 1970er gefangen, begriff er nicht, dass die drei Gründe für den Untergang seines Landes nicht westliche Agenten waren, sondern das chronische Versagen der Planwirtschaft im Wettbewerb mit freien Märkten, das katastrophale Scheitern der sowjetischen Armee bei dem Versuch, die Sympathien und Unterstützung der Menschen in Afghanistan zu gewinnen, und das Unvermögen eines Staates, der ein zivil genutztes Kernkraftwerk in eine Atombombe verwandelt hatte. Nawalnys Sicht auf Tschernobyl gründete auf der Einsicht, dass das System falsch und nicht zu retten war. Putin steckte in den Schlacken eines magischen Denkens fest. Das tut er bis heute.

Tschernobyl hat Nawalny gezeichnet wie Voldemort Harry Potter; die Narbe reichte so tief, dass er sie nicht wieder loswurde. Im Alter von zehn Jahren hatte Nawalny erlebt, dass ein Staat, der seine Bevölkerung belügt, etwas Teuflisches ist, dass man in der Politik - und wenn man an der Macht ist - den Menschen die Wahrheit sagen muss. Nachdem er gesehen hatte, was eine schwachsinnige, verlogene Macht seinem Kindheitsidyll angetan hatte, verbrachte er den Rest seines Lebens damit, andere Menschen nicht anzulügen.

Doch die Freunde und Verwandten in diesen ersten Sommerferien seines Lebens in der Ukraine und in der übrigen Zeit in Russland spürten auch, dass dieser Junge etwas Besonderes war: seine Ruhe, seine Furchtlosigkeit, seine Art, Dinge eigenständig zu durchdenken. Er war groß, blond und blauäugig, mit blendendem Aussehen. Doch er war auch sehr anders als seine Landsleute.

Alexej Nawalny wurde am 4. Juni 1976 in der Militärstadt Butyn, 40 Kilometer von Moskau entfernt, geboren. Sein Vater Anatoli war Offizier in der sowjetischen Armee, seine Mutter begleitete ihren Mann zu den verschiedenen Posten, an denen er stationiert war, die meisten davon nicht weit von Moskau entfernt. Seine lebendigsten Kindheitserinnerungen, so erzählte Nawalny immer, stammten aus der Ukraine. »Der Uzh, der nach Prypjat fließt, ein steiler Hang und die Schwalbennester. Und ich versuche immer wieder, diese Schwalbe zu erwischen, stecke meine Hand in das Nest, kann sie aber nicht fangen.«

Vor der Katastrophe von Tschernobyl lebten fast 3000 Menschen in Salissja, es gab eine Kolchose und eine Flachsmühle. Heute ist es eine Geisterstadt. Als Nawalny 2013 für das Amt des Bürgermeisters von Moskau kandidierte, besuchte die Journalistin Irina Guk den Ort: »... geplünderte Häuser, ein Kindergarten-Spielplatz mit verbogenen und verrosteten Spielgeräten, ein mit wildem Wein überwuchertes Supermarktschild. Nur das Denkmal für die im Zweiten Weltkrieg gefallenen Dorfbewohner sah gepflegt aus. Darauf steht mehrmals der Name Nawalny ...«

Alexejs Großvater, Iwan Tarasowitsch, war Zimmermann und arbeitete genau wie seine Frau Tatjana Danilowna in der Dorfkolchose. Sie hatten zusätzlich einen eigenen kleinen Hof mit einer Kuh, ein paar Schweinen und einem Dutzend Hühnern. Bis zur Katastrophe von Tschernobyl war es ein ländliches Idyll. Am Anfang reichte die Sperrzone nur zehn Kilometer rund um das Kernkraftwerk, und Salissja lag außerhalb. Erst als man die extreme Gefahr, die von der Strahlung des freiliegenden Reaktorkerns ausging, adäquat verstanden hatte, wurde die Sperrzone auf einen Radius von 30 Kilometern rund um das Kraftwerk ausgedehnt, sodass nun auch Nawalnys Heimatdorf dazugehörte.

Nawalny erzählte der russischen Ausgabe des Magazins *Esquire,* dass er jeden Sommer bei seiner Großmutter in Salissja verbrachte und dass er sicherlich dort gewesen wäre, hätte der Unfall nicht im April, sondern im Juni 1986 stattgefunden. »Nur um eine Panik zu vermeiden, wurden die Kolchosbauern und ihre Angehörigen zum Kartoffelpflanzen geschickt, und gruben im radioaktiven Staub. Erst später begann man mit der Umsiedlung. Es war eine weltweite Katastrophe, und meine Familie und ich gehörten zu den Opfern.«

Die gesamte Gemeinde zog in eine eigens gebaute neue Gemeinde um, die man Neu-Salissja nannte und die direkt im Norden von Borodjanka lag, nordwestlich von Kiew. Nur eine alte Frau blieb zurück. Rosalia Otroschko, die einzige Bewohnerin des verlassenen Dorfes, führte Irina Guk bei deren Recherche herum: »Die alte Frau wusste ihr Alter nicht mehr und lebte, für moderne Menschen nahezu unvorstellbar, als über Achtzigjährige in einem Holzhaus ohne Licht, Wasser und Heizung. Ihre Erinnerungen an die Nawalnys gehen offensichtlich durcheinander, und wir betreten die Hütte, die sie uns zeigt, ohne große Hoffnung. Später jedoch identifizierten Verwandte das Haus auf den Fotos; sie erkannten die grünen Fensterläden mit den Schnitzereien, die der Großvater des Oppositionspolitikers, Iwan Tarasowitsch, eigenhändig angefertigt hatte.«

Natalja Iljinischna Semenjuk war in ihren Sechzigern, als Guk sie 2012 in Neu-Salissja aufsuchte: »Wir lebten Seite an Seite und versorgten die Kinder gemeinsam. Aljoscha [Alexejs Kosename] kam zu uns, als er vielleicht fünf Monate alt war. Seine Mutter Ljuda studierte damals, und er lebte ungefähr zwei Jahre bei uns. Und später kam er immer den ganzen Sommer über«, erinnerte sie sich.

Die Reporterin beschrieb das ländliche Idyll: Nüsse trocknen im Ofen, Bohnen und Äpfel, die in Schüsseln auf dem Boden glänzen. Semenjuk, eine kleine Frau, beschrieb sich als Zwergin neben Aljoscha. »Wenn er ankam, sprach er einen Monat lang Russisch, dann übernahm er unseren Dialekt« - eine Mischung aus Ukrainisch und Belarussisch. »Der Junge war neugierig, er stellte Fragen und sprach über alles Mögliche. Er half, sich um die Kuh zu kümmern und pflückte Kirschen wie alle Jungen aus dem Dorf, er fischte und schwamm. Mit dem Essen war er nicht mäkelig: Er aß Brot mit Wasser und Zucker, unsere Mohnkuchen und Knödel.«

Semenjuk war sich bewusst, dass Nawalny und seine Eltern, jetzt, da Nawalny ein führendes Mitglied der Opposition war, aufpassen mussten, was sie sagten: »Sie haben Angst, überhaupt zu reden … Luda [Nawalnys Mutter] gestand einmal, sie leben wie auf einem Pulverfass«, Natalja hielt kurz inne. »Die Politik ist ein schmutziges Geschäft.«

Zwölf Jahre und einen großen Krieg später reiste meine Kontaktperson Sascha Alexandrenko im März 2024 für dieses Buch nach Neu-Salissja auf der Suche nach Personen, die sich noch an den jungen Nawalny erinnerten. Ein großes sowjetisches Objekt aus Eisen rühmt die neue Gemeinde und trägt ihren aus roten Metallrohren geschriebenen Namen sowie die Jahreszahl 1986 - ohne jegliche Anspielung auf die dunkle Geschichte, die hinter der Gründung steckt. Nawalnys engste Familie misstraute Journalisten grundsätzlich, aber Sascha fand drei Frauen, die sich sehr gut an ihn erinnerten.

Und zwei, die ein Kriegsverbrechen ansprachen, an das der Name Nawalny sie erinnerte.

Dem Aussehen nach dürfte Galina Denisiwna Ende siebzig, Anfang achtzig sein. Sie trägt eine blaue Kappe auf ihrem ordentlich zurückgekämmten grauen Haar und einen blauen Mantel gegen die Kälte. Sie war Lehrerin in Alt-Salissja: »Ja, ich kannte Nawalnys Familie. Sie sprechen nicht mit Journalisten. Heutzutage ist das viel zu gefährlich, das verstehen Sie sicher. Ich zog 1986 nach Neu-Salissja. Vor der Tschernobyl-Tragödie stand unser Haus gegenüber dem Garten der Familie Nawalny. Sie bauten dort nichts an, besaßen aber ein wenig Grund. Ich kannte Aljoschas Vater, er war der jüngste von drei Brüdern. Wir waren Klassenkameraden des mittleren Bruders Wasil. Ich weiß nicht, wo Alexej geboren ist, aber ich weiß, dass sein Vater, nachdem er in der Armee gedient hatte, in Moskau blieb. An Alexej als kleinen Jungen kann ich mich nicht erinnern, wohl aber an seinen Besuch als Erwachsener. Wir sind noch immer Nachbarn von Alexejs Cousin; wir kennen uns alle untereinander. Ich habe seine Filme über Putin gesehen und seine Entwicklung und seine Karriere verfolgt. Das war wichtig für mich. Offenbar sind in diesem Land [Russland] alle verrückt, und ich warte darauf, dass dieser Wahnsinn aufhört. Ich glaubte wirklich, dass Aljoscha mithilfe der Opposition dort etwas verändern kann. Doch von der Opposition ist jetzt nichts mehr übrig. Sie wurden umgebracht, vergiftet, erschossen.«

Wie haben Sie von Nawalnys Tod erfahren?

»Ich sah gerade fern, als mich meine Kollegin anrief und mir die erschütternde Nachricht überbrachte. Sein Tod versetzte mich in Schmerz und Trauer. Wir sind freundliche Menschen hier, wissen Sie, mit Herz. Wie kann man sich überhaupt Mensch nennen, wenn man kein Mitgefühl hat?«

Tetjana Iwaniwna ist 62 Jahre alt, eine mollige Frau in einer senfgelben Strickjacke und mit einem rosa Kopftuch. Sie erinnert sich an die entsetzliche Nacht, als sich ihr Leben für immer veränderte: »Wir hörten die Explosion des Atomkraftwerks nicht. Wir konnten nur den Schein des riesigen Feuers sehen. Aber wir begriffen nicht wirklich, was geschehen war. Der Weggang aus unserem geliebten Zuhause fühlte sich damals an wie ein stiller Krieg. Es war weder etwas zu sehen noch zu hören oder zu spüren, und doch mussten wir unsere Kinder nehmen und unser Haus für immer verlassen. Alt-Salissja war ein wunderschöner Ort mit einer unglaublichen Natur und guten Jobs. Unser Fluss Uzh war immer klar und sauber. Der Wald war voller Beeren und Pilze. Ich würde sagen, der Himmel auf Erden. Es ist ein Glück, an einem solchen Platz aufzuwachsen.«

Erinnern Sie sich an Alexej?

»Natürlich. Wir haben nicht viel miteinander gesprochen, er war ja noch ein kleiner Junge, aber einer seiner entfernten Verwandten, der von den Russen während der Besatzung ermordet wurde, war in meiner Klasse: Ilja Nawalny.«

Raisa Okroschko ist in den Sechzigern. Sie trägt ein Tuch mit Leopardenmuster über dem dunklen Haar, ihr Gesicht ist markant, und sie blickt ein wenig besorgt in Saschas Handykamera: »Ja, ich kannte Nawalny. Ich erinnere mich an ihn, als er noch ein Kind war. Mir fällt nichts Besonderes ein, das ich von ihm erzählen könnte. Er war eben ein Junge auf seinem Fahrrad, wie die anderen Dorfjungs damals auch. Er spielte mit Freunden, schwamm im Fluss. Niemand achtete groß auf ihn. Wir hätten uns nicht einmal vorstellen können, dass er irgendwann Putin den Kampf ansagen würde oder so etwas. Er kam vor der Tragödie von Tschernobyl fast jeden Sommer zu seinen Großeltern. Nachdem wir nach Neu-Salissja evakuiert worden waren, kam er noch ein paarmal, um seine Verwandten und den Friedhof im alten Dorf zu besuchen. Einige seiner Verwandten, darunter seine Tante, leben noch hier. Wissen Sie, das halbe Dorf heißt Nawalny. Für einen aus unserem Dorf, Ilja Nawalny, ging das böse aus. Als er während der Besatzung durch einen Checkpoint wollte, wurde er sofort erschossen, als die Nazis seinen Nachnamen im Pass entdeckten.«

Die Nazis in Raisas Bericht waren nicht die von 1941, sondern die, die 2022 die Ukraine überfielen.

Raisa mag ein paar Details falsch verstanden haben, nicht aber den Kern der Geschichte. Nachdem sich die russische Vernichtungsmaschine im April 2022 aus dem Norden von Kiew zurückgezogen hatte und die Eroberung der Hauptstadt aufgab, begannen die ukrainische Behörden Massengräber auszuheben. *The Moscow Times* berichtete, dass in einem Massengrab in Butscha neben 400 weiteren Leichen auch der Leichnam von Alexej Nawalnys Cousin zweiten Grades Ilja, 61, gefunden wurde. Nebenbei bemerkt, man sollte nicht vergessen, dass dies keine Massengräber waren wie die aus den Jahren 1939 bis 1945 als die Nazis Gräben aushoben, die Menschen dort erschossen und ihre Leichen mit Erde bedeckten. Die Leichen hier wurden meist von ukrainischen Gemeindemitarbeitern aufgesammelt, die versuchten, wenigstens ein Mindestmaß an Zivilisation aufrechtzuerhalten, indem sie sie en masse in einem großen Grab bestatteten, weil die russischen Besatzer keine Beerdigungen oder Zusammenkünfte von Ukrainern, egal, zu welchem Zweck, zuließen.

»Ilja war ein entfernter Verwandter von Alexej - sie haben einen gemeinsamen Urgroßvater«, erklärte Pawlo Nawalny gegenüber dem ukrainischen Sender der BBC. Er ist der Dorfvorsteher von Neu-Salissja und ein Cousin dritten Grades von Nawalny. Die Einheimischen hatten der BBC vor der groß angelegten Invasion erzählt, dass »unser halbes Dorf aus Nawalnys besteht«. Der Standesbeamte im Dorf fand mindestens elf Einwohner mit diesem Nachnamen.

Der ausführlichste Bericht von der Ermordung Ilja Nawalnys erschien in einer Recherche von Amnesty International über die Massenmorde in der Region Kiew, die 2022 veröffentlicht wurde. Olexij Scholudenko, ein Nachbar, sagte, Ilja sei am Morgen des 12. März mit einem Freund zum Krankenhaus am Ort gegangen, um sein Telefon aufzuladen. Ihn als alten Mann, eindeutig in den Sechzigern, würden die russischen Besatzer als geringe Bedrohung betrachten und ihm den Ausflug erlauben. Scholudenko erzählte weiter, dass er und seine Frau draußen kochten - es gab in der Gegend keinen Strom mehr - und ihren Nachbarn Ilja zum Mittagessen in ihre Wohnung in dem gemeinsamen fünfstöckigen Wohnblock in der Jablunska-Straße einluden. Nach dem Essen waren russische Truppen aufgetaucht, die anfingen zu schreien und Schüsse abzugeben. Alle liefen in den Keller, um sich zu verstecken. Nachdem es wieder ruhig geworden war, ging ein Bewohner gegen 17 Uhr hinaus und sah Ilja Nawalny tot auf dem Boden liegen. Ein Nachbar sah, dass Iljas Wohnungstür offen stand; möglicherweise war er also hinuntergegangen, um nach seinem Auto zu sehen, das bei der Schießerei beschädigt worden war. Am Morgen untersuchten Nachbarn die Leiche: Er war zweimal in den Rücken und einmal in den Kopf geschossen worden. Seine Wollmütze war mit Blut getränkt. Auf dem Boden lagen aus seinem Reisepass herausgerissene Seiten. Seine Nachbarn vermuteten, dass er wegen seines Nachnamens ermordet worden war.

Aus seiner Zelle im Gulag gelang es Alexej Nawalny, dies auf Social Media zu kommentieren. Er bezeichnete Iljas Mörder als »Putins Metzger« und schrieb: »Ein Pass mit dem Nachnamen Nawalny liegt neben der Leiche auf dem Boden. Er ist einer der im ukrainischen Butscha getöteten Menschen. Ilja Iwanowitsch Nawalny. Alles deutet darauf hin, dass sie ihn wegen seines Nachnamens töteten. Ich weiß nicht, ob er mit mir verwandt ist. Er stammt aus demselben Dorf wie mein Vater.« Und weiter heißt es in seiner Nachricht: »Alle Umstände weisen darauf hin, dass er wegen seines Nachnamens umgebracht wurde. Deshalb warfen sie seinen Pass neben ihm auf den Boden.« Nawalny wiederholte seinen Aufruf an die Russinnen und Russen zu »protestieren, wo und wie immer Sie können ... Untätigkeit ist das Schlimmste, und ihre Folge ist der Tod.«

Raissa dachte an den Mord an Alexej Nawalny im Februar 2024: »Als wir von Alexejs Tod erfuhren, waren wir sehr betroffen. Es war eine schmerzliche Nachricht.« Auf die vielen Ukrainer anspielend, die in ihm nichts als einen weiteren russischen Imperialisten sahen, sagte sie: »Viele fragten ›Warum?‹ Wir verstehen, wieso viele Leute auf Social Media an seine Bemerkung über die

›Krim als Wurstbrot‹ erinnerten, Witze machten und seinen Tod bejubelten. Für uns war sein Tod, vor allem anderen, der Tod eines Menschen. Er wuchs vor unseren Augen auf, und seine Großeltern waren hart arbeitende Leute. Die Familie war in der Gemeinde geachtet. Viele meiner Freunde sind noch immer der Ansicht, er hätte aus Deutschland nicht zurückkommen sollen. Seine Verwandten weigern sich, etwas zu sagen. Manche behaupten, Nawalny selbst habe sie gebeten, nichts zu sagen, weil es gegen die Familie verwendet werden könnte. Er war ein Junge aus unserem Dorf; für uns war er Ukrainer.«

Meinem Eindruck nach - so sehe ich das - trifft die Meinung der Ukrainer, die den wirklichen Alexej Nawalny kannten, den Kern der Sache. Sie kannten seine Schwächen, aber sie wussten auch, dass er ein guter Mensch war, der vor seiner Zeit getötet wurde, umgebracht, weil Politik überall auf der Welt, aber ganz besonders in Russland, ein schmutziges Geschäft ist.

Kapitel zwei
In den Apfel beißen

Es ist schwierig zu vermitteln, wie merkwürdig es für die Menschen aus Nawalnys Generation war, das Land zu verlieren, in dem sie groß geworden waren. Am 26. Dezember 1991 verwandelten sich all die Dinge ihres jungen Lebens schlagartig in altmodischen Kram. Die Sowjetunion war tot; lang lebe das neue Russland. Später sann Nawalny in seinem Blog darüber nach, wie seltsam es auf seine Generation, die in der Endphase des Kommunismus aufgewachsen war, wirkte, dass die Realität um sie herum sich veränderte. Als sie heranwuchsen, sangen sie während der Sommercamps der jungen Kommunisten patriotische Lieder, doch sie veränderten die Texte und verspotteten die Ikonen einer im Sterben liegenden Zeit. Nicht alles, was die Sowjetunion tat, war falsch, und Nawalny war sich dessen voll und ganz bewusst. Er begriff auch, wie angemessen und richtig es war, die Generation des Zweiten Weltkriegs, die die Nazis besiegt hatte, zu respektieren. Allerdings drängte, unter den Elektrozäunen des KGB einsickernd, auch eine andere Wahrheit herein: dass nämlich Stalin 1931 den deutschen Kommunisten befohlen hatte, sich mit den Nazis gegen die Sozialdemokraten zu verbünden, und so Hitler zur Macht verhalf; dass Stalins Hungersnot Millionen von Menschen ermordet hatte, die meisten davon Ukrainer; dass die Sowjetunion »die Mitternacht des Jahrhunderts« besiegelt hatte, als sie 1939 den Hitler-Stalin-Pakt genannten Nichtangriffspakt unterzeichnete; dass die Sowjetunion nicht in der Lage war, ihre Bevölkerung auch nur annähernd auf dem Niveau des Westens zu ernähren, zu kleiden oder unterzubringen; dass Völker, die gezwungen waren, das sowjetische Bett mit ihren russischen Herren zu teilen, sich nach Freiheit sehnten.

Weg mit dem alten sowjetischen, her mit dem neuen, freien russischen Markt. So hatte es wenigstens den Anschein. Unter der Mütze sah es anders aus. Die ganze Zeit lauerten die alten Anhänger einer starken, imperialen russischen Welt im tiefen Wasser wie Krokodile, die nur auf den rechten Augenblick warteten.

Der Fall der Sowjetunion brachte eine wirkliche Veränderung. Der alte Unsinn des Kommunismus begann tatsächlich zu sterben, aber viel langsamer als damals gewünscht. Gewöhnliche Russen konnten zum ersten Mal in ihrem Leben ehrliche Zeitungen lesen, gutes Fernsehen schauen, ins Ausland reisen, schicke Autos aus dem Ausland kaufen, ihr eigenes Heim besitzen. Die Idee eines freien Marktes wurde begrüßt, doch ein System ohne eine funktionierende Maschinerie der Rechtsstaatlichkeit lud zum Kampf aller gegen alle ein. Die Rhetorik eines freien Marktes maskierte die Wirklichkeit einer blutigen Anarchie, in der die gerissensten, die unbarmherzigsten und die gierigsten Leute an der Spitze standen. Russland wurde zu einer Oligarchie, bei der einige Reiche die Ressourcen des Landes unter sich aufteilten - eine Oligarchie mit demokratischem Lippenstift.

Unter Jelzin wurde Demokratie zu einem schmutzigen Wort. Ich erinnere mich an eine Reise nach Moskau Anfang der 1990er-Jahre, als ich auf einen Drink in den *John Bull Pub* ging und einen russischen Geschäftsmann dabei beobachtete, wie er in der Bar in aller Öffentlichkeit schluchzte, bewacht von seinem verwirrten und verängstigten Aufpasser. Es war nicht einfach zu verstehen, was da los war, aber es gab gute Gründe für die Annahme, dass jemand gedroht hatte, den Mann zu ermorden, und dass er nun aus Angst vor einem Attentat so viel Zeit wie möglich in einem Pub verbrachte, der dafür bekannt war, dass dort regelmäßig Ausländer verkehrten. Und dabei die ganze Zeit heulte.

Das Problem war, dass die politische Macht in den falschen Händen war. Im Laufe der 90er-Jahre wandelte sich Boris Jelzin von einem inspirierenden und mutigen Führer, der bereit war, sich auf einen Panzer zu stellen, um Russlands zarte Demokratie zu verteidigen, zu einem senilen Alkoholiker, der von einigen seiner hoffnungslos korrupten Familienmitglieder bewacht wurde. Der Präsident von Russland hätte wie ein Tiger kämpfen müssen, um für die Rechtsstaatlichkeit einzutreten, demokratische Prinzipien zu verteidigen und Russlands fragile offene Gesellschaft zu stärken. Stattdessen hat er sie verarscht.

Eine Geschichte fasst den Niedergang Jelzins zusammen: Im September 1994 erhielten irische Beamte einen Anruf, in dem es hieß, dass Jelzin auf dem Rückflug von San Francisco einen Tankstopp am Flughafen Shannon im Westen Irlands einlegen müsse, ehe er nach Moskau weiterfliegen könne. Taoiseach - das gälische Wort für Premierminister - Albert Reynolds brach seinen Besuch in Australien ab, eilte nach Hause und landete in Shannon kurz vor der Maschine mit dem russischen Präsidenten an Bord.

31 offizielle Fahrzeuge warteten auf dem Rollfeld, um den Ehrengast zu einem Empfang im Schloss Dromoland zu bringen. Die irischen Verteidigungskräfte boten zur Begrüßung des großen Mannes eine Ehrengarde aus dem 12. Infanteriebataillon und eine Musikkapelle auf. Die offizielle Delegation - zu der Reynolds, der russische Botschafter in Irland (Nikolai Kosyrew), Bertie Ahern (der damalige Finanzminister und künftige Premierminister), Brian Cowen (der Minister für Verkehr, Energie und Kommunikation) und der Staatsminister Willie O'Dea gehörten -, kam zur Landebahn und wartete. Und wartete. Und wartete.

Flughafenbeamte berichteten, dass die Maschine über Shannon kreise. Nach einer Stunde landete sie schließlich. Als die Tür sich öffnete, war jedoch vom russischen Präsidenten immer noch nichts zu sehen. Ein Aeroflot-Beamter unterrichtete Botschafter Kosyrew, dass Jelzin unpässlich sei und Vizepremier Oleg Soskowez mit der irischen Delegation zusammentreffen werde. Kosyrew konnte an Bord der Maschine gehen, Jelzin sehen durfte er allerdings nicht. Alexander Korschakow, Jelzins Bodyguard, teilte Kosyrew mit, dass Jelzin »sehr müde« sei. Kosyrew kehrte zur Rollbahn zurück und erklärte Reynolds, dass Jelzin aus gesundheitlichen Gründen nicht in Erscheinung treten werde. Reynolds antwortete: »Nun gut, wenn er krank ist, lässt sich nichts dagegen tun. Ich bin gern bereit, mit dem Vertreter des russischen Präsidenten zu sprechen. Doch Herr Jelzin, mein Gast, befindet sich auf irischem Boden, und ich darf mir die Gelegenheit nicht entgehen lassen, wenigstens für fünf Minuten an Bord des Flugzeugs zu gehen, um dem Präsidenten die Hand zu schütteln und ihm baldige Genesung zu wünschen.«

Die Russen sagten Njet. Die Maschine wurde neu aufgetankt und hob wieder ab. Am nächsten Tag brachte die *Irish Times* auf ihrer Titelseite eine Karikatur mit einer Wodkaflasche, die eine Gangway hinunterhüpft, während ein Schaulustiger bemerkt: »Endlich eine Botschaft von Präsident Jelzin.« Der Ausdruck »über Shannon kreisen« wurde in Irland zu einem Euphemismus, um den Zustand einer Person zu beschreiben, die zu viel getrunken hat, ähnlich wie die irischen Slangwörter für sturzbesoffen, hackedicht und sternhagelvoll.

Das ist die lustige Version davon, dass Jelzin nicht regierungstauglich war. Doch jetzt folgt eine zweite Version, und die ist weniger lustig. Grigori Jawlinski, der bald in Nawalnys Geschichte auftauchen wird, war Wirtschaftswissenschaftler und Führer der liberalen Jabloko-Partei. Anfang bis Mitte der 90er-Jahre war er eine kurze Zeit lang eine einflussreiche Person zunächst in und dann außerhalb von Jelzins Kreml. Ende 1994 widersetzte Jawlinski sich dem dummen und desaströsen Krieg in Tschetschenien, den Jelzins Generäle begonnen hatten.

Doch Jawlinskis Mut erzürnte böse Menschen. Sein 23-jähriger Sohn Michail wurde entführt. Michail spielte wunderbar Klavier und träumte davon, ein Leben als professioneller Pianist zu führen. Die Entführer verstümmelten den jungen Mann, indem sie ihm das Gewebe zwischen den Fingern durchschnitten. Danach ließen sie ihn mit einer Notiz an den Vater wieder frei, in der sie Jawlinski mitteilten, er solle sich aus der Politik zurückziehen. Die *Moscow Times* berichtete, dass Jawlinski sich mit der Bitte um Hilfe an die Regierung wandte. Nachdem eine unzureichende polizeiliche Untersuchung ergebnislos verlief, lehnte Jelzins Kreml jeden staatlichen Schutz ab.

»[Jawlinski] sollte seine eigenen Bodyguards einstellen oder anderweitig für die Sicherheit seiner Familie sorgen. Deshalb versteckte er seine Kinder«, soll Jewgenia Dillendorf, eine Pressesprecherin von Jabloko, laut *Moscow Times* gesagt haben. Sein verstümmelter Sohn und ein jüngerer Bruder wurden nach London geschickt, wo die britischen Behörden ein Auge auf sie hatten. Die *Moscow Times* stellte folgende Überlegung an: »1994 erhob sich die Stimme von Jabloko lautstark in demokratischer Opposition zu Jelzins Regierung - und insbesondere in Opposition zu seiner schrecklichen Entscheidung, Tschetschenien flächendeckend zu bombardieren. Insofern könnten Michail Jawlinskis Attentäter vom Kreml gesteuert worden oder einfach selbstständig agierende Nationalisten gewesen sein. Im Falle von Nationalisten waren sie raffiniert genug, auf seinen Sohn zu zielen - genauer gesagt auf dessen Finger. Das wirft die Frage auf, warum die Jelzin-Regierung sich weigerte, die Jawlinskis zu beschützen.«

Jelzin im Kreml war ein Witz, doch für ein besseres, helleres Russland, leider kein lustiger.

Während die Sowjetunion in einem Handkarren zur Hölle fuhr und Russland sein kurzes Experiment mit der Demokratie begann, schloss Nawalny die Schule ab, ging zur Universität, verliebte sich und brach ins Leben auf. Nachdem er einen Platz an der Staatlichen Universität Moskau - Russlands Oxbridge - knapp verpasst hatte, studierte er Jura an der Russischen Universität der Völkerfreundschaft, wo viele seiner Kommilitonen aus dem globalen Süden kamen. Anschließend absolvierte er an der Finanzuniversität ein zweites Studium in Wertpapier- und Börsenwesen, das er 2001 abschloss. Um sich über Wasser zu halten, arbeitete er während seiner Studentenzeit.

Unabhängig davon, welche Wirtschafts- und Rechtsideale Nawalny im College beigebracht wurden, sein erster Kontakt mit dem russischen Kapitalismus war böse, brutal und kurz. Als er 1997 bei der Aeroflot-Bank arbeitete, »schrieb er alle möglichen Beschwerden wie: ›zahlt sofort unsere Milliarden zurück‹«, doch in diesem Jahr verlor die Bank ihre Lizenz. Diese und andere frühe Erfahrungen mit dem von Alpha-Raubtieren beherrschten russischen Markt ließen in ihm eine innige Abneigung gegen Korruption entstehen, was, sobald Wladimir Putin im Kreml als gesalbter Nachfolger Jelzins eingesetzt wurde, nur Ärger bedeuten konnte.

Doch der größte Feind des Blutzaren sollte er erst noch werden. 1998 flog Nawalny in die Ferien in die Türkei, wo er eine schöne junge Frau aus Moskau traf, Julija Abrossimowa, und sich verliebte.

Julija war sein Fels und er ihrer. »Ich habe keinen vielversprechenden Anwalt geheiratet und ich habe keinen Oppositionsführer geheiratet. Ich habe einen jungen Mann namens Alexej geheiratet«, sagte sie gegenüber TV Rain, einem russischen

Oppositionsfernsehsender, der 2013 in Russland operierte; inzwischen befindet sich der Sender im Exil mit Sitz in Amsterdam. »Ich habe einen Mann geheiratet, bei dem von Anfang an klar war, dass es scharfe Kehren geben kann, mir ist also nichts Unerwartetes passiert.«

Der Interviewer witterte einen Fuchs. Scharfe Kehren?

»Er war immer sehr aktiv«, antwortete Nawalnaja und schoss den Fuchs: »Ein sehr aktiver Staatsbürger.«

Sie heirateten im Jahr 2000 und, wie es in Russland und der Ukraine üblich ist, bekamen fast sofort ein Kind. Nawalnaja brachte 2001 eine Tochter zur Welt, Daria, und 2008 einen Sohn, Zakhar. Julija, die selbst eine kluge und beeindruckende Frau ist, gab sich große Mühe, im Schatten ihres Mannes zu bleiben. Anstatt ihre eigene Karriere zu verfolgen, spielte sie die loyale Politikergattin und half im Familienunternehmen der Nawalnys mit. Sein Vater und seine Mutter betreiben eine Korbflechtfabrik in der Region Moskau, die Putin - mehr oder weniger - weiterlaufen lässt. Eine Geste der Humanität? Oder nur ein weiteres Psychospiel? Wie immer bei dem Herrn des Kreml lässt sich das schwer sagen, doch die Vernunft gebietet es, Freundlichkeit als beherrschendes Prinzip auszuschließen.

Angesichts der Tatsache, dass Nawalnys Vater Anatoli durch die Dummheit der sowjetischen Geisteshaltung aus der Heimat seiner Familie vertrieben wurde, sollte es wenig überraschen, dass er den Kommunismus hasste. Lyudmila sagte einmal, dass sie, wenn Anatoli anfing, über die Kommunisten herzuziehen, die alles zerstörten, immer die Fenster schloss, damit die Nachbarn ihn nicht an die Geheimpolizei verkauften.

Die Familie Nawalny suchte nach einem anderen Weg für Russland und fand ihn in Jabloko, der liberalen Partei. Nicht zu verwechseln mit der Liberal-Demokratischen Partei Russlands, einem Vehikel für Handlager des Kreml, die Wladimir Schirinowski vom Tag ihrer Gründung bis zu seinem Tod im Jahr 2022 führte. Schirinowski war - um es mit einem Bild von Hans Holbein zu sagen - die luftgefüllte Blase des Narren an einem faschistischen Stock, der seinen grausamen Witz dazu benutzte, die Gegner von Wladimir Putin zu verunglimpfen, die rechtsextreme Agenda des Kreml voranzutreiben und seine unsterbliche Seele der Dunkelheit zu verschreiben. Ich habe ihn einmal getroffen, und es wird Sie, verehrte Leserinnen und Leser, nicht überraschen, dass wir uns am Ende gegenseitig anschrien.

Jablokos Führer, von der Mitte der 90er-Jahre bis 2018, war Jawlinski. Dieser wurde als Sohn jüdischer Eltern in Lwiw in der Sowjetukraine geboren und war ein junger Box-Champion mit einem genialen Geist. 1967 und 1968 war er sowjetukrainischer Jugendmeister im Boxen, studierte Wirtschaft, wurde als aufgehender Stern entdeckt und damit beauftragt, in der Kohleindustrie universelle Standards zu setzen. Er verbiss sich in diese Aufgabe und sah, wie er in seiner Autobiografie schrieb, die Welt hinter den Propagandaplakaten versteckt. In den 1970er-Jahren stieg er in Kohlebergwerke, um die Bedingungen zu verstehen, mit denen sowjetische Grubenarbeiter fertigwerden mussten, und wurde beinahe getötet, als der Schacht, in dem er sich befand, zusammenbrach. Gemeinsam mit drei Arbeitern verbrachte er zehn Stunden in hüfttiefem, eiskaltem Wasser und wartete auf Hilfe. Sie wurden gerettet, aber er war der einzige, der überlebte; die anderen drei starben im Krankenhaus. Jawlinski verfasste mutige Berichte, in denen er die harten Bedingungen der sowjetischen Grubenarbeiter beschrieb. Da dies die Sowjetunion war, wurden seine Berichte von den Bossen nicht beachtet und von den gewöhnlichen Menschen nicht gelesen, daher blieben seine heroischen Bemühungen, den schlimmen Missbrauch der Arbeiterschaft zu dokumentieren, folgenlos.

Beim Zusammenbruch der Sowjetunion schlug Jawlinski

nüchterne, vernünftige Reformen vor, die zu einem ordnungsgemäß überwachten freien Markt führen sollten. Seine Ideen wurden zugunsten eines Plans übergangen, der sich grob als »Lasst uns die Oligarchen schnell reich machen« zusammenfassen ließe und der zu massiver Vermögensungleichheit führte.

Eine große Bewährungsprobe für die russische Demokratie kam 1996, als Jelzin sich zur Wiederwahl stellte. Da es so aussah, als würden die Kommunisten Jelzin stürzen, taten sich die wenigen Reichen zusammen, um ihr Geld und ihren Grips dafür zu verwenden, den betrunkenen alten Narren in den Kreml zurückzubefördern. Nawalny überzeugte seine Eltern, dass Jelzin die am wenigsten schlechte Option sei, und sie wählten ihn statt der Kommunisten, da sie eine Rückkehr zu den dunklen Tagen der Sowjetzeit fürchteten. Später bedauerte Nawalny diese Entscheidung, weil sie die Demokratie untergrub, doch da war es schon zu spät.

Jelzin gewann die Wahl 1996, doch die große Frage für die Oligarchen war, wer würde ihn ersetzen? Eine Weile erwog das Team Jelzin, sich für Boris Nemzow als Nachfolger im Kreml zu entscheiden. Nemzow war ein brillanter, gewitzter, enorm gut aussehender ehemaliger Kernphysiker, der ein Talent dafür besaß, witzige, spaßige und gleichzeitig aufschlussreiche Ausdrücke aus dem Ärmel zu schütteln. Er hat den Begriff »Oligarch«, als Bezeichnung für die reichste und mächtigste Bevölkerungsklasse Russlands, maßgeblich geprägt und verbreitet.

Jelzin hatte Nemzow 1991 zum Gouverneur des Oblast Nischni Nowgorod ernannt, und die russische Öffentlichkeit verliebte sich in ihn. Auf der Suche nach einem Nachfolger machte Jelzin Nemzow im März 1997 zum ersten Stellvertretenden Ministerpräsidenten Russlands und stellte ihn Präsident Bill Clinton als seinen auserwählten Nachfolger vor. Im Sommer desselben Jahres ergaben Umfragen, dass einer von zwei Russen sich ihn als nächsten Präsidenten wünschte. Doch im August 1998 war die russische Wirtschaft auf Talfahrt, der Rubel brach ein, und jeder in Jelzins Nähe war Hundefleisch. Die Oligarchen servierten Nemzow ab, und Jelzin hatte am Ende ohnehin einen völlig anderen Charakter: ein gruseliger Geheimpolizist mit deutlicher Ähnlichkeit zu Gollum aus *Herr der Ringe.*

Die Geschichte von Putins Aufstieg ist ein toxischer Cocktail der Machtergreifung; vermutlich wurde sie von Brecht in seinem Stück über Hitler, *Der aufhaltsame Aufstieg des Arturo Ui,* am besten erzählt; ich habe in *Der Killer im Kreml* ebenfalls einen Versuch gewagt.

Zwischenzeitlich schlossen Nawalny und seine geliebte Julija sich Jabloko an und arbeiteten in den liberalen Schützengräben, indem sie versuchten, Putin und seine synthetische Machtmaschine, die Partei Einiges Russland, davon abzuhalten, die Borg zu imitieren - jene außerirdischen, kybernetischen, über ein kollektives Bewusstsein verbundenen Organismen aus *Star Trek* - und die russische Welt zu übernehmen. Jabloko scheiterte, und weil die Folgen dieses Scheiterns Nawalny in die Dunkelheit führten, ist die Geschichte, was mit Jabloko schiefgelaufen ist, eine Untersuchung wert.

Die liberale Partei war, so Nawalny zu seinem russischen Biografen, Konstantin Volonkow, »die einzige durchwegs demokratische Partei, die über Ideen sprach und diese nicht für Geld oder Ämter verkaufte«. Nicht korrupt, aber ein »totales Chaos«, die Zusammenkünfte oft eine Zeitverschwendung, zu viele Mitglieder, die sich in reiner Symbolpolitik ergingen und denen der tödliche Ernst fehlte, der nötig war, um es mit der Parteilimousine des Kreml aufzunehmen und sie womöglich zu überholen. Aus meinen Begegnungen mit Nawalny kann ich mir vorstellen, wie gereizt er im Umgang mit Leuten gewesen wäre, von denen er glaubte, sie würden es nicht bringen.

Alle Politik ist lokal. Nawalny, vom Scheitel bis zur Sohle ein politisches Tier, verstand dies intuitiv. Schon früh hielt er sich nicht nur hinter den Kulissen von Jabloko auf, sondern engagierte sich im Aktivismus auf Gemeindeebene. 2004 war er Personalchef im Moskauer Büro von Jabloko. In dem Jahr hatten die Moskauer allmählich satt, was sie als die offenkundige Korruption des Oberbürgermeisters Juri Luschkow wahrnahmen. Seine Frau Jelena Baturina war Russlands erste weibliche Milliardärin. Sie ist nach wie vor unglaublich reich, und man nimmt an, dass sie in Österreich lebt und immer noch Eigentum in London hat. Von 1992 bis 2010 unterzeichnete Luschkow die Aufträge für große Entwicklungsaufträge in der Stadt. Dabei wurden allerdings schöne alte Gebäude abgerissen, um Platz für modernen Schrott zu schaffen. Die Fähigkeit der Presse und des Parlaments, zurückzuschlagen, wurde geschwächt, als Putin Herr über den Kreml wurde. Als lokale Kräfte sich zusammentaten, um eine Bewegung zum Erhalt historischer Stätten zu formieren - das Komitee zum Schutz der Moskauer -, war Nawalny bereit, die Sache zu organisieren. Auf die Frage eines Reporters von *Kommersant*, ob Nawalny versuche, öffentliche Aktivisten für seine eigenen Zwecke zu benutzen, antwortete Nawalny, dass »die Bewegung unpolitisch sein werde und, darüber hinaus, offen für die Kooperation mit allen Parteien, einschließlich Einiges Russland«. Doch er fuhr fort und gestand ein: »Es ist unwahrscheinlich, dass irgendeine Partei diese Initiative unterstützt: Wir sind die Einzigen, die keine Angst vor Luschkow haben.« Das ist das erste Mal, glaube ich, dass sein Name gedruckt erschien, und die Eier, die es für so eine Aussage braucht, sind sozusagen sein Markenzeichen geworden.

Das Komitee und sein mutiger Funktionär nahmen es mit einigen sehr mächtigen Gegnern auf. Einer der bekanntesten war Wladimir Posner, ein Russisch-Amerikaner, so kahl wie eine

Billardkugel, üblicherweise mit einem schwarzen hochgeschlossenen Pullover bekleidet und im Westen dafür berühmt, in wunderbar moduliertem Englisch die Sowjetunion zu verteidigen. Posners Familie war 1940, nach dem Fall Frankreichs, aus Paris in die Vereinigten Staaten geflohen, wo er fließend Englisch lernte. Ein Freund Posners aus Grundschulzeiten erinnerte sich an ihn »wegen seiner Fähigkeit, zum einen außerordentlich anziehende Fantasien zu entwickeln und, zum anderen, den Rest von uns dazu zu bewegen, sie zu glauben«. Auf dem Höhepunkt der McCarthy-Ära wurde Posners Vater vom FBI beschuldigt, ein sowjetischer Spion zu sein. Geheime Venona-Papiere, von den Amerikanern dekodiert und 1996 endlich freigegeben, stellten im Nachgang genau das unter Beweis. 1952 kehrte die Familie Posner nach Russland zurück, und der junge Wladimir widmete sich fortan der Propaganda für den sowjetischen Staat. 2004 entwickelte Posner, der jetzt eine internationale, in Moskau ansässige Berühmtheit war, einen Plan zur Errichtung einer Medienschule über einem viel geliebten Gebäude - und das erregte den Zorn des Komitees. Das Projekt wurde zurückgestellt; andere waren erfolgreich, doch dem Komitee gelang es, einen Schatten auf ihre Legitimität zu werfen. Nawalny, ein Anwalt mit einem zweiten Abschluss in Finanzzauberei, war ein Bluthund, der verfahrenstechnische Ausweichmanöver und Winkelzüge wie Trüffel erschnüffelte und sie den Gerichten, Behörden und vor allem der Öffentlichkeit präsentierte. Später erzählte er seinem Biografen Woronkow, dass das Komitee etwas Gutes erreicht hatte, dass Luschkows Rathaus sie fürchtete, auch wenn es hart war, die bürokratischen und körperlichen Anstrengungen zu meistern.

2005 dachte Nawalny sich einen weiteren Trick aus, wieder außerhalb des Schirms der Partei, für die er arbeitete. Zusammen mit Maria Gaidar, der Tochter eines von Jelzins besseren Ministerpräsidenten, gründete er die Bewegung Demokratische Alternative DA!, die in Moskau Debatten organisierte und frisches Blut in die Politik injizierte, während Putin und seine Kreaturen ihr Bestes taten, um ihr das Leben auszusaugen. Nawalny wurde nie genug als großartiger Entertainer gewürdigt, als jemand, der die Leute ins Theater locken konnte. Wahre politische Debatten sind ein Blutsport, bei dem man zusieht, wer überlebt, der Löwe oder der Christ. Nawalny und sein Co-Moderator waren extrem gut darin, Gladiatoren zu buchen, und Nawalny, von Natur aus witzig, groß und souverän, war ein wunderbarer Showmaster.

Nawalnys bewundernswert gründlicher amerikanischer Biograf, David Herszenhorn, spürte das Leitbild von DA! auf, das in reinem Nawalny-Idiom verfasst ist: »Wir glauben, dass aktive Staatsbürger das Leben auf legale und gewaltfreie Weise wirklich zum Besseren wenden können. Niemand wird es für sie tun. Das ist unsere Alternative zu Extremismus, Untätigkeit, Jammern und Klagen.« Wie bei allem, was mit Nawalny zu tun hat, gab es eine Versicherungspolice: »Mitglieder der DA! sind gute, aktive und entschlossene Menschen. Wir sind keine Fanatiker und keine Verrückten, wir studieren und arbeiten. Wir bilden keine revolutionäre Gruppe und wir wollen niemanden stürzen. Wir wollen nur in einem freien und demokratischen Land leben und die Regierung dazu zwingen, das zu tun, was ihr aufgetragen wurde.«

Der Kontext ist, dass 2005, im Jahr der Gründung der DA!, die Orange Revolution in Kiew stattfand, bei der ein putinfreundlicher Buhmann gestürzt wurde. Drüben in Moskau hielt die DA! es für notwendig, ihren Standpunkt in einer solchen Angelegenheit darzulegen: »Die ukrainische Revolution wurde von gewöhnlichen Ukrainern und nicht von Technologen ›gemacht‹.« Politische Technologen wurden von Putin geliebt, wenn sie für ihn arbeiteten, und dämonisiert, wenn sie es nicht taten. Der

Ausdruck ist schwer zu übersetzen, aber so etwas wie »Hinterzimmer-Schieber« mit einem Beigeschmack von Gaunerei trifft den Kern der Sache durchaus.

In der DA!-Versicherungspolice hieß es weiter: »Jeder, der damals in Kiew war und nicht beobachtete, was auf russischen Fernsehkanälen geschah, versteht ausgezeichnet, dass politische Technologien ohne bewusste Bürger zu einer Farce geworden wären (wie bei den PR-Leuten im Kreml). Die Regierung versteht, dass ihre größte Bedrohung von aktiven Bürgern ausgeht, die nicht schweigen, wenn sie Korruption, Inkompetenz, Knebelung von unabhängigen Journalisten und Willkür sehen. Deshalb ist unsere Passivität in ihrem Interesse, und sie hat den Russen eine zynische Haltung gegenüber Manifestationen von bürgerschaftlichem Engagement eingeimpft. Nein, wir sind keine Revolutionäre, und wir werden niemanden umstürzen.«

Die DA!-Debatten wurden zum Stoff von Legenden; sie erkundeten Themen wie etwa »Wo sind die Faschisten?« und »Wo sind die ehrlichen Journalisten?« und ließen einen Vertreter der Jugendorganisation von Jabloko gegen einen Sprecher von Naschi antreten, der protofaschistischen putinistischen Version der Hitlerjugend. Doch diese Erfolge zogen die falsche Art von Aufmerksamkeit auf sich. Die Debattenreihe 2007 startete mit dem gewagten Titel: »Putins Plan oder Putins Clan?« Der Politikaster, der zu Putins Verteidigung engagiert worden war, sagte in letzter Minute ab. Er wurde ersetzt, doch der ganze Abend wurde von einer Gruppe betrunkener Putin-Anhänger verdorben, die dazwischenriefen, offen frauenfeindlich gegenüber Maria Gaidar waren und sogar eine Flasche warfen. Ein Rowdy versuchte, Nawalny draußen einzuschüchtern; der zog eine Pistole und schoss in die Luft. Die Polizei verhaftete Nawalny, doch Russland war zu diesem Zeitpunkt noch nicht vollends im Autoritarismus versunken, die Waffe war außerdem nur eine Luftpistole, und es gab genügend Zeugen dafür, dass der Rowdy bereits früher unangenehm aufgefallen war, sodass die Anklage sechs Monate später fallen gelassen wurde. Nawalny kam mit seinem Leichtsinn davon.

Doch das Komitee und die DA!-Debatten waren Nebenschauplätze. Im Großen und Ganzen sah es für Nawalnys Partei düster und mit jedem Tag düsterer aus. Die Wahlergebnisse von Jabloko wurden immer schlechter. Bei den Wahlen für das russische Parlament (die Duma) im Jahr 1995 erhielt Jabloko fast sieben Prozent der Stimmen; bei den folgenden Wahlen schnitt sie schlechter ab und erhielt 2007 weniger als zwei Prozent und gar keine Sitze.

Wie immer in der Politik verflochten sich politische Leitlinien und Persönlichkeiten ineinander. Jawlinski war ein solider Liberaler, doch seine Kritiker warfen ihm vor, Jabloko wie eine Art religiöse Sekte zu betreiben. Und der frechste dieser Kritiker war Nawalny. Nach dem desaströsen Wahlergebnis 2007 ging Nawalny zum Angriff über: »Ich behaupte, dass Jabloko zusammengebrochen ist, weil die Partei zu einer Sekte geworden ist. Wir verlangen, dass jeder ein Demokrat sein muss, aber wir selbst wollen keine Demokraten sein ... Und je schlechter die Resultate, desto stärker die Führungsposition.« Er forderte den »sofortigen Rücktritt des Parteivorsitzenden und all seiner Stellvertreter, Neuwahl von mindestens 70 Prozent des Büros«. Nawalny räumte ein, dass die Wahl »unehrlich und unfair war. Aber bei fairen Wahlen würden wir noch weniger Stimmen erhalten. Denn faire Wahlen sollten nicht nur eine Liveübertragung für Grigori Alexejewitsch [Jawlinski] sein.«

Nawalny argumentierte, dass die Chancen für Jabloko schlecht stünden, aber dass Jawlinski die Situation noch verschlimmert habe, indem er das Rampenlicht gierig an sich gerissen und andere, populärere Sterne am liberalen Firmament verdrängt habe, wie zum Beispiel den Schachweltmeister Garri Kasparow, Putins ersten Ministerpräsidenten Michail Kassjanow und den eher zur Kommunistischen Partei tendierenden Nikolai Ryschkow.

Das kotzte Jawlinski und die seinen natürlich an. Nawalny wurde aus Jabloko ausgeschlossen; offiziell wegen seiner nationalistischen Ansichten und weil er angeblich Seite an Seite mit der extremen Rechten marschierte. Sein Freund Ilja Jaschin sagte, der wahre Grund sei, dass er Jawlinski herausgefordert habe. Wie sich herausstellte, traf wahrscheinlich beides zu. Frustriert über das Scheitern von Jabloko wandte sich Nawalny der extremen Rechten zu und beging damit den - bis dahin - größten Fehler seines Lebens.

Kapitel drei
Hat was von einem Faschisten?

Die russische Demokratie unter Jelzin war blutig gewesen, gewalttätig, außergewöhnlich, aber stets faszinierend. Putin machte Politik über Nacht reizlos und langweilig. Bewunderer starker Männer werden nie so recht begreifen, wie öde es ist, den lieben langen Tag den faden Unsinn des Führers zu lesen und nachzubeten. Und tags darauf wieder. Und am folgenden gleich noch mal ... Das öffentliche Leben unter Leuten wie Hitler, Stalin, Mao, den drei Kims in Nordkorea sowie Putin und Xi ist nichts weiter als eine endlose Abfolge von Bücklingen und Kratzfüßen. Demokratie macht da weitaus mehr Spaß.

Es stimmt zwar, dass Putin das Blutvergießen reduziert hat, aber letztlich nur, weil er es auf die beschränkte, die sich ihm zu widersetzen wagten. Nur, was zuvor außergewöhnlich war, geriet mit der Entmachtung von Parlament und Medien zur geisttötenden Banalität. Ausgelöst durch den Untergang des Atom-U-Boots *Kursk* im August 2000, begann dieser Prozess binnen weniger Monate nach seiner effektiven Machtübernahme. Sein Versäumnis, der eingeschlossenen Besatzung der *Kursk* so schnell wie möglich zu helfen, war eine Sache, eine andere seine Ablehnung westlicher Hilfe. Die Kaltherzigkeit jedoch, mit der er reagierte, als man ihn auf seine Untätigkeit ansprach, schockierte die ganze Welt. Das Menschlichste, was ihm dazu einfallen wollte, war: »Sie ist gesunken.« Bei einem Treffen mit Angehörigen umgekommener Besatzungsmitglieder beschimpfte man ihn. Eine Witwe schrie ihn an, wurde aber mittels einer Beruhigungsspritze zum Schweigen gebracht.

Putin reagierte nicht mit Veränderungen, sondern damit, Russlands unabhängige und freie Medien kaltzustellen. Die demokratische Politik begann abzusterben, und die Aktivisten, die sich noch zur Wehr setzten, taten dies praktisch in einem luftleeren Raum, in dem sich kaum atmen ließ. Das war der Kontext, in dem man in der nationalistischen Rechten eine mögliche Kraft zur Bekämpfung des Putinismus zu sehen begann. Die Verlockung war groß.

Was wäre eine Mausefalle ohne Käse?

Die Person, die Nawalny auf diesen Weg gebracht hat, ist jedoch keineswegs eine Faschistin, sondern die großartige Enthüllungsjournalistin Jewgenija Albaz, Geißel des KGB/FSB und eine gläubige Jüdin. Als Masha Gessen 2021 in einem faszinierenden Artikel im *New Yorker* die Entwicklung von Nawalnys Nationalismus zu verfolgen versuchte, war Albaz Gessens erste Anlaufstelle. 2004 gab Albaz, damals Ende vierzig und eben aus Harvard zurückgekehrt, in ihrer Moskauer Wohnung jeden Dienstagabend ein Seminar für eine etwa zwanzigköpfige Gruppe einflussreicher junger Russen. Nawalny, so schrieb Gessen, war »der Älteste von den Leuten, die da in ihrer Wohnung zusammenkamen, aber bei Weitem nicht so eloquent und gebildet wie die anderen, die größtenteils renommierte Hochschulen besucht hatten, während Nawalny das typische Militärkind mit einem Bachelor in Jura von einer entschieden zweitklassigen Schule war«.

Albaz jedoch fand Gefallen an dem Greenhorn ihres Intellektuellenzirkels. Seit sie ihn kenne, so zitierte Gessen sie, habe »Nawalny sich alles selbst beigebracht: wie man Politik macht, wie man Reden hält; als er vor einigen Jahren unter Hausarrest stand, hat er im Alleingang Englisch gelernt«.

Und aus Frustration darüber, dass der Liberalismus in Putins neuer Ordnung nicht Fuß zu fassen vermochte, wurde er schließlich, ebenfalls im Selbstunterricht, Nationalist. Wie Gessen anmerkt, war Nawalny da nicht der Einzige. So startete etwa Schachgroßmeister Garri Kasparow, als er 2005 auf Politiker umsattelte, seine neue Laufbahn im Schulterschluss mit einer Reihe von Nationalbolschewisten. Nur eine Einheitsfront, so sagte Kasparow damals zu Gessen, könne Putins Regime stürzen - und das bedeute, sich die Nase zuzuhalten und mit den Nationalisten zusammenzugehen.

Auch stimmt es, dass Putin in den 24 Jahren, die er nun an der Macht ist, die gemäßigte Linke ebenso brutal unterdrückt hat wie die Mitte und die gemäßigte Rechte, während er den Kommunisten links außen weiterhin ihre abgenutzten Auftritte gestattete und der äußersten Rechten Raum für ein gewisses Maß an offenem Dissens einräumte. So kam es, dass Nawalny im Rahmen seines Experiments mit Nationalisten und extremeren Elementen zusammen mit Albaz in drei aufeinanderfolgenden Jahren an den »Russischen Märschen« teilnahm, einem alljährlichen Fest für russische Patrioten, Ultranationalisten, Monarchisten, weiße Rassisten und Neonazis - slawischer Versionen des Ku-Klux-Klans. Laut Albaz waren sie und Nawalny gemeinsam dabei: »Ich trug einen riesigen Davidstern, der schon von Weitem zu sehen war. Nawalny musste ganz schön was einstecken dafür, dass er da mit einer Jüdin aufkreuzte.«

Mit einer Frau, die ihr Judentum so offen zur Schau trug, Seite an Seite mit einem Haufen Nazis aufzumarschieren, ist eine Sache. Wäre das Nawalnys einziger Fehltritt gewesen, man hätte ihn übersehen. Aber es blieb nicht dabei. 2007, er war noch bei Jabloko, formierte er eine Gruppe namens NAROD - was einerseits auf Russisch »das Volk« bedeutet, andererseits aber auch kurz für **Na**tsionalnoe **R**usskoe **O**svoboditelnoe **D**vizhenie oder Russische Nationale Befreiungsbewegung steht. Er lancierte NAROD mit zwei kurzen Videos, mit denen er gleichzeitig seinen Einstand auf YouTube gab.

Das erste Video ist 42 Sekunden lang und heißt »Das Volk [NAROD] für die Legalisierung von Waffen«. Nawalny steht hinter einem Schreibtisch, links von ihm ein Bildschirm. Auf dem Schreibtisch liegen eine Fliegenklatsche, ein rosa Plüschpantoffel und eine Pistole. Er stellt sich als »Nationalist« vor. Die Machart ist so geschmacklos wie billig - ein Low-Budget-Spot, mit dem sich in Alabama für das neueste Gadget zur Insektenvernichtung werben ließe. Der Text ist auch nicht besser: »Hallo, heute sprechen wir über Schädlingsbekämpfung. Keiner von uns ist vor Eindringlingen wie Kakerlaken oder Fliegen gefeit.« Auf dem Monitor neben ihm tauchen eine Kakerlake und eine Fliege auf. »Jeder weiß, dass eine Fliegenklatsche gegen eine Fliege und ein Pantoffel gegen eine Kakerlake durchaus hilfreich sein kann. Aber was, wenn die Kakerlake zu groß ist oder die Fliege zu aggressiv?« Auf dem Monitor erscheinen fünf bärtige Freischärler über der Legende »Grenzenloser Homo sapiens«; es wird zwar nicht gesagt, aber es könnten Tschetschenen sein. Plötzlich stürzt sich mit unverständlichem Gebrüll ein Ungetüm in Menschengestalt in einem wallenden schwarzen Cape auf Nawalny. Was da gebrüllt wird, ist absichtlich verzerrt, ein bisschen nach Art einer der Gitarren in *Tubular Bells,* aber bei mehrmaligem Hören klingt es doch sehr nach »Allahu Akbar«.

Nawalny schießt den Eindringling über den Haufen: »In diesem Fall empfehle ich eine Pistole.« Die Abschiedsbotschaft auf dem Bildschirm lautet: »Schusswaffen sollten erlaubt sein.« Der Spot wirft ganz eindeutig Fliegen, Kakerlaken, bärtige Muslime und mörderische Dschihadisten in einen Topf. Er ist rassistisch.

Das zweite Video dauert eine Minute. Es trägt den Titel: »Werde Nationalist!« Nawalny spielt einen Zahnarzt in seiner Praxis, einen Patienten neben sich auf dem Stuhl. Seinen Worten mit einem Zahnspiegel Nachdruck verleihend, spricht er den Zuschauer an: »Unsere Gesellschaft korrodiert«, sagt Nawalny, der

Zahnarzt. Schnitt auf eine Gruppe Skinheads, die auf jemanden eintreten; das Röntgenbild einer Reihe schlechter Zähne blitzt auf; diesem folgen Nazis mit Hakenkreuzbinden beim Deutschen Gruß; dann wieder Nawalny; dann mehr schlechte Zähne; und schließlich Auftrieb und Abreise ganzer Gruppen von Ostasiaten - Chinesen, Koreaner, Mongolen, das ist nicht ganz klar; zum Schluss wieder Nawalny.

Seine Worte sind empörend: »Das Krankheitsbild ist selbst für einen Laien klar. Wir brauchen niemanden zu schlagen. Alle Störfaktoren sollten vorsichtig, aber bestimmt, durch Abschiebung entfernt werden. Nur ein verkalkter Kopf hält Nationalismus für Gewalt. Einen Zahn ohne Wurzel bezeichnet man als tot. Ein Nationalist ist jemand, der die russische Wurzel nicht aus dem Wort ›Russland‹ entfernt sehen will. Wir haben das Recht, Russen in Russland zu sein, und wir werden dieses Recht schützen.« Das Video endet mit dem Slogan: »Denk an die Zukunft. Werde Nationalist.«

Beide Videos sind so idiotisch wie fies und obendrein lausig gemacht. Nawalny war damals 31, und die Art wie er rüberkommt, hat etwas von einem Faschisten. Er hat zwar nicht noch mehr solche Videos gemacht, aber er hat sich auch nie für sie entschuldigt. Letztlich, so vermute ich, haben sie ihn wohl mehr als irgendetwas sonst den Friedensnobelpreis und damit womöglich auch das Leben gekostet. Putin kann geradezu sagenhaft verwegen sein, ist aber meistens durchaus vorsichtig und sondiert die Stimmung, bevor er zuschlägt. Die Ermordung eines Nobelpreisträgers wäre ein ziemlicher Schritt gewesen, selbst für ihn.

Was zum Teufel hatte Nawalny sich dabei gedacht?

Es deutet einiges darauf hin, dass die Videos zu einem Zeitpunkt entstanden sind, als Nawalnys Zorn über die Unfähigkeit der Liberalen, einen Schlag gegen Putin zu landen, besonders groß und irrational war, und dass er sie später bereute, sich aber, da er nun mal war wie er war, nicht dazu durchringen konnte, sie aus dem Web zu nehmen.

Im Verlauf der nächsten drei Jahre verfolgte er seine große Strategie, der nationalistischen Rechten die Augen für die Bedrohung durch Putins Faschismus zu öffnen. Als er merkte, dass sein Plan nicht aufging, war es für ihn zu spät und auch ein wenig peinlich, die Videos zu löschen, sodass sie noch heute zu sehen sind. Er verstand nicht, dass die liberale Welt mit Abscheu auf so etwas reagiert, und der Gestank dieser Videos sollte ihn noch Jahre verfolgen, obwohl er längst etwas ganz anderes aus sich gemacht hatte. Diese Verteidigung beruht zu einem Gutteil darauf, wie Albaz und Gessen den Mann verstanden, nämlich dass er ständig experimentierte, sich immer neue Mittel und Wege ausdachte, um den Kreml kleinzukriegen. Scheiterte eine Methode, verfolgte er eine andere, und dann die nächste. Sein Ziel war der Sieg über Putin; er war sich nicht bewusst, dass er sich mit den NAROD-Videos letztlich selbst sein Grab schaufelte.

Oder vielleicht doch. Der Jude Leonid Wolkow war Nawalnys beharrlicher Weggefährte und Mitstreiter in so manchem Gefecht. Als Masha Gessen im Rahmen der Recherche Wolkow zu Nawalnys nationalistischer Haltung befragte, sagte dieser, sein Held hätte das Zahnarztvideo von 2007, in dem er sich für die Abschiebung asiatischer Migranten aussprach, durchaus bereut. Weshalb er es dann nicht von YouTube gelöscht habe? Nun, »weil es eine historische Tatsache« sei. Die Videos waren also ein Fehler, den zuzugeben er zu arrogant war. Aber wer den Serienkiller im Kreml vorführen will, braucht eben eine gehörige Portion unbekümmerter Arroganz.

Und wie steht es mit Nawalnys langfristiger Strategie, den blutigen Sturz des Zaren mithilfe der nationalistischen Rechten, der Rechtsextremen und von Elementen jenseits davon herbeizuführen?

Der polnische Historiker und zeitweilige politische Häftling Adam Michnik unterhielt sich diesbezüglich oft mit Nawalny. Aus ihren Gesprächen entstand das Buch *Opposing Forces: Plotting The New Russia*, das 2015 zunächst auf Russisch erschien.

Nawalny räumte ein, dass viele Russen in ihm einen Nationalisten sahen: »Das sind vor allem Leute, die sich in einer Welt ideologischer Klischees besonders wohlfühlen. Es gibt Themen, die sind in liberalen Kreisen praktisch tabu, zum Beispiel Fragen der Migration.«

Kaum ein Rechter, sagen wir, Donald Trump, hat große Ahnung von der Zusammensetzung der russischen Gesellschaft, sodass sie nicht wissen können, dass es in Moskau eine riesige Zahl von Zuwanderern gibt. Offiziell zwei Millionen bei einer Einwohnerzahl von dreizehn Millionen, doch die Zahl ist mit ziemlicher Sicherheit höher, vielleicht sogar doppelt so hoch. Moskau ist wie London, New York, Paris und andere eine Weltstadt des 21. Jahrhunderts. Wie in allen diesen Städten zieht die Macht des Geldes arbeitswillige Arme aus den entlegensten Winkeln des alten Reichs an, die dann die Arbeit erledigen, für die ethnische Russen sich zu gut sind. So waren viele Reinigungskräfte in dem Moskauer Hotel, in dem wir 2018 während der Dreharbeiten zu der *BBC-Panorama*-Episode *Taking On Putin* nächtigten, Burjaten: Angehörige eines buddhistischen Volkes, das an den Ufern des Baikalsees und in den umliegenden Steppen zu Hause ist.

Vier Jahre später, kurz nach dem Abzug der russischen Armee aus dem Raum Kiew, nahmen mich ukrainische Freunde mit nach Butscha, um mir die Folgen einer Panzerschlacht vor Augen zu führen. Vor einem ausgebrannten Panzer lag der halb verkohlte Leichnam eines Soldaten; nur sein Gesicht hatten die Flammen verschont. Es war ein Burjate. Nimmt man dazu Kabardiner, Kalmücken, Karatschaier, Kasachen, Chakassen, Chanten, Komi, Koreaner, Korjaken, Kumandiner und Kurden, bekommt man einen Eindruck davon, wie multikulturell Moskau ist. Ach ja, und das sind nur die unter C und K. Abseits der schicken Hotels, Bars und Paläste der *wa-Benzi* - der Leute, die einen Mercedes fahren - erinnert Moskau eher an die Kulisse von *Blade Runner* als an eine Stadt wie London.

Bei russischen Rechtsextremen besonders verhasst und gefürchtet sind die Tschetschenen und Dagestaner aus dem Nordkaukasus im äußersten Süden des alten russischen Reichs, die selbstverständlich Muslime sind. Es waren die Tschetschenen, die der Welt zum ersten Mal sagten, was für ein Ungeheuer Wladimir Putin ist. Unter dem Vorwand, die Bombenanschläge auf Moskauer Wohnungen im September 1999 zu rächen - für die nicht tschetschenische Terroristen, sondern der FSB verantwortlich war -, brach Putin den zweiten Tschetschenienkrieg vom Zaun. Die russische Armee machte Grosny dem Erdboden gleich, setzte Aerosolbomben gegen die Zivilbevölkerung ein und bombardierte weiß beflaggte Flüchtlingskonvois. Ich habe mit eigenen Augen Beweise für diese letzten beiden Kriegsverbrechen gesehen. Außerdem folterten die Russen im großen Stil. Aber weil die Tschetschenen nun mal eine (hell)braune Hautfarbe haben und der falschen Religion anhängen, sahen sie sich von London und Washington ignoriert. Ich weiß das aus eigener Erfahrung, denn als ich im Jahr 2000, nachdem ich Augenzeuge der dortigen Kriegsverbrechen geworden war, aus Tschetschenien zurückkehrte und sagte, uns stünde mit Putin ein Riesenproblem ins Haus, wollte das niemand hören.

Wie andernorts auch blicken arme weiße Russen auf ihre zugewanderten Nachbarn herab und bilden so einen fruchtbaren Nährboden für einen virulent einwanderungsfeindlichen Populismus. Wie in so vielen anderen Bereichen spiegelt der Putinismus hier die sowjetische Mentalität wider. Die Sowjetunion schwelgte zwar in egalitärer Rhetorik, war aber in der Praxis hochgradig rassistisch. Mit Putins Regime verhält es sich ebenso. Auch nicht einer in seinem engeren Kreis ist Angehöriger einer ethnischen Minderheit. Fast seine gesamte alte Garde besteht aus blassen Männern vom KGB. Nawalnys Einstellung änderte sich im Laufe der Zeit und wurde gegen Ende seines Lebens deutlich liberaler als in seiner scheußlichen »Kakerlaken«-Phase. Er war wütend auf die liberalen Biedermänner in Jabloko, weil sie dem Kreml kein Paroli boten; er überkompensierte und landete an einem dunklen Ort. Nawalny gestand ein, dass er von den Liberalen als Nationalist und von den Nationalisten als Liberaler gebrandmarkt worden war: »Bislang habe ich zugegebenermaßen nichts erreicht, außer meinem Image zu schaden.«

Ein guter Witz, wenn auch auf seine eigenen Kosten.

Als Jude wollte Daniel Roher, der Regisseur des Dokumentarfilms *Nawalny** über dessen Vergiftung durch Nowitschok 2020, von seinem Protagonisten wissen, warum er an den Russischen Märschen teilgenommen habe. Nawalny antwortete: »In meiner ganzen Karriere wurden mir immer wieder dieselben fünfzehn Fragen gestellt.

›Hast du Angst?‹

›Arbeitest du für den Kreml?‹

›Was macht deine Familie?‹

›Wie sieht es mit deiner Verantwortung für sie aus?‹

Und ausländische Journalisten fragen immer nach dem Nationalismus und dem Russischen Marsch. Alle tun das. Sieh dir die alten Interviews an.«

»Augenblick mal«, warf Roher ein, »wurde da nicht auch ›Sieg Heil‹ gerufen?«

»Wie bitte?«

---

* Die Zitate stammen wörtlich von der DVD: Daniel Roher, *Navalny* (*Nawalny - Gift hinterlässt immer eine Spur*), USA, 2022.

»Da waren doch so Nazis dabei, die ›Sieg Heil‹ krakeelt haben. Mit solchen Leuten will man doch sicher nichts zu tun haben.«

»Na ja«, antwortete Nawalny, »unter normalen Umständen, in einem normalen politischen System würde ich nie mit ihnen gemeinsame Sache machen. Doch wir schaffen eine breitere Koalition gegen das Regime, damit alle an der Wahl teilnehmen können.«

»Viele Politiker würden sich aber nicht mit denen fotografieren lassen. Macht dir das nichts aus?«

»Ich kann damit leben, ich betrachte es als meine politische Superkraft - ich kann mit allen reden. Jedenfalls sind sie Bürger der Russischen Föderation, und wenn ich Putin bekämpfen und das Land führen will, kann ich nicht einen riesigen Teil davon ignorieren. Es gibt viele, die sich als Nationalisten bezeichnen. Okay, diskutieren wir das. Wir leben in einem Land, wo man Politiker vergiftet und Leute umbringt. Oder grundlos verhaftet. Deshalb macht es mir nichts aus, mich mit Leuten zusammenzusetzen, deren Demos kein gutes Licht auf mich werfen.«

In der Doku knickt Nawalny am Ende der Verteidigung seiner selbst etwas ein, sodass der letzte Satz wie eine Art Entschuldigung für das Vorhergehende wirkt.

Konsequent, wie er war, sagte Nawalny seinem Freund und Gönner Roman Borissowitsch, er nehme an den Russischen Märschen teil, um sich bei der weniger radikalen Rechten bemerkbar zu machen, um sie für seine Anti-Korruptions-Agenda zu gewinnen. Borissowitsch stritt mit Nawalny über die Weisheit dieser Strategie, aber Nawalny, so sagte er mir, sei nun mal der Ansicht gewesen, diese Leute stünden von ihrem Wesen her hinter seinem Slogan gegen Putins Einiges-Russland-Mob: »Stehlt nicht und lügt nicht!« Nawalny ging davon aus, dass diese Elemente genauso militant gegen Leute vorgehen würden, die sie bestahlen, wie gegen Zuwanderer. Er versuchte, ihre Militanz in die Unterstützung für seinen Kampf gegen die Korruption zu dirigieren. Roher hielt dagegen, dass seine Anti-Korruptions-Agenda eher eine liberale, wenn nicht gar Sache der Linken sei und er sich um diese Art von Unterstützung bei der extremen Linken und nicht bei der extremen Rechten umsehen sollte. Die hätte doch einen noch größeren Groll gegen die persönliche Bereicherung der Eliten, sei also in dieser Hinsicht nicht weniger militant. Nawalny ließ sich das durch den Kopf gehen und sagte dann: »Sie haben recht. Russland ist per definitionem ein linkes Land, ich könnte die gleiche breite Unterstützung von den Kommunisten bekommen.«

Nach seinem Flirt mit der extremen Rechten kam es zu einer Annäherung an Sergej Udalzow, den Chef der Linken Front, mit dem zusammen er 2012 an der Spitze von Demonstrationen gegen Putin stand. Einmal, so erinnerte sich Borissowitsch, erzählte Nawalny ihm von einem Gespräch mit Udalzow, als die Linke zu einem Marsch auf den Kreml aufrief.

»Und wer von unserer Seite soll da mitmachen?«, fragte Nawalny. »Jawlinski und die Liberalen? Die scheißen sich doch in die Hose. Wir brauchen auch die vom rechten Flügel.«

Das war, so kurz wie unelegant, Nawalnys Beweggrund dafür, sich mit Leuten abzugeben, die im Tritt marschieren.

Es gibt eine Fülle von Belegen dafür, dass Nawalny in keiner Weise antisemitisch war. Aber wie sieht es mit dem Rassismus gegen Menschen mit anderer Hautfarbe aus? Im Herbst 2010 verbrachte Nawalny ein Semester an der Yale University. Im Rahmen des World-Fellows-Programms trafen sich dort sechzehn kommende Politiker aus aller Welt, um mit Gleichgesinnten zu plaudern und die Regeln des American Football misszuverstehen. Einer, der Nawalnys Denken am nächsten kam, war Marvin Rees, der später der erste schwarze Bürgermeister von Bristol, ja, der erste schwarze Bürgermeister einer europäischen Großstadt überhaupt wurde. Rees, der sich selbst als gemischtrassiger Sohn eines jamaikanischen Vaters und einer alleinerziehenden weißen Mutter bezeichnet, und Nawalny wurden enge Freunde. Für dieses Buch habe ich Rees über Zoom interviewt.

Was hält Rees von dem Vorwurf, Alexej sei ein Rassist gewesen?

»Als ich dort ankam [Yale liegt in New Haven, Connecticut, nur wenige Stunden entfernt von Boston, Massachusetts, wo die Amerikaner 1773 britischen Tee ins Meer warfen], hatte ich kein Auto. Also nahm Alexej mich mit zum Einkaufen. Er saß draußen vor dem Supermarkt und wartete, während ich meine Einkäufe machte; dann brachte er mich zurück zum Campus. Was den Vorwurf des Rassismus angeht, so nehme ich jeden so, wie er sich mir zeigt. Ich habe in Nawalny niemanden kennengelernt, der mir auch nur irgendwie mit Hass oder Feindseligkeit begegnet wäre. Keine zwei Menschen stimmen in ihren Weltanschauungen ganz und gar überein. Aber ich habe in ihm einen Mann kennengelernt, der mich mit Respekt behandelt hat. Er behandelte mich wie einen Freund, half mir, wenn ich was brauchte. Ich begegnete Alexej nach dem Programm noch ein paarmal bei den Teilnehmertreffen und begegnete ihm und Julija mal zufällig am Flughafen. Wir trafen uns einfach und unterhielten uns wie Freunde, ich als Schwarzer und er als Weißer. Das war kein Thema für uns. So habe ich Alexej erlebt.«

Und da Nawalny nun mal Nawalny war, kam Rees noch in den Genuss seines Terminators.

»Eines der Elemente des Yale-Programms bestand darin, Zeit mit einem so richtig bekannten Psychologen zu verbringen, den ich wirklich fantastisch fand. Ich hatte große Freude an den langen Gesprächen über uns, unsere Motivation, die Gründe für unser Handeln, die Funktionsweise von Gruppen, menschliche Emotionen und dergleichen mehr. Alexej fasste das mit seiner Terminator-Stimme zusammen: ›Was soll denn der ganze Quatsch?‹«

Während ihrer Zeit Ende 2010 in Yale tauchten Nawalnys Recherchen über Transneft auf seinem Blog auf. Im Wesentlichen ging es darum, dass das Team Nawalny in den Besitz von Dokumenten gelangt war, denen zufolge man 2007 bei einer Rechnungsprüfung festgestellt hatte, dass beim Bau der Ostsibirien-Pazifik-Pipeline staatliche Gelder verschwunden waren. Wie viel? Nun, mindestens vier Milliarden Dollar nach damaligem Geld.

Damit war Nawalny wohl der einzige Yale-Fellow, der der Regierung seines Heimatlandes Ärger machte. Rees sagte mir dazu Folgendes: »Einige von den anderen [Yale-World-] Fellows meinten: ›Das ist eine große Sache, das ist viel Geld. Du riskierst Kopf und Kragen, du solltest vielleicht darüber nachdenken, nicht wieder zurückzugehen.‹ Die politisch Erfahrenen unter ihnen prophezeiten, seine Gegner würden von jetzt an behaupten, er gehöre zur CIA, er sei als Kollaborateur in den USA gewesen. Worauf er sagte: ›Ich muss zurück. Wenn ich jetzt nicht zurückgehe und mich gegen all die Tyrannen dort zur Wehr setze, würde das die weitere Bloßstellung all der Gauner und Diebe untergraben, die ich angestoßen habe.‹ Und ich glaube, die Leute dort waren wirklich beeindruckt von seiner Entschlossenheit.«

Rees war schockiert zu hören, wie Russland mit Dissidenten, etwa Nawalnys Freunden, umgeht. »Eines Abends waren Alexej und ich noch spät im Büro, nur wir beide. Ich saß an meinem Computer, er an seinem. Wir beendeten gerade eine Übung zu Verhandlungstaktiken, als er einen Link zugeschickt bekam. Und er sagte: ›Mein Gott, Marvin, sieh dir das an.‹ Es war ein Video, in dem ein Journalist und Freund von ihm zusammengeschlagen wurde, mit einer Brutalität, wie ich das nie gesehen hatte. Da habe ich zum ersten Mal so richtig verstanden, wie ernst die Lage für Alexej war.«

Nawalnys Freund Oleg Kaschin, ein Reporter unter anderem für die Tageszeitung *Kommersant*, war den falschen Leuten auf die Füße getreten. Am 6. November 2010 schlugen zwei Männer 56 Mal mit einem Stahlrohr auf Kaschin ein. Als er am Boden lag, zerschlugen sie ihm die Finger so schlimm, dass einer amputiert werden musste. Welchen falschen Leuten er auf die Füße getreten war? Nun, zum Beispiel der Kremlversion der Hitlerjugend, Naschi: »Die Unseren«. Im August des Jahres bezeichnete Molodaja Gwardija, die Jugendorganisation von Putins Partei Einiges Russland Kaschin als »Verräter-Journalist« und veröffentlichte sein Foto mit der Legende »Zu bestrafen«. Der Redakteur des *Kommersant*, Michail Michailin, sagte, der Umstand, dass man dem Journalisten die Finger zerschlagen habe, sei ein klarer Hinweis darauf, warum man ihn aufs Korn genommen hatte: »Es ist ganz offensichtlich, dass den Leuten, die das getan haben, nicht gefiel, was er sagte und was er schrieb.«

Bei dem Video von dem Angriff auf Kaschin, das man Nawalny da zugeschickt und das er Rees gezeigt hatte, handelte es sich um ungeschnittene Aufnahmen einer Überwachungskamera. An Rees' Stimme konnte ich erkennen, dass er, selbst Jahre später, bei der Erinnerung daran wirklich schockiert war von der Grausamkeit gegenüber Russen, die Kritik an den Machthabern üben. Rees räumte durchaus ein, dass Nawalny einige Ansichten vertrat, die ihm ganz und gar nicht gefielen, dass es aber auf persönlicher Ebene keinerlei Animositäten gegenüber dem schwarzen Briten gab. Im Gegenteil, die beiden wurden gute Freunde, so gute sogar, dass man den Tag zusammen verbrachte, als ihrer beider Familien sie aus Europa besuchen kamen: »Wir gingen schließlich mit unseren Kindern Äpfel pflücken. Wir hatten zwei Autos, fuhren einen Tag lang zu den Feldern, pflückten Äpfel und fuhren auf dem Anhänger eines Traktors nach Hause, meine Kinder, seine Kinder.«

Rees erinnerte sich an milde frühe Herbstabende, an denen vier der Fellows zusammen entspannten: Nawalny, Rees, Lumumba Di-Aping aus dem Südsudan und Ricardo Terán aus Nicaragua: »Wir saßen auf der hinteren Veranda, Lumumba und seine Familie, Alexej und seine Familie, ich mit meiner. Ricardo hatte nicaraguanisches Bier. Wir saßen beisammen, an einem lauen Sommerabend in Connecticut, und unterhielten uns bei Schnittchen und Knabbereien. Unsere Kinder tobten im Garten rum. Zu der Zeit war seine Tochter Dasha ein großer Lady-Gaga-Fan.«

Und hier noch ein Nachtrag von Rees: »2016 kandidierte ich für das Amt des Bürgermeisters von Bristol. Hätte ich gewonnen, wäre ich der erste schwarze Bürgermeister einer europäischen Großstadt geworden. Irgendwann sagte mein Kommunikationschef: ›Hey, jemand hat gerade getwittert: Viel Glück bei der Wahl. Und er hat über eine Million Follower.‹«

Der Tweet stammte von seinem Kollegen beim Apfelpflücken: Alexej Nawalny. War er also ein bisschen faschistisch? Ja, eine Zeit lang. Aber ich vermute, dass seine Zeit in Amerika ihn verändert hat. In Yale hätte er mit allen möglichen Leuten abhängen können, auch mit weißen konservativen Neofaschisten in einem ihrer ekligen Alpha-Beta-Verbindungshäuser. Stattdessen bestand seine Freundesgruppe aus einem Afrikaner namens Lumumba, einem Nicaraguaner und einem Schwarzen aus »Brizzle«. Seine drei Monate in Yale müssen ihm die Augen für das Land der Freiheit geöffnet haben, für seine Absurditäten, seine Derbheit, seinen Geldkult, aber auch für die Tatsache, dass Macht mehr oder weniger demokratisch ist, dass die Behörden mehr oder weniger die Rechtsstaatlichkeit respektieren, dass die liberale Demokratie mehr oder weniger funktioniert, dass eine offene Gesellschaft, die allen Talenten offensteht, so viel heller ist als der dunkle sowjetische Keller, in den er hineingeboren worden war und in den Wladimir Putin Russland zurückbringen wollte.

Nach Yale verkroch sich der Faschist in Nawalny in eine dunkle Ecke.

Wer beklaute Transneft? Die Antwort auf diese Frage kann uns etwas darüber verraten, wie die russische Korruption ihr Gift in die Adern der britischen Demokratie injiziert haben könnte. VNIIST war eine der Firmen, die Nawalny beschuldigte, während der Arbeiten an dem riesigen Ostsibirien-Pazifik-Projekt (ESPO) von Transneft den größten Pipeline-Konzern der Welt bestohlen zu haben. »Sie haben gestohlen. Sie haben überhöhte Preise verlangt. Sie haben sich mit Subunternehmern abgesprochen, um zu betrügen.«

Nawalny veröffentlichte den geheimen internen Bericht von Transneft aus dem Jahr 2008, in dem es hieß, es habe einen »raffiniert angelegten« Plan gegeben, um an dem ESPO-Projekt beteiligte Firmen zu begünstigen, sodass sie »unvernünftig hohe Zahlungen« von dem staatseigenen Unternehmen bekamen. Eine der betrügerischen Firmen, so der Bericht, sei VNIIST, das Transneft um achtzig Millionen britische Pfund betrogen habe – und damit, da Transneft ein Staatsunternehmen ist, das russische Volk. Weiter hieß es in dem Bericht, Transneft habe »keine objektive Veranlassung, einen Vertrag mit VNIIST zu schließen«, dessen Anteil an dem ESPO-Projekt »nicht zu rechtfertigen und auch nicht profitabel« sei.

Allerdings wurden keine Strafen verhängt. Und als Nawalny lautstark darauf hinwies, dass hier etwas unter den Teppich gekehrt werde, sagte Putin: »Wenn hier irgendetwas Ungesetzliches passiert wäre, so kann ich Ihnen versichern, dass diese Leute schon vor langer Zeit hinter Gittern gelandet wären.« Niemand kannte den Aufenthaltsort der tatsächlichen Eigentümer von VNIIST, bis im Jahr 2021 die Pandora Papers veröffentlicht wurden. In dem riesigen Leak über zwielichtige Briefkastenfirmen zeigte sich, dass einer der Eigentümer von VNIIST Viktor Fedotow war.

Der Witz in Bezug auf Fedotow ist, dass er nach der ESPO-Geschichte nach Großbritannien zog, ein stattliches Anwesen in Hampshire erwarb und das geheime Gesicht hinter Aquind war, einer Firma, die eine Hochspannungsleitung zwischen Frankreich und Portsmouth bauen sollte. Nach außen hin wurde Aquind von dem in der Ukraine geborenen Unternehmer Alexander Temerko vertreten, der seinerseits eng mit dem russischen Verteidigungsministerium verbunden ist, inzwischen aber britischer Staatsbürger geworden ist. Ursprünglich zeigte sich Temerko als Anti-Brexit, Pro-EU-Tory und als kremlkritischer Oligarch. Im Juli 2019 jedoch stellten Recherchen von Reuters das Bild auf den Kopf und wiesen nach, dass Temerko den Brexit begrüßt, Boris Johnsons Kurs unterstützt und sich positiv über den Kreml-Kriegstreiber Nikolaj Patruschew geäußert hatte.

Fedotow hatte sich große Mühe gegeben, seine Rolle bei Aquind geheim zu halten. Seine Firma hatte allerdings 34 Tory-Abgeordnete und ihre lokalen Parteiuntergliederungen mit Spenden in Höhe von insgesamt 700 000 Pfund bedacht, seit das Aquind-Projekt begonnen hatte. Unter den Begünstigten waren auch der derzeitige Premierminister Rishi Sunak und der derzeitige Schatzkanzler Jeremy Hunt.

Der Tory-Abgeordnete Lord Callanan war in leitender Position für Aquind tätig. Der ehemalige Minister Lord James Wharton übernahm einen bezahlten Beraterposten für Aquind, nachdem er 2017 seinen Sitz im House of Lords verloren hatte. Ein Sprecher der Konservativen erklärte, die Spenden seien ordnungsgemäß und transparent deklariert worden und die Partei führe »Compliance Checks in Übereinstimmung mit den ... geltenden Gesetzen und Anordnungen der letzten Labour-

Regierung« durch. Und weiter: »Fundraising ist ein legitimer Teil des demokratischen Prozesses. Die Regierungspolitik wird in keiner Weise durch Parteispenden beeinflusst.« Die Partei sei dem britischen Volk verpflichtet und handle im nationalen Interesse. Die Anwälte von Aquind erklärten dazu, die Parteispenden seien »absolut legal, ordnungsgemäß deklariert und niemals vor dem Hintergrund einer besonderen Behandlung des Unternehmens« erfolgt. Es gebe keine Beweise dafür, dass die Gelder aus einem Betrug gegenüber Transneft stammten. Fedotow bestreite jegliches Fehlverhalten und erkläre, er habe »niemals Interesse an der britischen Politik gehabt und während seiner gesamten Karriere stets offen und transparent agiert«.

Schon im Jahr 2010 hatte Nawalny in seinem Blog über die Leute geschrieben, die von dem Betrug profitierten. »Wir brauchen Informationen über ihre Immobilien und Auslandskonten, vor allem in Großbritannien. Es ist uns allen klar, dass ihre Häuser und Schlösser mit gewaschenem Geld aus illegalen Quellen finanziert wurden. Das Geld wurde in Russland gestohlen und in Großbritannien investiert. Das ist ein Verbrechen. Die Jungs von Scotland Yard und der Baker Street sollten endlich anfangen zu ermitteln!«

Niemand behauptet, dass diese Tory-Abgeordneten, darunter unser aktueller Premierminister und Schatzkanzler, die Geld von Fedotows Unternehmen annahmen, wussten, dass das Geld aus möglicherweise dunklen Kanälen stammte. Doch die Quellen waren undurchsichtig, gerade für die Öffentlichkeit, und darauf wies Nawalny hin. Die Jungs von Scotland Yard und der Baker Street ermittelten nicht, die Abgeordneten behielten das Geld. Wieder mal streiten alle Beteiligten jegliches Fehlverhalten ab.

Aber warum gab Fedotow so viel Geld aus? Um sich Einfluss zu erkaufen? Die Konservativen sackten das Geld ein, und am Ende war der Whistleblower, also Nawalny, tot.

Kapitel vier

Jailhouse-Rocker

Das demokratische Russland hatte, genau wie die USA, eine Vorkehrung getroffen, die verhindern sollte, dass ein Präsident zum König mutierte: Er durfte nur zwei Amtszeiten absolvieren, danach hieß es »Hasta la vista, Baby«. Wladimir Putin kam 2008 ans Ende seiner Wegstrecke und kürte seinen Stellvertretenden Ministerpräsidenten Dmitri Medwedew zu seinem Nachfolger. Als Putin den Stabwechsel bekannt gab, sagte er: »Ich bin zuversichtlich, dass er ein guter Präsident und ein fähiger Manager sein wird. Aber davon abgesehen, ist es auch eine Sache der persönlichen Chemie: Ich vertraue ihm. Ich vertraue ihm einfach.«

Was Putin nicht dazusagte, war, dass er mit seinen 1,70 Metern auf Medwedew herabschauen kann, der es gerade mal auf 1,62 und ein paar Zerquetschte bringt. Im Rückblick betrachtet, bestehen die beiden herausragenden Tugenden Medwedews für Putin darin, dass er der Kleinere ist und nie auch nur im Traum daran denken würde, dem Boss in die Suppe zu spucken.

Im März 2008 wurde Medwedew regelkonform zum Präsidenten gewählt. Seine erste Berufung war die Putins zum Ministerpräsidenten. Die politische Macht sickerte durch die hohen roten Mauern des Kreml nach draußen und floss zum Moskauer Weißen Haus, dem Amtssitz des Ministerpräsidenten. Eine Zeit lang steuerte Medwedew einen auf eine andere Zukunft weisenden Kurs - oder erweckte jedenfalls diesen Eindruck. Es war eine Maskerade - in Wirklichkeit war er Putins Vasall. Was der Kreml ablieferte, war faschistische Substanz mit liberalem Anstrich. Und viel zu lange machte der Westen gute Miene zu Medwedews Posieren als Reformer mit Interesse an neuer Technik.

Das Team Obama fiel auf den liberalen Anstrich mit Volldampf herein. Im Frühjahr 2009 in Genf überreichte die damalige US-Außenministerin Hillary Clinton ihrem russischen Amtskollegen Sergej Lawrow einen roten Knopf mit zwei Aufschriften: dem englischen Wort »Reset« und dem russischen Wort перегрузка (in lateinischen Buchstaben als »peregruzka« geschrieben). Allerdings hatte da jemand in Foggy Bottom, wo passenderweise das US-Außenministerium angesiedelt ist, einen oberpeinlichen Lapsus hingelegt. Перегрузка beziehungsweise peregruzka bedeutet »Überlastung«. Der Begriff, den das State Department den Russen eigentlich hatte servieren wollen, war перезагрузка (perezagruzka) und bedeutet »Neustart« oder »Reboot«. Lawrow muss sich ins Fäustchen gelacht haben.

Im September 2011 entfernte Medwedew den liberalen Anstrich. Er verkündete seine Absicht, bei der im Folgejahr anstehenden Präsidentenwahl nicht mehr anzutreten und einem neuen Bewerber Platz zu machen, und zwar keinem anderen als ... Wladimir Putin. Diese politische Rochade ärgerte das liberale, intellektuelle Russland wie nichts anderes in Putins zwölfjähriger Regierungszeit als De-facto-Zar. Aber immerhin bot sich eine Chance, diesem Ärger Luft zu machen: die am 4. Dezember anstehende Parlamentswahl, bei der Medwedew, jetzt wieder in seiner Rolle als Bewerber um das Amt des Ministerpräsidenten, als Spitzenkandidat der Partei Einiges Russland antreten würde.

Erste Anzeichen dafür, dass Nawalny zur Zielscheibe böser Menschen in hoher Stellung wurde, zeigten sich im Oktober 2011, als ein anonymer Blogger tausend Seiten mit privaten Nawalny-E-Mails veröffentlichte. Der Datendieb behauptete, die E-Mails entlarvten Nawalny als einen korrupten, von US-amerikanischen

Staatsorganen finanzierten Ultranationalisten - was sie nicht taten. Wie die *Moscow Times* berichtete, enthielten die geleakten E-Mails »wenig, was man als belastende Belege bezeichnen könnte. Was hier abgeht, erinnert an die 1990er-Jahre, als das Durchwühlen dreckiger Wäsche eine Routineübung im politischen Konkurrenzkampf war. Diese Praxis, einst in den kremlinternen Grabenkämpfen erprobt, wird seit einiger Zeit auf Aktivisten der politischen Opposition angewandt, und so gesehen, könnte das Lancieren der Mails Nawalnys Prestige in den Reihen der Opposition eher festigen, als es zu beschädigen.«

Die Lancierung war ein Indiz dafür, dass Nawalny die Staatsmacht nervös zu machen begann, dass sie sich aber schwertat, Hand an ihn zu legen. Die *Moscow Times* reagierte darauf mit einer Auflistung von Schmutzkampagnen gegen Oppositionelle, die in jüngerer Zeit abgelaufen waren: gegen Ilja Jaschin, der angeblich bei dem Versuch gefilmt worden war, Verkehrspolizisten zu bestechen; gegen den Gründer der Nationalbolschewistischen Partei, Eduard Limonow; oder gegen den liberalen Kolumnisten und Ästheten Wiktor Schenderowitsch, bekannt vor allem als Autor der Drehbücher für die TV-Serie *Kukly* (das russische Gegenstück zum britischen *Spitting Image*), die von 1994 bis 2001 ausgestrahlt und unter Putin eingestellt worden war, sowie als Mitunterzeichner des Manifests »Putin muss gehen« von 2010. Schenderowitsch und der rechtsextreme Aktivist Alexander Below tauchten in unterschiedlichen Kompromat-Videos auf, in denen sie beim Sex mit derselben Frau zu sehen waren. Wenn die Videos authentisch waren, fragt man sich, warum die Frau tat, was sie angeblich getan hatte. Nun ja, die einzige Gemeinsamkeit zwischen den beiden Rechtsaußen und dem bekannten liberalen Autor bestand darin, dass alle drei Stacheln im Fleisch des Wladimir Putin waren. Dem Ex-Geheimdienstler wird bekanntlich nachgesagt, er sei moralisch verkommen genug, um Sexvideos als Kompromate gegen politische Gegner einzusetzen.

Im Jahr 1998, in der unrühmlichen Endphase der Regierung Jelzin, führte der damalige russische Generalstaatsanwalt Juri Skuratow ein Ermittlungsverfahren wegen Korruption gegen die Familie des Präsidenten, als ein Video auftauchte, in dem sich ein Mann, der dem ranghöchsten Strafverfolger des Landes verdammt ähnlich sah, mit zwei Prostituierten im Bett vergnügte. Ein einflussreicher russischer Oligarch, der damals Privatermittlungen gegen Skuratow betrieb (und dies in seinem Buch *Hunt The Banker* öffentlich machte), war Alexander Lebedew, der frühere KGB-Spion in London und Vater des heute als »Baron von Sibirien« firmierenden Zeitungsverlegers Jewgeni Lebedew. Skuratow bereitete eine Anklage gegen Lebedews National Reserve Bank vor, was der Eigentümer der Bank ihm übel nahm. Obwohl Skuratow bestritt, der Mann in dem Video zu sein, forderte ihn der damalige Direktor des FSB, ein gewisser Wladimir Putin, vor laufender TV-Kamera zum Rücktritt auf. Woraufhin der Generalstaatsanwalt seine Demission einreichte. Sein Ermittlungsverfahren gegen Lebedews Bank verlief im Sand, und Putin erhielt die Schlüssel zum Kreml. Alle Beteiligten streiten jegliches Fehlverhalten ab.

Nawalny erwies sich hingegen als eine Nuss, die schwerer zu knacken war. Seine Liebe zu Julija war tief und echt, und so erwies er sich, im Unterschied zu anderen Oppositionsfiguren, als immun gegen alle Versuche, ihn in eine sexuelle Kompromat-Falle zu locken. Man musste sich etwas anderes einfallen lassen, wenn man ihn als politischen Faktor ausschalten wollte.

Die Duma-Wahl vom Dezember 2011 war die erste, bei der die Handys russischer Normalbürger ein Gegengewicht gegen das Versäumnis der amtlichen russischen Wahlkommission bildeten, ihre Pflicht zu tun. An vielen Orten quer durch Russlands elf Zeitzonen entstanden Fotos und Videos, die zeigten, wie Stimmzettel in Urnen gefüllt oder Wähler in Bussen von einem Wahllokal zum nächsten gekarrt wurden - eine als Wählerkarussell bekannte Masche.

Nawalnys Blog machte am Tag nach der Bekanntgabe des Wahlergebnisses, am 5. Dezember, mit der Überschrift auf: »Politisches Botox wird ihnen nicht helfen.« Es war ein kleiner Klassiker des Genres: witzig, cool, sardonisch: »Am Freitag hatten wir in unserem Büro Meinungsverschiedenheiten zum voraussichtlichen Wahlergebnis von Einiges Russland. Alle gaben einen Tipp ab, alles wurde auf Papier festgehalten. Diese Prognosen galten für das ›amtliche Endergebnis‹, also für die betrügerisch korrigierten Prozentzahlen. Als Preis für den Gewinner winkten Abendessen in ausgewählten Restaurants für eine komplette Woche auf Rechnung der Kollegen und Kolleginnen. Mich werden sie nicht durchfüttern.«

Nawalny selbst hatte in dem Ratespiel zu den Stimmenfälschungen »54 Prozent für die PGD (Partei der Gauner und Diebe)« - so sein bei der Bevölkerung sehr beliebter Spitzname für Putins Partei Einiges Russland - vorausgesagt und sich damit vor sich selbst blamiert. Nur ein Mitglied des Nawalny-Teams hatte ein Ergebnis von weniger als 50 Prozent für Einiges Russland prognostiziert. »Hätte ich am Samstag schon gewusst«, kommentierte Nawalny, »dass das ›amtliche Endergebnis‹ für die PGD unter 50 liegen würde, hätte ich rund um die Uhr vor mich hin gegrinst. So aber erwachten wir zu 49,54 Prozent.«

Was zählte, war jedoch, dass so viele Mobiltelefone triftige Belege für Wahlbetrug registriert hatten - »Videos, die dreiste Schwindeleien in Wahllokalen zeigten«, wie Nawalny es ausdrückte. Wladimir Tschurow, groteske Verkörperung eines Falschspielers im Amt des Vorsitzenden der Zentralen Wahlkommission, erklärte tags darauf: »Diese Videos weisen Anzeichen von Bearbeitung auf und sind auf dem amerikanischen YouTube-Server erschienen.«

Die Wähler außerhalb der Ballungsräume verpassten Einiges Russland tatsächlich eine Klatsche, sehr zur Freude Nawalnys: »Wir sind stolz auf den Fernen Osten, auf Sibirien, die Ural-Region, die zentralrussischen Gebiete, St. Petersburg und den Nordwesten, wo die Gauner und Diebe Schiffbruch erlitten haben. Wir haben ihnen nicht die Chance gegeben, den Sieg zu stehlen. Als die Ergebnisse aus Wladiwostok einzutrudeln begannen, wollte ich losrennen, mir ein Ticket besorgen, hinfliegen und die Menschen auf den Straßen abküssen.«

Viele Auszählungsergebnisse waren zum Lachen seltsam, in manchen Fällen surreal anmutend. In Tschetschenien, einer autonomen nationalen Republik, die zwar der Russischen Föderation angehört, aber von Putins psychotischem Vasallen Ramsan Kadyrow regiert wird, verbuchte Einiges Russland 99,48 Prozent der Stimmen. Nawalnys Kommentar dazu: »Einiges Russland ist eine Partei, die Tschetschenien repräsentiert, die diebischste unter allen nationalen Republiken, unterdrückten Landstrichen und verbeamteten Moskauer Beutegreifern. Sie alle haben Einiges Russland vor dem völligen Scheitern gerettet. Putin ist der Präsident der nationalen Republiken Dagestan, Tschetschenien, Inguschetien, aber sicher nicht Russlands.«

Nawalny war bestürzt über das massive Ausmaß des Wahlbetrugs in Moskau: »Der Sieg ist uns hier gestohlen worden, und wir haben es nicht geschafft, ihn zu verteidigen. Das ist unsere größte Enttäuschung. Alle Befragungen nach Verlassen des Wahllokals zeigten höchstens 27 Prozent, hingegen fielen die amtlichen Ergebnisse doppelt so hoch aus ... Moskau ist natürlich nicht zu 100 Prozent homogen, aber dass die PGD in einem Wahlbezirk 27 Prozent erhält und auf der anderen Straßenseite 70 Prozent, ist nicht glaubhaft. Eine enorme Menge von Belegen für Wahlfälschungen ist zusammengetragen worden. Dutzende Videos. Wir haben in diesem Land einen neuen politischen

Raum erschlossen: Alle sind gegen Einiges Russland. Russland steht gegen die Partei der Gauner und Diebe.«

Präsident Medwedew kündigte eine Untersuchung zu den behaupteten Unregelmäßigkeiten an. Juri Tschaika, der für seine Korruptheit berühmte Generalstaatsanwalt von Russland, erklärte, man werde die Angaben über Fälschungen analysieren, betonte aber zugleich, die Regelverstöße seien lokale Vorkommnisse ohne Einfluss auf das Gesamtergebnis der Wahl; es bestehe daher kein Grund, das Wahlergebnis für ungültig zu erklären. Doch damit hatte er die Katze aus der Wahlurne gelassen.

Nawalny rief für denselben Abend zu Demonstrationen auf, beginnend bei den »Sauberen Teichen«, einem für seine Ruhe und Schönheit bekannten Ort in Moskau, das ansonsten weder von der einen noch von der anderen viel vorzuweisen hat. Bis zum 18. Jahrhundert hatten die Moskauer ihren Müll in die Teiche gekippt, mit der Folge, dass die Gegend »bei den schmutzigen Pfützen« genannt wurde. Ein russischer Fürst erwarb das Areal und ließ es säubern, daher der neue Name. Man kann nur hoffen, dass dasselbe Kunststück einmal für die ganze Stadt vollbracht wird. Nawalny verbreitete auf seinem Blog einen Protestaufruf unter Betonung der Tatsache, dass, während Städte in der Pampa ihren Beitrag geleistet hatten, Einiges Russland in der Hauptstadt deutlich bessere Zahlen eingefahren hatte: »Ich schäme mich, von euch Jungs aus Jekaterinburg and Nowosibirsk den Vorwurf zu hören: ›Ihr Scheiß-Moskowiter! Ihr habt uns aufgefordert, gegen den Wahlbetrug zu kämpfen. Wir haben gekämpft und zu guter Letzt faire Wahlergebnisse erhalten. Ihr dagegen habt nichts hinbekommen!‹ Ich will nicht, dass Moskau das schwächste Glied in der Kette ist. In dieser zweifelhaften Position will ich Moskau nicht sehen. Wir dürfen nicht schweigend zuschauen, wie diese Bastarde unsere Stimmen in den Papierkorb werfen und sie den Gaunern und Dieben schenken.«

Nawalny machte sich Sorgen, dass vielleicht nur ein paar Hundert Personen erscheinen würden. Wie sein Freund Ilja Jaschin später erklärte: »Eine Stunde vor Beginn der Kundgebung hatte ich einen witzigen Mailaustausch mit Nawalny. Ich schrieb ihm: ›Vor einer Stunde hatten die Kommunisten 100 Leute auf dem Puschkinplatz.‹ Er antwortete: ›Ich fürchte, dass zu unserem Ding auch nicht viel mehr kommen werden.‹«

Nawalnys Sorge war unbegründet. Es kamen Abertausende Leute, nicht die üblichen Verdächtigen, sondern große Mengen neuer Gesichter.

Vertreter anderer Parteien, die an der Wahl teilgenommen hatten, waren seltsamerweise nicht präsent, auch nicht die Kommunisten, die immer auf dem zweiten Platz landeten. Nawalny kommentierte sarkastisch: »Denen war es wurscht, dass man ihre Stimmen gestohlen hatte.«

Seinen ersten Lacher erzielte Nawalny in der für ihn typischen Art mit einem Witzchen über sich selbst: »Hallo alle! Beim Überklettern des Zauns, um auf diese Bühne zu kommen, habe ich alles vergessen, was ich sagen wollte.« Nawalny hatte die Gabe, Menschen so anzusprechen, dass sie zuhörten und sogar in Sprechchören antworteten.

»Hört unsere Stimme. Hier stehen wir!« skandierte Nawalny.

»Ja!«, antwortete die Menge. »Hier stehen wir!«

»Die hören unseren Lärm und er jagt ihnen Angst ein.«

Er teilte gern rechte Haken gegen die hermetisch kontrollierten staatlichen Medien aus, insbesondere gegen alles, was aus der »Zombie-Kiste« kam (Nawalny-Sprech für das Fernsehen). Dabei machte er sich über deren ständige Schmähungen lustig: »Sie können uns gern Mikroblogger nennen oder Internethamster. Ich bin ein Netzhamster! Und ich werde diesen Kreaturen die Kehle durchschneiden! Zusammen werden wir das tun. Weil wir hier stehen! Einer für alle und alle für einen!«

Nach der Kundgebung setzten sich die Teilnehmer in Marsch zum Sitz der Zentralen Wahlkommission: »Einen ›Marsch‹ konnte man es eigentlich nicht nennen«, schrieb Nawalny. »Es war mehr eine chaotische Prozession durch Nebenstraßen. Wir wussten nicht, wozu und wohin wir im Regen marschierten. Wir wussten, dass die Polizei uns auseinandertreiben würde. Damit nicht genug, konnten sie auch irgendwen aus unseren Reihen mit dem Knüppel traktieren, einfach aus Prinzip.«

Ungefähr 6000 Moskauer waren an diesem Abend Nawalnys Aufruf gefolgt; viele von ihnen hatten sich ein weißes Band angeheftet. Die Polizei schritt ein, und 300 wurden verhaftet, darunter Nawalny selbst. Die Bullen verfrachteten ihn zu einem weit entfernten Polizeirevier, damit seine Anhänger nicht auf die Idee kamen, sich vor dem Arrestort zusammenzurotten.

Wenig später standen er und andere vor einem Richter, der sie wegen »Widerstands gegen einen Staatsbeamten« zu »höchstens fünfzehn Tagen Haft« verurteilte.

Alexej Wenediktow, Chef von *Echo Moskau*, dem letzten unabhängigen Radiosender der Stadt, bezeichnete die Festnahme Nawalnys als einen »politischen Fehler«, weil man ihn damit »von einem Online-Anführer zu einem Offline-Anführer« gemacht habe. Wiktor Schenderowitsch brachte es im Januar, ebenfalls für die Hörer von *Echo Moskau*, auf eine noch prägnantere Formel: »Nawalny ging als Blogger ins Gefängnis und kam als Präsidentschaftskandidat heraus.«

Am 7. Dezember bestätigte ein Richter namens Kriworutschko - wörtlich übersetzt »Krummbein« - die fünfzehntägige Haftstrafe. Derselbe Richter hatte schon früher zweimal in dem berüchtigten Fall Sergej Magnitski Urteile gesprochen und Nawalny eine Haftverschonung auf Kaution verweigert. Magnitski wurde durch Verweigerung ärztlicher Hilfe gefoltert und durfte dann in der Haft verrecken - auf Befehl der korrupten Finanzbeamten, die zuvor der Risikokapital-Firma von Bill Browder, Hermitage Capital, Millionen gestohlen hatten.

Drei Tage später wandte sich Nawalny aus der Haftzelle an seine Anhänger: »Wir sind kein Vieh und keine Sklaven.«

Nawalny saß in einer Zelle mit seinen Co-Demonstranten Ilja Jaschin (mit dem er in der Folge Freundschaft schloss) und Sergej Udalzow, dem inoffiziellen Wortführer einer russischen kommunistischen Jugendgruppe. Noch während sie in Haft waren, bereiteten ihre Mitstreiter eine zweite Protestkundgebung für den Abend des 10. Dezember auf dem Bolotnaja-Platz vor. Nawalny schilderte auf seinem Blog, wie es sich anfühlte, hinter Gefängnismauern Berichte darüber zu hören, wie die Bewegung anwuchs. »Wir wurden in einem Land zu fünfzehn Tagen Haft verurteilt und sind in einem anderen Land freigelassen worden.«

Die Haft machte Nawalny kein bisschen Angst. Kaum war er wieder auf freiem Fuß, bloggte er am 21. Dezember, er müsste schnell weg, um sich desinfizieren zu lassen. »Meine Frau macht Witze darüber, dass sie mich mit Chlorbleiche abduscht.«

Aus der Haft entlassen, stürzte er sich in die Organisation einer weiteren Protestdemonstration gegen die Wahlfälschungen, und diese Demo, die an Heiligabend 2011 stattfand, wurde die größte von allen - mit 120 000 Teilnehmern nach Angaben der Initiatoren beziehungsweise 29 000 nach Polizeiangaben. Angesichts der Außentemperatur von -5 °C wäre selbst die von der Polizei angegebene Zahl beachtlich. Was in der Folge als die »Schneerevolution« bekannt wurde, begann an diesem Tag Fahrt aufzunehmen. Und auch der Schauplatz der Demo, der Sacharow-Prospekt, besaß Symbolkraft: Der breite Boulevard ist nach dem großen alten Mann des zivilen Widerstands in der Sowjetunion benannt, dem Vater der sowjetischen Wasserstoffbombe, der den Verrat der Kommunisten an den Menschenrechten anprangerte.

Wenediktows Voraussage war eingetroffen. Reden hielten auch andere Oppositionsführer, aber Nawalny, gekleidet in Jeans und schwarzen Mantel und mit einem grauen verknoteten Schal um den Hals, aber trotz der Kälte ohne Kopfbedeckung auftretend, entpuppte sich als der aufgehende Stern. Als er ans Mikrofon trat, lief, wie der *Guardian* berichtete, »eine Welle der Erregung durch die Menge«.

Nawalny hatte zu diesem Zeitpunkt den Status eines Helden erreicht, weil das Regime ihn fünfzehn Tage lang in Haft gehalten und er sich mit seinem Blog als Machtfaktor etabliert hatte. Im Lauf der vergangenen zwei Jahre hatte er seine Glosse »Wie sie bei ... sägen«,* in der er allerlei Pandorabüchsen bei der staatseigenen Bank VTB, dem staatlichen Erdölkonzern Rosneft und anderswo öffnete, zu einem Serienformat ausgebaut. Seine Erkenntnisse über den Schlendrian bei der VTB, wo eine Abteilung der Bank eine Unmenge chinesischer Bohrtürme geleast und einige davon in den Einöden Sibiriens versenkt hatte, wurde zu seinem spektakulärsten Hit. Andrej Kostin, Boss der VTB, entließ den Chef der Tochterfirma VTB Leasing und kündigte eine Aufräumoperation an - alles ausgelöst durch Nawalnys »Wie sie bei VTB sägen«. Einen Geniestreich landete das Team Nawalny auch mit der Gründung von RosPil - »Pila« bedeutet »Säge«. RosPil nutzte die von der Regierung Medwedew auf den Weg gebrachte Neuerung, Angebote von Firmen für ausgelobte Staatsaufträge öffentlich zu machen, und lud alle Bürger Russlands ein, durch das Durchleuchten dieser veröffentlichten Unterlagen an der Aufdeckung korrupter Machenschaften zwischen Staat und Unternehmen mitzuwirken. Um zu verdeutlichen, was das Anliegen war, wählte Nawalny als Logo für RosPil eine Parodie des russischen

* »*Sägen*« steht im Russischen auch für das Abzweigen von Haushaltsmitteln.

Staatswappens. Der herkömmliche doppelköpfige Adler hielt in der persiflierten Version zwei Handsägen in den Krallen. Im September 2011 holte Nawalny alle seine im Schlamm wühlenden Entchen in einen Entenstall: die Anti-Korruptionsstiftung.

An dem besagten Heiligabend wussten also alle Versammelten, dass Nawalny ein unfassbar mutiger Mann war, dass er unbestechlich war und dass er Putin den Kampf angesagt hatte. Was viele noch nicht wussten: dass er nicht nur das forensische Auge eines Juristen für Anomalien und Unstimmigkeiten im Kleingedruckten besaß, sondern auch ein verdammt guter Aufwiegler sein konnte (eine Kunst, die Putin nicht im Geringsten beherrscht).

»Ich habe dieses Heftchen durchgelesen«, röhrte Nawalny. »Es nennt sich die russische Verfassung. Und die sagt, die einzige Quelle der Macht in Russland sei das Volk. Ich will also nichts von denen hören, die sagen, wir sollten an die Behörden appellieren. Wem gehört hier die Macht?«

»Sie gehört uns!«, skandierte die Menge.

»Wem gehört die Macht?«, fragte Nawalny noch einmal.

»Sie gehört uns!« brüllte die Menge wieder.

»Ich sehe hier genug Leute, um gleich heute den Kreml oder das Weiße Haus einzunehmen!«

Diese Rhetorik war massiv, schwer wie Blei. Nawalny schaltete denn auch sofort wieder einen Gang zurück: »Aber wir sind eine friedliche Macht - wir werden das nicht tun, vorerst nicht. Wenn die Gauner und Diebe allerdings weiterhin versuchen, uns zu bescheißen, uns anzulügen und zu bestehlen, werden wir uns nehmen, was uns zusteht.«

Und er schickte eine Warnung an Präsident Medwedew and Ministerpräsident Putin, die sich gerade anschickten, einen Rollentausch zu vollziehen: »Diese zwei Burschen in ihren Ämtern haben keinen Mumm; zwei Gauner und Diebe, die sich aneinanderklammern auf der Suche nach etwas Wärme und Rückhalt. Sie schmiegen sich aneinander, Wange an aufgeputzte Wange nach einem kürzlichen Facelift, in der Hoffnung, einander aufwärmen zu können. Aber Botox hat keine aufwärmende Wirkung. Ihr seid diejenigen, die bei mir Hitzewallungen auslösen! Lasst also diese Burschen wissen, dass wir nicht allein sind. Wir sind vereint in Solidarität. Alle für einen, einer für alle! Wir werden siegen! Nächstes Jahr wird die Macht dem Volk gehören! Wir wollen nicht länger warten.«

Die Kundgebung am Heiligabend 2011 war die größte Demonstration gegen die Regierung seit dem Untergang der Sowjetunion 1991. Wie Nawalny anschließend schrieb: »Noch nie in meinem Leben habe ich so viele Menschen gesehen.« Nicht Medwedew im Kreml war die Zielscheibe der Menge, sondern der Strippenzieher im Weißen Haus.

Wenige Tage nach der ersten Demo am 5. Dezember hatte Putin sein alljährliches »Telethon« durchgezogen, eine erbärmlich schale Veranstaltung, auf der er Pseudofragen von Dutzenden Sykophanten, Schleimern und sonstigem Abschaum aus aller Herren Länder beantwortet. Bei der Gelegenheit hatte Putin behauptet, die Fäden beim 5. Dezember hätten die Vereinigten Staaten gezogen, und er hatte hinzugefügt, er vermute, die weißen Bänder, die die Leute sich damals angeheftet hatten, seien Kondome gewesen und hätten etwas mit der Kampagne gegen die Ausbreitung von AIDS zu tun. Als Anspielung und Reaktion auf diesen Putin'schen Spott machten sich Teilnehmer der Heiligabend-Demo einen Spaß daraus, Kondome, zum Teil zu Ballonen aufgeblasen, zum Teil lose baumelnd, an ihre Mäntel zu heften. Ein Plakat zog eine Parallele zwischen Putin und Muammar al-Gaddafi, den zwei Monate vorher die ihm nicht mehr treu ergebenen libyschen Massen zu Tode gepfählt hatten; ein zweites verglich Putin mit Kim Jong Il, dem gruseligen nordkoreanischen Gottkönig, der am 17. Dezember, genau eine Woche vor der Heiligabend-Demo, gestorben war. Eine der Demonstrantinnen gab einem *Guardian*-Reporter eine schöne Erklärung der Gründe für ihre Teilnahme: »Ich bin für ehrliche Wahlen, für einen Rechtsstaat. Ich wünsche mir, dass die Politik polyfon klingt, nicht monoton. Es ist der Zynismus und die Dämlichkeit der Herrschenden, die ich nicht mehr ertragen kann.«

Kurz vor Silvester konnte das Team Nawalny weitere höchst erfreuliche Nachrichten für sich verbuchen. *Wedomosti*, das russische Gegenstück zur *Financial Times*, rief seine Leser zur Wahl des »Politikers des Jahres« auf, und der Gewinner war Nawalny. Das Durchstreichen von vom Kreml inspirierten Verzerrungen war eine der vielen persönlichen Noten, die Nawalny seinem Blog verlieh: »Während ich nicht daran zweifle, dass die Redaktion vom US Department of State und globalen Akteuren hinter den Kulissen bestochen worden ist, haben die Leser (~~ungeachtet ihrer Gehirnwäsche durch massive westliche Propaganda~~) frei abgestimmt.«

War Putin der »Mann in der Burg auf dem Hügel«, entrückt wie ein Pharao, so kommunizierte Nawalny jetzt direkt mit Zehntausenden einfacher Russen – die weder Hyperliberale noch Supernationalisten oder gar Neonazis waren –, und er hatte einen Lauf. Er stand aber nicht auf der Liste der Bewerber um das Präsidentenamt. Der Pharao im Kreml hatte auf dieses Amt, das Herz der russischen Demokratie, noch immer exklusiven Zugriff.

»Feliz Navidad!«, bloggte Nawalny aus Mexiko, wo er mit Julija und den Kindern Urlaub machte. Man bekommt einen plastischen Eindruck davon, was für ein ungewöhnliches Leben der Mann zu dieser Zeit führte: eine vielversprechende Kundgebung, fünfzehn Tage im Knast; dann der Auftritt als heißeste Zugnummer bei der größten Anti-Regierungs-Demonstration seit zwanzig Jahren; dann Strandurlaub mit Tequila und Sonnenuntergang.

Nawalny tankte natürlich nicht nur Sonnenschein, sondern arbeitete auch fleißig wie gewohnt: »Waschkörbe voller E-Mails lenkten mich von den Hinterlassenschaften der Maya ab.«

Im Anschluss daran wagte er eine Zukunftsprognose und zählte die nächsten erwartbaren Stufen der Repression auf:

»1) Sie werden versuchen, durch diverse Gesetze gegen Extremismus etc. die Verbreitung von Informationen über das Internet zu behindern.

2) Sie werden Koffer voll Geld verteilen, um ein neues kremlfreundliches Internet zu kreieren, bevölkert von ihren eigenen Meinungsmachern und bekannten Medienleuten.«

Die Medienpartner des Kreml blieben weiterhin im Angriffsmodus. *Argumenty i Fakty* war zu Sowjetzeiten eine sehr gute Zeitschrift gewesen, doch unter Putin wurde sie geknebelt und zu einem von vielen kläffenden Kreml-Hunden umfunktioniert. Als die Zeitschrift ein Foto druckte, das den Oligarchen Boris Beresowski in lachender Unterhaltung mit Nawalny zeigte, sah dieser sich zu spöttischer Widerrede herausgefordert. Beresowski hatte dereinst den Aufstieg Putins gefördert, in dem er ein nützliches politisches Werkzeug sah, einen Mann, den man steuern konnte. Putin stieg an die Spitze des FSB auf und avancierte dann auf Wunsch Beresowskis zu Jelzins designiertem Nachfolger. Doch kaum saß Putin an den Schalthebeln der Macht, verwandelte sich das vermeintlich fügsame Faktotum in ein garstiges, sehr böses Wesen. Nicht lange und Beresowski sah sich gezwungen, das Land zu verlassen und in Großbritannien Zuflucht zu suchen (eine allerdings nicht so sichere Zuflucht wie gedacht). Von daher war es höchst aufschlussreich, Beresowski und Nawalny als fröhliche Gesprächspartner zu sehen.

Nur: Das Foto war gefälscht. Es zeigte ursprünglich Beresowski und seinen Oligarchen-Kollegen Michail Prochorow. Die Zeitschrift hatte per Photoshop das Gesicht Prochorows herausretuschiert und durch das von Nawalny ersetzt. Nawalny vollführte daraufhin zur Erbauung seiner Leser denselben Trick: Er veröffentlichte Bilder, die Stalin lachend im Gespräch mit Nawalny zeigten, desgleichen Putin mit Nawalny, dann einen Außerirdischen mit Nawalny. Wieder einmal konnte Nawalny scheinbar mühelos zeigen, wie verlogen und zugleich dumm die Lügenfabrik im Kreml vorging.

In Russland untergräbt Putin den Geist des Rechts, während er das Verwaltungsrecht gegen seine Feinde zur Anwendung bringt. Wenn du versuchst, dich gegen ihn zu positionieren, und ein qualifizierter Kandidat bist, wirst du mit einem Parcours von Hindernissen konfrontiert werden, der dich vor unlösbare Probleme stellen wird. In keinem Fall wirst du als Auskunft zu hören bekommen: Ihre Bewerbung ist nicht zulässig, Punkt. Man wird dir immer einen legalistischen Vorwand vorgaukeln. Ende Januar sagte Nawalny voraus, dass sein alter liberaler Gegenspieler Grigori Jawlinski nicht zur Präsidentschaftswahl im März 2012 zugelassen werden würde, obwohl Anhänger der Partei Jabloko mehr als die vorgeschriebenen zwei Millionen Unterschriften vorweisen konnten. »Jabloko bekam 2,25 Millionen Unterschriften von Wählern. Sind das nicht genug Stimmen für die Zulassung zur Präsidentschaftswahl?«, fragte Nawalny. »Das ist eine widerrechtliche Machtanmaßung und ein gesetzeswidriger Griff nach der Macht.« Unter ein Bild, das den lachenden Putin zeigte, schrieb er: »Dieser Gauner sitzt im Sattel und entscheidet, gegen welche Kandidaten er in ›fairen Wahlen‹ antreten möchte.«

Eine Wahl, bei der einer der Bewerber die totale Kontrolle über die anderen Kandidaten ausübt, ist keine Wahl, sondern eine Krönung. Nach der Ausschaltung Jawlinskis und mit einem Nawalny als Gegner, der noch nicht bekannt genug war, um mit

Aussicht auf Erfolg zu kandidieren, blieben ein paar von Putin handverlesene Gegenkandidaten übrig: Gennadi Sjuganow, ein älterer Kommunist, dem man zutrauen konnte, seine vergreisenden Anhänger zu mobilisieren (und sonst niemanden); der giraffenartige Oligarch Michail Prochorow; Wladimir Schirinowski, Narrengesicht auf einer faschistischen Handpuppe; und Sergej Mironow, ein Niemand mit der Ausstrahlung eines Schauspielers, der in den ersten fünf Minuten eines Films umgebracht wird.

Ein unbeeindruckter Nawalny setzte seine freiwilligen Wahlbeobachter Anfang Februar 2012 gezielt in Wahlbezirken ein, die früher durch Anomalien aufgefallen waren, etwa durch verdächtig hohe Mehrheiten für eine Partei im Vergleich zu benachbarten Bezirken.

Dann also die große Wahl am 4. März 2012. Putin - ohne ernst zu nehmende Konkurrenz und mit nahezu vollständiger Kontrolle über die Mainstream-Medien, die Gerichte, die Polizei und das Geld der Oligarchen, die ihm Gefolgschaft schuldeten - gewann haushoch. Nawalny und seine Anhänger gingen am nächsten Tag auf die Straße und machten ihrer Verachtung für eine weitere manipulierte Wahl Luft. Ihre Zahl war überschaubar, und als sie sich auf den Heimweg machten, wurde Nawalny verhaftet und in eine grüne Minna gezerrt.

»Unser Polizeitransporter hat die Nummer 2012. Achtung!«, warnte er seine Anhänger: »SETZT IHN NICHT IN BRAND. Macht nur die Reifen platt.«

Wie Putin ihn gehasst haben muss! Nawalny war der Zar des Charismas, der Kühnheit und der Verbundenheit mit dem Volk, Putin der Zar der Knute, des Polizeiknüppels und der Injektionsspritze. Am Ende konnte nur einer dieses Duell lebend überstehen. Nawalnys Handicap war, dass Putin wieder im Kreml saß und jetzt wieder direkten Zugriff auf den gesamten dort konzentrierten Apparat hatte.

Am 6. Mai 2012, dem Tag vor Putins feierlicher Amtseinführung, passierte etwas, was nichts Gutes ahnen ließ: Alle in Russland noch verbliebenen halbwegs unabhängigen Medien wurden Opfer sogenannter Denial-of-Service-Angriffe. Der Radiosender *Echo Moskau*, die Tageszeitung *Kommersant*, der Fernsehkanal *Doschd* (*TV Rain*) und andere waren betroffen. Dennoch versammelten sich 20 000 Demonstranten auf dem Bolotnaja-Platz, um klarzumachen, dass es eine dritte Amtszeit eines Präsidenten nicht geben durfte.

Ilja Ponomarjow, ein Duma-Abgeordneter der Opposition, schilderte das Geschehen: »Die Polizei trat auf den Plan. Der Bolotnaja-Platz füllte sich und die Polizei riegelte ihn ab. Als sie anfingen Demonstranten abzudrängen, wehrten sich die Leute.« Die Einsatzpolizeitruppe OMON (Mobile Einheit besonderer Bestimmung) ließ es von Anfang an krachen: Wahllos wurden Gummiknüppel eingesetzt, mit der Folge, dass achtzig Personen mit erheblichen Verletzungen auf der Strecke blieben. Putins PR-Chef Peskow erklärte, seiner Meinung nach gehe die Polizei mit den Demonstranten zu nachsichtig um - was sollte er auch sonst sagen? Rund 400 Protestierende wurden festgenommen, darunter Nawalny, Nemzow, der linke Aktivist Udalzow und ein weiterer linker Politiker und Journalist, Leonid Raswosschajew. Die mit den bekannteren Namen kamen relativ bald wieder auf freien Fuß, doch 37 weniger prominente Aktivisten blieben hinter Schloss und Riegel, mit der Aussicht auf einen Hindernislauf durch die Gerichtsinstanzen und eine lange Gefängnisstrafe am Ende.

Dem Herrscher im Kreml dürfte nicht entgangen sein, dass Nawalny am Heiligabend des Vorjahres fünf Mal so viele Demonstranten auf die Straße gebracht hatte als am 6. Mai 2012. Offenbar befand er sich in einem Wellental - genau der richtige Augenblick, um mit Kanonen auf Spatzen zu schießen.

Ein YouTuber hält die Szene in Bild und Ton fest, bleibt nah bei Nawalny, während dieser durch eine Ansammlung von Anhängern und feindseligen Polizisten zu der aufgebauten, mit einer Markise als Wetterschutz überdachten Bühne eilt. Er erklimmt die Bühne von hinten und bereitet sich darauf vor, als Nächster zur Menge zu sprechen, als Sicherheitspolizisten in voller Kampfmontur und mit heruntergelassenem Plexiglasvisier die Bühne stürmen und den Mann, der gerade eine Rede hält, packen und abführen, was die Menge mit lauten Buhrufen quittiert. Mittels eines Schwenks verfolgt die Kamera zwei Polizisten (einer davon ein Hüne), die, eskortiert von einem Dutzend Uniformierten, einen Festgenommenen die Straße entlangschleppen, weg von der versammelten Menge. Hinter der Bühne kann man aus Nawalnys Minenspiel ablesen, dass hier etwas nicht nach Plan läuft.

»Wo ist Zarkow?«, fragt Nawalny. Peter Zarkow, der eine wirklich fantastische Frisur der Marke »überkämmte Glatze« zur Schau trägt, ist einer der Organisatoren der Protestversammlung.

Plötzlich verstummt die Lautsprecheranlage, vermutlich von der Polizei abgedreht.

»Warum haben wir keinen Ton? Gebt mir das Mikro.«

»Es muss aufgeladen werden«, antwortet ein Techniker.

»Funktioniert es?«

Die Zeit läuft ab. Während das Team Nawalny mit der Suche nach einer Lösung des banalen praktischen Problems mit der Tonanlage beschäftigt ist, marschieren zwei kräftig gebaute Uniformierte, auf ihrem Haupt die grotesk überdimensionierten Mützen russischer Polizisten, auf Nawalny zu.

»Wir nehmen Sie mit«, sagt einer der Cops.

»Wohin mit? Ich habe nichts getan.«

Nawalny weicht den beiden aus und steigt die Stufen zum Rednerpodium hinauf, doch zwei Bereitschaftspolizisten und die beiden Festnahmebeamten, von denen einer ein Kraftbündel und sehr aggressiv ist, packen ihn von hinten. Dann legt ihm der Kraftprotz einen Arm um den Hals. Nawalny weiß: Wenn es ihm gelingt, das Podium zu erreichen, kann die Menge sehen, was passiert. Um genau das zu verhindern, versuchen die vier Beamten mit allen Kräften, Nawalny zu stoppen. Er ist stark, aber allein gegen vier hat er keine Chance, und tatsächlich verliert er den Ringkampf.

Aber er hat noch einen letzten kleinen Trumpf im Ärmel. »Bleibt, wo ihr seid!«, ruft er in die Menge, so laut er kann. »Geht nicht weg! Bleibt hier!«

Dann schleppen ihn die vier Uniformierten, jeder eine seiner Gliedmaßen umklammernd, von der Bühne. Die Demonstranten vor der Bühne können nicht sehen, dass der Hauptredner, dessen Auftritt sie entgegenfiebern, gerade verschleppt wird. Die Videobilder des YouTubers purzeln durcheinander, während er offenbar neben den Cops herrennt und sich zwischen irgendwelchen metallischen Absperrungen durchzwängt. Dann fängt die Kamera wieder die vier Cops ein. Der Goliath unter ihnen ist offenbar ein Meister seines Fachs und sein Fach ist die rohe Gewalt. Als die Gruppe den Rand des Bolotnaja-Platzes erreicht, erfolgt eine Art Umgruppierung. Der Hüne dreht Nawalny den Arm auf den Rücken und zwingt ihn, sich im Laufschritt von der Menschenmenge zu entfernen.

»Sie brechen mir den Arm!«, ruft Nawalny mit schmerzverzerrtem Gesicht.

Der Polizist reagiert darauf nicht, gewinnt weitere Meter Abstand von der Menge und lässt dann locker. »Okay jetzt. Kannst du mit eigener Kraft laufen?«, fragt er Nawalny.

»Ja, ich werde aus eigener Kraft laufen.«

»Keine Fisimatenten. Geh ordentlich weiter, oder ich breche dir deinen verfluchten Arm.«

»Ich sorge dafür, dass Sie verhaftet werden.«

Auf diese Drohung reagiert der Cop empfindlich. Er dreht Nawalnys Arm mit sadistischer Kraft wieder nach hinten.

»Sie brechen mir den Arm!«, schreit Nawalny und schiebt dann in flehentlichem Ton die Bitte nach: »Lassen Sie meinen Arm ein bisschen locker, bitte.«

In der letzten Einstellung des YouTube-Videos schiebt sich der Helm eines der Bereitschaftspolizisten immer näher an die Kamera heran und füllt bald das ganze Bild aus, offenbar eine absichtliche Aktion, um der Kamera den Blick auf Nawalny zu verwehren, wie er im Unterbauch eines Polizeireviers verschwindet.

Kapitel fünf

Ein Russland, zwei Zaren

Geheimpolizisten kennen sich mit all den dunklen Künsten dieser widerwärtigen Profession aus: Bestechung, Sex-Shaming, Einschüchterung, Folter, Mord. Als ehemaliger Offizier des KGB und Direktor von dessen Nachfolgeorganisation, dem FSB, wird Wladimir Putin seine Gorillas angewiesen haben, die Telefone jedes einzelnen potenziellen politischen Rivalen abzuhören und dessen Umfeld durch Bestechung oder Bloßstellung dazu zu bringen, Informationen über die Pläne der Zielperson rauszurücken.

Der russische Staat im Staate hörte mit. Das verstand sich von selbst. Sie ließen einen nicht aus den Augen. Es bestand aber auch immer die finsterere Möglichkeit, dass man, sofern man ein echtes Problem für den Kreml darstellte, physisch angegangen wurde. Oder sogar sterben musste. Lange Zeit hat Nawalny, so schien es jedenfalls, diese Möglichkeit beinahe verächtlich abgetan. 2010 gab er Gregory Asmolov ein bezeichnendes Interview, das dieser unter der Überschrift »Blogger Nawalny möchte beweisen, dass Regimebekämpfung Spaß macht« veröffentlichte.

Zu den realen Gefahren befragt, die sein Anti-Putin-Feldzug nach sich ziehen könnte, antwortete Nawalny: »Ich habe noch nie Drohungen empfangen, die sich auf meine berufliche Tätigkeit bezogen. Höchstens, dass ich von Zeit zu Zeit komische Anrufe erhalte oder dass mir komische Autos folgen. Aber das passiert nicht oft, und ich bin nie unmittelbar bedroht worden. Meines Erachtens wird das Thema Bedrohung überschätzt.

Natürlich könnten sie ohne Probleme bestimmte Personen, also auch mich, niederschlagen, das dauert drei Sekunden, aber manche widerstehen länger, manche weniger lange, manche knicken eher ein, manche später. Es wäre übertrieben zu sagen, dass sie in der Lage sind, alle Leute unter Druck zu setzen.«

Was für ein Blödsinn!

Der Druck war allgegenwärtig. Nehmen wir Iwan Rybkin als Beispiel, den ehemaligen Präsidenten der Duma, der von Boris Beresowskis Liberaler Partei als Kandidat für die russischen Präsidentschaftswahlen 2004 nominiert wurde. Zu Beginn des Wahlkampfs beschuldigte er Putin offen, als Drahtzieher für die Sprengstoffanschläge auf Mietshäuser im September 1999 verantwortlich gewesen zu sein und diese den Tschetschenen in die Schuhe geschoben zu haben. Um gewählt zu werden, habe der russische Präsident vier Jahre zuvor praktisch sein eigenes Land in die Luft gesprengt. Kurz darauf war Rybkin vier Tage lang verschwunden, um schließlich in Kiew wieder aufzutauchen. Später erklärte er, er sei zu einem Geheimtreffen mit einer tschetschenischen Führungsperson in die ukrainische Hauptstadt gereist. Während des Wartens auf die Zusammenkunft, die nie zustande kam, habe er Erfrischungen zu sich genommen, sich anschließend »sehr schläfrig« gefühlt und schließlich das Bewusstsein verloren. Vier Tage später sei er wieder zu sich gekommen. Nachdem er aufgewacht war, sagte er, habe man ihm ein Video gezeigt, auf dem er »abstoßende Handlungen« inmitten von »grauenhaften Perverslingen« vollführte. Man hatte Rybkin versichert, das Video würde an die Öffentlichkeit gelangen, falls er seinen Wahlkampf fortführe. Anfang März zog er sich offiziell von der »Farce« der Kandidatur für den Kreml zurück. Rybkin machte den FSB für das verantwortlich, was ihm widerfahren war, hielt aber fortan den Mund. Das Video mit den »abstoßenden Handlungen« sah nie das Licht der Öffentlichkeit.

Rybkin wurde also zeitweise von der Bildfläche geräumt, bis die Gefahr, die er für Putins Wahl darstellte, behoben war. Doch was war mit denen, die am Ball blieben, die sich nicht beugen wollten? Die Liste derjenigen Kritiker Wladimir Putins und seines Regimes, die irgendwann zu Tode kamen, ist wahrlich sehr lang, aber am Ende des Buches gibt es eine kurze Liste mit der Angabe, worüber sie recherchierten oder sprachen, bevor sie starben, und wie sie zu Tode kamen.

Zur Klarstellung: Ich glaube nicht, dass die Beweislage annähernd ausreicht, um Wladimir Putin als Pädophilen zu bezeichnen. Sicher, im Sommer 2006 verließ er einmal seine Autokolonne vor dem Kreml, um ein paar Hundert Meter zu Fuß zu gehen, kam unterwegs an einem kleinen, blonden russischen Jungen vorbei, kniete sich vor ihm hin, schob sein T-Shirt hoch, gab ihm einen Kuss auf den Bauch, strich ihm über den Kopf und verzog sich dann sehr eilig in seine Residenz. Man kann sich das Ganze auf YouTube ansehen: www.youtube.com/watch?v=5uWEaKLzwUg

So gruselig der Vorgang anmuten mag, er allein reicht nicht für die Schlussfolgerung, dass Putin pädophil ist. Alexander Litwinenko war ein ehemaliger KGB-Offizier, der so heftig mit Putin aneinandergeriet wegen der Korruptionsfälle im umbenannten FSB, dass er sich gezwungen sah, außer Landes nach London zu fliehen. Nach Ansicht dieses Videos erhob er in einem Blog die Behauptung, Putin habe beim KGB anfangs nur wenig attraktive Aufgaben zugeteilt bekommen, weil die hohen Tiere seine Pädophilie entdeckt hätten und ihm deshalb keinen Posten im Westen anvertrauen mochten, weshalb er zunächst in Leningrad, dann in St. Petersburg und schließlich in Dresden, also Ostdeutschland, dienen musste, wo man ihn im Auge behalten konnte. Litwinenko zitierte Quellen, namentlich alte KGB-Offiziere, für seine Anschuldigungen, legte jedoch zu keinem Zeitpunkt schriftliche oder sonstige Belege vor. Artjom Borowik und Antonio Russo sollen an der »Putin könnte pädophil sein«-Story gearbeitet haben, bevor sie im Jahr 2000 ermordet wurden.

Auch in diesem Punkt arbeitete Putins Nebelmaschine wieder einmal auf Hochtouren. Natürlich gibt es noch viele andere Gründe, warum diese drei Männer den Tod gefunden haben könnten. Doch gemeinsam mit dem ehemaligen US-Geheimdienstanalysten Paul Joyal bin ich davon überzeugt, dass Litwinenko mit Polonium 210 vergiftet wurde, weil er gebloggt hatte, Putin sei pädophil. Nicht lange nach dem Mord an Litwinenko war Joyal bei *NBC Dateline* zu Gast und ließ sich ausführlich befragen. Seine Bemerkung, »der Kipppunkt (sei) Alexanders Behauptung (gewesen), dass mit Putin ein Pädophiler im Kreml sitze«, wurde von NBC nicht gesendet. Joyal erklärte, Litwinenko habe sich geirrt. Er selber glaube, dass Putin nicht pädophil sei, sondern bisexuell. Auch dies wurde nicht gesendet. Joyal vermutet, dass die Russen eine Abschrift seines langen Interviews in die Hände bekommen haben. In den 90er-Jahren hatte er in Russland ein Ehepaar kennengelernt, das ihm erzählte, sie seien Putin einmal begegnet, und dabei hätte dieser Interesse an der Frau vorgetäuscht, sei aber in Wirklichkeit hinter dem Mann her gewesen. Diese Geschichte passt zu Putins eigenartiger Vorliebe, sich mit nacktem Oberkörper zu Pferde fotografieren zu lassen, und auch dazu, wie er einmal während einer ausgedehnten Fragerunde vor russischen Bürgern ganz offen mit einem jungen Mann aus dem Kaukasus flirtete.

Als ich Putin mit Mutmaßungen über den Abschuss der MH17 im Jahr 2014 konfrontierte, war ich verblüfft, wie effeminiert er mir begegnete. Übrigens gibt es gegen Bisexualität oder Effeminiertheit absolut nichts einzuwenden. Aber in Putins Russland kann man schon im Gefängnis landen, wenn man sich positiv über Homosexualität äußert. Welche Ironie wäre es, wenn Putin britischen Konservativen der 60er-Jahre gliche, die die Aufhebung des Gesetzes gegen homosexuelle Handlungen in der Öffentlichkeit öffentlich verurteilten, im Privatleben aber ganz anders agierten.

Vier Tage nach der NBC-Sendung wurde Joyal in seinem Zuhause in der Nähe von Washington, D.C., von zwei Männern mit einer Schusswaffe überfallen. Eine Neun-Millimeter-Kugel durchschlug seinen Dickdarm und die Blase. Als sie ihm eine weitere Kugel in den Kopf verpassen wollten, blockierte die Pistole. Dann stürzte sein großer Hund sich auf die Angreifer, worauf diese die Flucht ergriffen. Die Männer, die Joyal ermorden wollten, wurden nie gefasst.

Was ich mit diesem Exkurs zu Putins angeblicher Pädophilie - unbewiesen - und seiner unterdrückten Homosexualität - für mich ausreichend belegt - sagen will: Der russische Präsident kann sich mit Kritik, zurückhaltend ausgedrückt, nicht so recht anfreunden. Als Putin 2002, zu Beginn seiner Herrschaft, das Brüsseler Hauptquartier der EU besuchte, sprach ihn ein französischer Journalist auf den »Vernichtungskrieg« im aufständischen Tschetschenien an. Putin antwortete: »Wenn Sie bereit sind, ein radikaler Islamist zu werden und sich beschneiden zu lassen, lade ich Sie nach Moskau ein. Wir haben dort Spezialisten, die mit einem solchen Problem fertigwerden. Ich empfehle, dass Sie es sich so radikal wegoperieren lassen, dass nichts wieder nachwächst.«

Das ist die wahre Stimme eines geborenen Zaren. Mit dem Vorwurf massenhafter Menschenrechtsverletzungen konfrontiert, droht er dem Journalisten mit Kastration. Es mag durchaus sein, dass einige auf meiner Liste von ermordeten Putin-Kritikern aus anderen Gründen zu Tode kamen, aber er hat jedenfalls ein System geschaffen, in dem diejenigen, die solche Morde in Auftrag geben, straflos bleiben - das ist seine Schuld.

Im Zweifel für den Angeklagten? Für einen Zaren des 21. Jahrhunderts, der über einen Polizeistaat herrscht, kann das niemals gelten. Meine Liste ist alles andere als vollständig. Sie könnte drei Mal so lang sein, wenn man Lokalreporter und Bürgerrechtsaktivisten mit aufnähme, die von lokalen und regionalen Parteibossen umgebracht wurden, die ihrerseits Immunität von Gnaden des Kreml genossen.

Nawalny muss etwa ein dutzend Politiker oder Journalisten, die im Widerstand gegen den Kreml getötet wurden, gekannt haben, mindestens vom Hörensagen. Als er behauptete, »es wäre übertrieben zu sagen, dass sie in der Lage sind, alle Leute unter Druck zu setzen«, redete er Unsinn. Nawalny wusste, dass er immerzu in Gefahr war, wozu also das Risiko herunterspielen?

Von kognitiver Dissonanz spricht die Psychologie, wenn jemand zwei einander widersprechende Dinge gleichzeitig für wahr hält. Ein Beispiel dafür sind die beiden Annahmen, Wladimir Putin sei einerseits ein mörderischer Faschist, und es bedeute andererseits nicht, mit dem eigenen Leben zu spielen, wenn man ihn herausfordert. Wenn man aber die zweite Prämisse vertritt und jemand ist wie Nawalny, dann landet man in einer Sackgasse. Nawalny pflegte zu witzeln, dass man ihm die Frage »Warum sind Sie noch am Leben?« so oft stelle, dass es allmählich langweilig werde, aber 2017 gab er darauf im amerikanischen Nachrichtenmagazin *60 Minutes* eine Antwort, die ein bisschen aufschlussreicher ist: »Ich weiß nicht. Vielleicht haben sie den richtigen Moment dafür verpasst, in der Zeit, als ich noch nicht so bekannt war ... Eigentlich versuche ich, nicht zu viel über die Risiken nachzudenken, denn wenn man damit erst mal anfängt, kriegt man nichts mehr zustande.«

Roman Borissowitsch ist ein ehemaliger Versicherungsunternehmer aus Russland, der in Großbritannien lebt und der Nawalny ab 2011 kennen und auf gewisse Weise auch lieben lernte. Borissowitsch ist ein wahrhaft bulliger Typ, alles andere als furchtsam, ein Mann von subversivem Witz. Als Nawalny anfing, sich um russische Sponsoren zugunsten seiner Stiftung für Korruptionsbekämpfung zu bemühen, war ihm klar, dass viele Russen aus Angst vor den Konsequenzen passen würden. Sie mussten befürchten, dass ihnen ihr Unternehmen »geraubt« würde, indem Rivalen geheime Vorstandssitzungen mitten in der Walachei anberaumten, neue Firmenstempel schufen, sich ihren Diebstahl durch einen gekauften Richter absegnen ließen, und schon hätte sich ihr blühendes Unternehmen und das damit erwirtschaftete Geld plötzlich vor ihrer Nase in Luft aufgelöst. Oder schlimmer noch, es würde ihnen so ergehen wie Jawlinskis Sohn in den 90ern oder Rybkin 2004. Oder sie würden sich, noch viel schlimmer, in einer Todeszelle wiederfinden.

Dessen ungeachtet hatte Nawalny im Februar 2012 sechzehn russische Sponsoren beisammen, elf aus der Geschäftswelt, fünf aus dem Bereich Kunst und Wissenschaft. Und warum nicht zusätzlich Gelder einwerben von Leuten, die im sicheren Ausland lebten? Borissowitsch erzählte mir: »In Russland seine Steuern zu zahlen, das war ein echtes Hindernis. Nach einem halben Jahr Suche erklärten sich nur elf Geschäftsleute und fünf Persönlichkeiten des öffentlichen Lebens bereit, ihre Unterstützung offenzulegen. Nawalny hatte, wie üblich, alles vorausgesehen. Nachdem er seine Stiftung für Korruptionsbekämpfung gegründet hatte, wurde er beschuldigt, eine ausländische Marionette zu sein, bezahlt von der CIA, dem MI5 und den üblichen Verdächtigen. Die Duma leitete eine offizielle Untersuchung seiner Förderquellen ein. Nawalny gab daraufhin öffentlich seine Sponsoren bekannt. Auf seine brillante nüchterne Art sagte er: ›Immer mit der Ruhe, es gibt da gar nichts zu untersuchen, Sie hätten nur zu fragen brauchen. Das hier sind meine ganz öffentlichen Sponsoren, die Crème de la Crème der russischen Geschäftswelt sowie bekannte russische Wissenschaftler, Schriftsteller und Journalisten.‹ Die tapferen sechzehn nannte er uns.«

Borissowitsch war die Nummer zwei auf der Liste. An neunter Stelle stand Alexander Lebedew, Ex-KGB-Spion in London von 1988 bis 1992 und Vater von Jewgeni Lebedew, den Boris Johnson zum Baron von Sibirien machte. Da würde man doch normalerweise vermuten, dass der Oligarch Alexander Lebedew ein Kreml-Gegner gewesen sein muss, der sich nicht scheute, gegen Putin aufzutreten. Doch je mehr man sich dem Kreml nähert, desto undurchsichtiger wird alles. In Russland ist nichts so, wie es scheint. 2022 verhängte die kanadische Regierung im Zusammenhang mit dem russischen Überfall auf die Ukraine Sanktionen gegen Lebedew senior, was darauf hindeutet, dass man im kanadischen Geheimdienst nicht die Ansicht vertritt, es gäbe so etwas wie kremlkritische Oligarchen. Alle Beteiligten streiten jegliches Fehlverhalten ab.

Als sie sich 2011 erstmals persönlich begegneten, war eine der ersten Fragen von Borissowitsch an Nawalny: »Haben Sie keine Angst?«

Nawalny antwortete: »Was sollen sie schon tun? Mich umbringen?«

Borissowitsch berichtete mir: »Seine Stimme und diese Worte klangen mir jedes Mal in den Ohren, wenn sein Leben in Gefahr war; als ihm irgendeine chemische Flüssigkeit in die Augen gespritzt wurde, als er mit Nowitschok vergiftet wurde, als er unter elenden Umständen im Gefängnis saß. Aber als ich von seinem Tod erfuhr, hat das aufgehört. Jetzt höre ich diese Stimme nicht mehr, wie sie sagt: ›Was sollen sie schon tun? Mich umbringen?‹ Denn sie haben es getan.«

Damals jedoch, 2011, als Dmitri Medwedew dem Kreml-Laden vorübergehend vorstand und Putin nominell als Ministerpräsident fungierte, empfanden Borissowitsch und Nawalny übereinstimmend die Vorstellung, Nawalny könnte umgebracht werden, als lächerlich. »Ich antwortete: ›Nein, Sie stehen zu sehr in der Öffentlichkeit, das wagen die nicht. Aber könnte man Sie nicht ins Gefängnis werfen?‹ Nawalny fragte zurück: ›Weswegen?‹ Und ich: ›Egal. Können die nicht irgendwas konstruieren?‹ Nawalny: ›Vergessen Sie nicht, ich bin Jurist. Ich kenne das Gesetzbuch. Ich werde ihnen keinen Vorwand liefern.‹«

Borissowitsch fuhr fort: »Er hatte großes Charisma. Er war der charismatischste Russe, der mir je begegnet ist. Die meisten haben doch das Charisma eines Betonklotzes. Die zweite Sache, die mir einfällt, war seine Getriebenheit, dieses unbedingte Bedürfnis voranzugehen. Er war ein Anführer, und er brauchte nur mit Leuten zusammenzukommen, ob in kleinen oder großen Gruppen, ob er eine Rede hielt oder sonst was, dann war er in seinem Element. Er hatte diese Begabung, Menschen zu führen.«

Alle sechzehn Sponsoren wurden über Nacht zu Prominenten. Tags zuvor kannte kaum jemand ihre Namen, doch am nächsten Morgen veröffentlichten *Iswestija, Vedomosti* und alle größeren Nachrichtenanbieter die Sponsorenliste der Stiftung für Korruptionsbekämpfung, und am Abend waren sie in aller Munde. Borissowitsch trat zur Hauptsendezeit in der Nachrichtensendung *TV Rain* auf - beim inzwischen einzigen noch unabhängigen Nachrichtensender in Russland -, wo man ihm dieselbe Frage stellte, die er beim ersten Treffen an Nawalny gerichtet hatte: »Haben Sie keine Angst?«

Im Rückblick bewertet Borissowitsch seine Antwort als unfassbar naiv: »Angst? - sagte ich - wovor? Vor den Auswirkungen meiner Unterstützung einer Stiftung zur Korruptionsbekämpfung? In einem Land, wo Korruption das größte Fortschrittshindernis darstellt, sollte das jeder Bürger tun. Das ist kein Mut, das ist einfach meine Bürgerpflicht, weiter nichts.« Da ahnte er noch nicht, dass seine Bürgerhaltung ihn drei Monate später zwingen würde, das Land fluchtartig zu verlassen.

Diese Frage - »Haben Sie keine Angst?« - ist lästig, sehr lästig. Ich kann das guten Gewissens sagen, weil sie mir in dieser oder jener Version öfter gestellt wird, als mir lieb ist. Mein Risiko war natürlich lächerlich klein, ist klein und wird auch klein bleiben verglichen mit dem, das Nawalny und Borissowitsch eingingen, und trotzdem nötigt einen die Frage, die Qualität der eigenen Rüstung zu überdenken, so verbeult sie sein mag.

Putin herauszufordern, das ist, als würde man einen elektrischen Zaun anfassen. Man stirbt vielleicht nicht daran, man erholt sich vielleicht sogar wieder von dem Stromschlag, aber die Wahrscheinlichkeit, gänzlich unbeschadet davonzukommen, ist sehr gering. Als ich ihm 2014 auf die Pelle rückte, erhielt ich wenige Stunden später einen Faustschlag in den Magen - zugegebenermaßen eine sehr leichte Züchtigung. Aber ich war eben auch für die BBC tätig, bin britischer Staatsbürger, und seine Gorillas konnten meinem Visum entnehmen, dass ich Russland bald verlassen würde. Dass ich *Der Killer im Kreml* geschrieben habe und jetzt dieses Buch, das fühlt sich an, als würde ich wieder und wieder in den elektrischen Zaun greifen - doch die Vorstellung, dass Putin mit allem durchkommt, was er tut, dass das alles ungestraft bleibt, die bereitet mir Übelkeit. Zorn übertrumpft die Angst, aus der er entsteht.

Nawalny, vermute ich, war ebenfalls von diesem Zorn erfüllt. Und er war geradezu übermäßig fokussiert, so sehr entschlossen, Putin entgegenzutreten, dass er die allzu vernünftige Angst bewusst unterdrückte, so wie er sich auch nicht dazu entschließen konnte, den Schaden zu erwägen, den seine grässlichen NAROD-Videos anrichteten. Und wie er in dem am Anfang dieses Buches zitierten Statement sagt: Putin nicht herauszufordern, sei »langweilig«.

Doch Borissowitschs Urteil, er sei der geborene Anführer gewesen, trifft ebenfalls zu. Bei Nawalny überspielte nicht nur der Zorn, sondern auch der Ehrgeiz die Angst.

Mit der Zeit, während Nawalnys Kampf gegen das Putin-Regime seinen außergewöhnlichen Charakter offenbarte, wurde immer deutlicher, dass es in Russland nur zwei Personen gab, die wirklich frei waren in ihrem politischen Willen: Wladimir Putin und Alexej Nawalny. Die erste war der Zar der Korruption, die zweite der Zar der Korruptionsbekämpfung. Ein Russland mit zwei Zaren, das konnte nicht gut enden, aber vorläufig kam die Verachtung für die Räuberei und Verworfenheit des ersten Zaren und seines Regimes mit so viel Wucht und Erhabenheit daher, dass es um den zweiten Zaren günstig bestellt schien.

In seinen Anfängen war Nawalny noch nicht der große Kämpfer gegen die Korruption, sondern eher jemand, der sich für Aktien und Wertpapiere interessierte, von denen er sich ein paar nette Nebeneinkünfte erhoffte. 2009 setzte er sich mit *Kommersant* zusammen, einem von Russlands führenden Wirtschaftsmagazinen, und schilderte, was ihn dahin gebracht hatte. »Ich habe fast alle diese Investitionen getätigt, um Kapital zu bilden; es bestand keine Absicht, Anteile zu kaufen, um klagen zu können. Heute halte ich Anteile an Rosneft, Gazprom Neft, Surgutneftegas, LUKOIL, Sberbank, VTB, Gazprom, Transneft, E.ON Ruhrgas, Eni und mehr als zehn Firmen aus der Elektrobranche.«

Dann fing er an, Ärger zu machen. Wie kam das, fragte *Kommersant*.

»Wegen der Dividenden. Nach dem Kauf der Anteile begann ich regelmäßig Geschäftsberichte zu lesen, ich verfolgte, was in der Presse über die Firmen zu lesen war, und ich war entsetzt. Zu der Zeit gab es keine Anzeichen einer Krise, die Ölpreise brachen alle Rekorde, die Firmen, deren Anteile ich besaß, erzielten Überschüsse noch und noch, doch in den Geschäftsberichten hieß es: ›keine Dividenden‹. Mir als Anteilseigner passte das natürlich nicht, daher wollte ich herausfinden, wo die Unternehmensprofite hinflossen und warum man sie nicht mit mir teilte ... Irgendwann wurde daraus eine Sache des Prinzips.«

Golfspieler träumen davon, mit einem Schlag einzulochen, Investigativreportern und Aktivisten geht einer ab, wenn sie Unregelmäßigkeiten entdecken. Und Nawalny stieß im Dezember 2008 auf eine riesige Unregelmäßigkeit in den Büchern, und zwar nicht bei irgendeinem hässlichen kleinen Wurm in der Ursuppe des russischen Gangsterkapitalismus, sondern beim Tyrannosaurus Rex höchstselbst. Seine erste große Antikorruptionstrophäe errang Nawalny, als er Gazprom anging, in seinem ganzen Prunk das größte an der Börse notierte Erdgasunternehmen der Welt, mit einem Umsatz von mehr als 120 Milliarden Dollar im Jahr 2019, Firmensitz in St. Petersburg, im höchsten Gebäude Europas. Mehrheitseigner von Gazprom ist der russische Staat, daher bestand die einzige Möglichkeit für die Bosse, sich ernsthaft zu bereichern, Nawalnys Hypothese zufolge darin, das Unternehmen zu hintergehen: durch unnötige Transaktionen über undurchsichtige Vermittlerfirmen, die in Wirklichkeit von den Bossen selbst kontrolliert wurden. Alle Beteiligten streiten jegliches Fehlverhalten ab.

Nawalny stieg auf eine frühere Beschwerde ein und biss sich daran fest wie ein auf seinem Knochen nagender Hund. Er hatte Gazprom-Aktien gekauft und führte an, der Wert seiner Anteile sei durch Betrug gemindert worden, und somit sei er Opfer dieses Betrugs. Im Detail ist das alles schwer nachzuvollziehen, zumal eine Menge Firmen mit irritierend langen und komplizierten russischen Namen beteiligt sind. Nawalny aber erläuterte die Zusammenhänge am 28. Dezember 2008 in einem Blogbeitrag mit dem Titel »Wie sie an Gazprom sägen«. »Sägen« bedeutet im russischen Slang so viel wie: sich heimlich eine Scheibe vom Profit abschneiden.

Die Durchführung dieser mutmaßlichen Unterschlagung war ein echtes Kunstwerk.

Der Blogbeitrag setzte mit den Worten ein: »Heute, meine lieben Freunde, werde ich euch von einer der spaßigen Geldverschiebungsmethoden erzählen, die sich OJSC Gazprom ausgedacht hat. Unser ›Nationalheiligtum‹«.

Nawalnys Stil ist lustig, aber lassen Sie mich versuchen, den Betrug in meinen eigenen, einfachen Worten zu skizzieren. Die Unregelmäßigkeit lag darin, dass Gazproms Tochtergesellschaft Meschregiongaz Gas von einem Anbieter, nämlich Nowatek, gekauft hatte, aber auf einem seltsamen Umweg. Der einfache, billige Weg wäre gewesen, wenn Meschregiongaz das Gas direkt bei Nowatek gekauft hätte. Aber nein, stattdessen kaufte ein Verbindungsglied, nämlich die Firma Trastinvestgaz, das Gas und verkaufte sodann eben dieses selbe Gas, das übrigens dabei durch ein und dieselbe Pipeline strömte, für nahezu den doppelten Preis weiter an Gazprom. Als Gazprom-Vertreter aufgefordert wurden zu erklären, warum sie das Gas nicht gleich zu dem günstigeren Preis eingekauft hätten, gaben sie zunächst an, Gazprom habe zu dem Zeitpunkt keine flüssigen Mittel gehabt, um die Transaktion abzuschließen. Das war, wie üblich bei derartigen Erklärungen, ein ziemlicher Schmarrn. Nawalny teilte denn auch mit, dass Trastinvestgaz das Gas mithilfe eines von Gazprom gewährten Kredits bezahlt habe.

Nawalny nutzte seine zehn Gazprom-Anteile, um geltend zu machen, er habe aufgrund dieses Schwindels Geld verloren. Nach ausgiebigem Hin und Her fand die Ermittlungsbehörde sich bereit, Nawalny als potenzielles Betrugsopfer zu registrieren.

Die Todesdrohung sollte nicht lange auf sich warten lassen.

»Ein Letztes noch«, bloggte Nawalny: »Der Ermittler in dem

Fall - was für ein fröhlicher Oberstleutnant er doch war - erklärte mir beim ersten Zusammentreffen: ›Alexej Anatoljewitsch [Nawalnys Vorname und Patronym, übliche formelle Anredeform in Russland], ich werde jetzt eine Entscheidung treffen bezüglich Ihrer Anerkennung als Opfer, aber ich halte es für meine Pflicht, Sie zu warnen. Einer der Bosse bei Nowatek, der mit dem Vorhaben vertraut war und alles abgesegnet hat, ist nach Einleitung dieser Untersuchung unter tragischen Umständen gestorben. Anscheinend ist er mit einem Snowmobil verunglückt. Es gab keine Ermittlungen, aber manche Leute halten die Todesumstände für verdächtig.‹ Ich kenne keine Einzelheiten«, so Nawalny. »Ich habe nichts dazu herausgefunden. Für alle Fälle aber erkläre ich hiermit offiziell:

- Ich benutze keine Snowmobile.
- Ich habe keine Pläne, dieses oder nächstes Jahr Skiurlaub zu machen.
- Ich stehe weder auf Felsklettern noch auf Drachenfliegen.
- Ich bin ein vorsichtiger Autofahrer.
- Ich putze keine Fenster, schon gar nicht, wenn sie offen stehen.
- Ich mag keinen Kugelfisch oder Ähnliches zum Frühstück.
- Ich gehe nicht über die Straße, wenn die Ampel rot ist.
- Ich kann gut schwimmen.
- Ich habe nicht die Angewohnheit, dort spazieren zu gehen, wo Steine, Dachziegel oder Klaviere von oben herunterfallen.

Das soll nicht heißen, dass ich große Angst vor ›Gegenmaßnahmen‹ hätte. Aber wie gesagt: nur für alle Fälle.«

Kugelfische tragen übrigens das Gift Tetrodotoxin in ihrer Haut, den Augen, den Eierstöcken und der Leber. Das Gift führt zu Muskellähmung, während die Beute bei vollem Bewusstsein bleibt; das Opfer kann nicht mehr atmen und stirbt schließlich an Erstickung. Fies.

Nawalny war sich also vollkommen bewusst, dass sein Tun dazu führen konnte, dass er umgebracht würde. Aber wenn er sich vor dem Tod fürchten sollte, müsste er ab sofort den Mund halten. Und das wäre ja langweilig.

An dem, was Borissowitsch zustieß, nachdem seine Unterstützung der Stiftung für Korruptionsbekämpfung öffentlich bekannt wurde, lässt sich erkennen, wie die Zerstörung der Demokratie in Russland ablief. Anfangs schien noch alles gut zu laufen. Borissowitsch, zu der Zeit Vizepräsident des russischen Versicherungsgiganten Rosgosstrach, erklärte: »Ich war begeistert von der Empathie und der Unterstützung, die wir von unseren Bekannten und vor allem auch von Unbekannten erhielten. Ich erinnere mich lebhaft an eine schüchterne junge Frau, die mich in einem voll besetzten Firmenaufzug ansprach: ›Roman Vitaljewitsch, Sie kennen mich nicht, aber ich möchte Ihnen einfach nur sagen, dass ich sehr stolz auf Sie bin! Ich freue mich so, dass einer von Nawalnys Sponsoren in unserer Firma arbeitet, und ich bin stolz, dass ich mit Ihnen zusammen bei Rosgosstrach tätig bin!‹ Unbekannte baten mich, mir die Hand schütteln zu dürfen oder ein gemeinsames Selfie zu machen, oder sie haben mir einfach zugewinkt. Das waren die schönsten Komplimente, die ich je erhalten habe. Die Kehrseite der Medaille war aber, dass der FSB und die anderen *Siloviki* [abgeleitet vom russischen Wort für »Kraft«, »Stärke«, gemeint sind Vertreter der Geheimdienste und des Militärs, Anm. d. Ü.] es auf unsere Karrieren, unsere Geschäfte und unseren Lebensstil abgesehen hatten. Die elf Geschäftsleute unter den Sponsoren bekamen plötzlich alle möglichen Probleme: Einige wurden gefeuert, bei anderen wurden wichtige Verträge aufgelöst, Kredite bei Staatsbanken gekündigt, geschäftliche Abmachungen abgesagt. Jeder Einzelne von uns wurde abgezockt.«

Borissowitsch fuhr fort: »Für mich war es weniger hart als für die anderen. Mein Chef gab mir Rückendeckung und ich hatte meinen britischen Pass als letzten Ausweg. Als Erstes bemerkte ich, dass ich auf eine spezielle Reisepass-Kontrollliste gesetzt worden war, dass also, wenn ich die russische Grenze überqueren wollte, der Passbeamte jede Seite meines Passes scannen und die Scans an den FSB schicken musste. In jenem Sommer bin ich fast jede Woche ins Ausland gereist, daher bekam ich bei der Passkontrolle sofort mit, was sich verändert hatte. Was sonst immer wenige Sekunden gedauert hatte, dauerte jetzt mit einem Mal über zehn Minuten. Die Reaktion der Grenzbeamten war unbezahlbar. Die erfahrenen forderten mich auf, die Leute in der Schlange hinter mir zu bitten, sich an einem anderen Schalter anzustellen, weil es bei mir länger dauern würde, die Anfänger aber starrten stumpf auf ihre Bildschirme und riefen hilfesuchend bei ihren Vorgesetzten an. Ich wurde auch beschattet. Das störte mich nicht weiter. Ich informierte nur meine Geschäftspartner, dass man mir folgte, und überließ es ihnen, unser Treffen entweder abzusagen oder zu bestätigen. Niemand störte sich an meiner Überwachung, die meisten Leute dachten sogar, dass ich mir das Ganze wohl einbilden müsste.

Der Router in meiner Wohnung war auch verwanzt, aber so unprofessionell, dass einige Anwendungen wie Gmail nicht mehr funktionierten und stattdessen Sicherheitsprobleme meldeten. Ganz plötzlich, nachdem meine Unterstützung für Nawalny bekannt geworden war, wollte sich ein Nachbar mit uns anfreunden, lud sich selbst zu uns in die Wohnung ein und bat darum, während seiner Anwesenheit unser WLAN nutzen zu können. Ich hörte einfach auf, unser Heimnetzwerk zu nutzen, außer zum Fernsehen. Für E-Mails nutzte ich meine britischen Telefone, sensible Angelegenheiten erledigte ich nur außerhalb von Russland. Ich glaube auch, dass jemand unsere Wohnung verwanzt hat.

Ende August 2012, als meine Familie nach dem Sommeraufenthalt in Frankreich nach Moskau zurückkehrte, musste meine Frau sich den gleichen ungewöhnlichen Prozeduren bei der Passkontrolle unterziehen, die man schon seit einer Weile gegen mich verwendete. Da musste ich ihr ein Geständnis machen. Ich erzählte ihr von der speziellen Liste für verschärfte Passkontrollen, von der elektronischen Überwachung und Wanzen und davon, dass ich beschattet wurde. Masha war schockiert. Drei Wochen später verließen wir Russland endgültig. Als ich mich in der Firma verabschiedete, machte ich eine spektakuläre Entdeckung. Nicht der FSB war bei meinem Chef Danil Khachaturow, CEO und Mehrheitseigner von Rosgosstrach, vorstellig geworden, sondern der SWR, der Auslandsgeheimdienst! Der SWR wollte gern, dass ich gefeuert würde. Danil hatte alle Mitarbeiter gebeten, es mir gegenüber geheim zu halten, und verriet es mir erst jetzt, am Tag, bevor ich Russland verließ. Folgendes erzählte er mir: ›Irgendein Idiot von General kam hier mit mehreren Offiziersgestalten an und meinte, wir könnten hier nicht jemanden wie dich als Vizechef des nationalen Versicherungsflaggschiffs dulden. Ich hab diesem Schwachkopf gesagt, du seist ein überaus angesehener Manager; sowohl in der Geschäftsleitung als auch in der übrigen Belegschaft würdest du höchsten Respekt genießen. Würde ich dich jetzt feuern, dann wäre ich gezwungen zu erklären, dass ich das auf Anweisung der Sicherheitsdienste getan hätte. Wenn er mir also nicht den förmlichen Befehl erteile, dich zu feuern, dürften er und seine Handlanger jetzt gern mein Büro verlassen, ich hätte hier nämlich ein Versicherungsunternehmen zu leiten. Die Besprechung war in fünf Minuten vorbei.‹ Gott segne Danil, aber das war im Jahr 2012, damals standen die Dinge noch nicht so übel wie heute. Ich bin sicher, dass sein

Weggang und die Renationalisierung von Rosgo auch damit zusammenhing, dass er mich damals verteidigt hat.«

Borissowitsch sorgte dafür, dass seine Frau und die Kinder sich außerhalb von Russland in Sicherheit befanden, bevor er selbst das Land verließ. Er hatte Nawalny Anfang September 2012 angerufen, um seinen Abschied anzukündigen. »Er nahm es nicht sehr günstig auf, machte mir aber keinerlei Vorwürfe. Ich merkte trotzdem an seiner Stimme, dass ihm das nicht gefiel, was er da hörte. Ich musste ihn an die Vereinbarung erinnern, die wir bei unserem ersten Zusammentreffen geschlossen hatten. Ich wollte mich nicht in der russischen Politik engagieren. Dadurch, dass meine Unterstützung und Beraterfunktion öffentlich geworden waren, erklärte ich, war ich nun unfreiwillig doch in die Politik hineingezogen worden, mit all den negativen Folgen, die politische Opposition in Russland inzwischen mit sich brachte.

›Also, du hast deine Entscheidung getroffen. Es ist bedauerlich‹, sagte er mit kalter Stimme. Ich wollte nicht, dass es so endete, und bat um ein Treffen vor meiner Abreise.«

Sie trafen sich Ende September in einem kleinen asiatischen Restaurant, gleich um die Ecke vom Stiftungsbüro. »Wir saßen in der Nähe des Eingangs vor der Fensterfront und beobachteten den Mittagsverkehr. Er bestellte ein Reisgericht, ich entschied mich für Nudeln. Zu meiner großen Überraschung klang Nawalny an diesem Tag wie ausgewechselt, verglichen mit seiner kalten Stimme am Telefon. Er war sehr aufgekratzt und optimistisch, machte Witze über meine Rückkehr ins ›neblige Albion‹, als hätte er vollstes Verständnis dafür. Wir überlegten, wie ich seiner Sache von London aus nützlich sein könne. Nawalny meinte, ich solle versuchen, das Problem der Offshore-Vermögen zu durchleuchten, aber als ich versprach, mich darum zu kümmern, sah ich in seinen Augen den Blick, mit dem die Leute

Don Quijote angesehen haben müssen, wenn er sich für seinen Kampf gegen die Windmühlen rüstete.

Ich konnte nicht verhehlen, wie überrascht ich über Nawalnys völlig veränderte Reaktion auf meinen Weggang aus Russland war. Ich sprach ihn, wie üblich, direkt darauf an: Was hat sich geändert seit unserem Telefongespräch? Nawalny hatte, ebenfalls wie üblich, keine Scheu, seinen Fehler einzugestehen. ›Tut mir leid, Mann, ich war einfach schlecht drauf. Viele negative Nachrichten an dem Tag. Und dann dein Anruf. Hab einfach die Beherrschung verloren.‹ Ich erwiderte, nein, er sei im Gegenteil sehr ruhig und höflich gewesen. ›Na ja, aber du hast meine Ablehnung gespürt, so habe ich mich in dem Moment eben gefühlt, und dafür entschuldige ich mich.‹ Und was hat sich inzwischen geändert?, fragte ich noch einmal, und da schilderte er mir, welche weitere Entwicklung er voraussah: ›Pass auf, die versuchen immer wieder, mich als Marionette des Auslands hinzustellen. Das haben sie schon so oft getan und werden es auch weiterhin tun. Du bist das schwächste Glied - du warst die meiste Zeit außerhalb von Russland, du hast im Ausland gearbeitet und gelebt, du hast Immobilien, Bankkonten und ich weiß nicht was im Westen, du bist immer nur vorübergehend hier, wie du selbst gesagt hast. Also, was soll sie daran hindern, dich als ausländischen Spion vorzuführen? Es braucht nur ein bisschen simples Hacken, und schon haben sie Dokumente in der Hand, und dann läuft die Sache, NTW oder sogar Rossija 1 werden sich darauf stürzen, das lässt Kisseljow sich nicht entgehen. [Dmitri Kisseljow ist einer der Starpropagandisten des Staatssenders; wenn Putin der Napoleon aus Orwells *Farm der Tiere* ist, dann ist Kisseljow sein Schwatzwutz, Anm. d. Ü.] Das wird ein Fest für sie: Hier, das ist sein britischer Pass, das sind seine ausländischen Bankkonten, dies ist das Haus, das er in London besitzt, und hier die Geburtsurkunden seiner Kinder, egal, je nachdem welche

Dokumente sie finden. Hurra, wir haben einen britischen Spion in Nawalnys Organisation enttarnt! Roman ist der Puppenspieler, das perfekte Bindeglied zwischen der Stiftung für Korruptionsbekämpfung und dem MI6. Wir haben schon immer gedacht, dass Nawalny ein ausländischer Agent ist, und hier ist der Beweis. Vielleicht verleihen sie sogar irgendeinem SWR-General einen Orden dafür, dass er die MI6-Verschwörung im Herzen Russlands aufgedeckt hat. Sende das im Fernsehen, und 90 Prozent der russischen Bevölkerung kaufen dir die Story ab!‹

Ich freute mich wirklich sehr über Nawalnys Sinneswandel, aber im Stillen glaubte ich nicht an seine Prophezeiung. Mir schien das keinen Sinn zu ergeben. Warum um alles in der Welt sollte ein britischer Spion das Leben gewöhnlicher russischer Bürger besser machen wollen?

Es war gespenstisch still in dem Restaurant, und plötzlich, während wir noch aßen, erhob sich ein Mann von einem Tisch in einer entfernteren Ecke und näherte sich uns. Er setzte sich an einen Tisch direkt neben unserem, bestellte einen Kaffee, zog eine Packung Zigaretten hervor, zündete sich eine an und platzierte die Packung dann auf die uns zugewandte Kante des Tisches. Während er auf seine Bestellung wartete, begann er in seinem Handy zu lesen.

›Ah, der gehört zu mir‹, scherzte Nawalny gut hörbar. Der Typ war sein Beschatter, der ihm von seinem Büro aus bis zum Restaurant gefolgt und einige Zeit nach ihm eingetreten war. Ich hatte nicht bemerkt, wie der Mann hereingekommen und dann außerhalb meines Blickfeldes in seiner Ecke verschwunden war. ›Keine Sorge‹, sagte Nawalny mit gleichbleibend lauter Stimme, ›der bleibt hier nicht lange sitzen. Er ist nur näher gekommen, um ein paar Fotos von dir zu machen, weil er nicht weiß, wer du bist. Du bist keiner meiner täglichen Kontakte, von denen er inzwischen die Gesichter kennt. Also muss er einen neuen Kontakt melden, und dafür muss er dich fotografieren.‹ Der Typ konnte alles hören, was Nawalny sagte, zeigte aber keinerlei Reaktion. Er trank seinen Kaffee aus, stand auf und ging zurück zu seinem ursprünglichen Platz. Die Zigarettenpackung blieb auf dem Tisch liegen; ich machte Nawalny mit einem Blick darauf aufmerksam. Er rief den Kellner herbei und bat ihn, die Packung dem zerstreuten Spion hinten in der Ecke zurückzubringen. ›Wahrscheinlich ein kleines Aufnahmegerät oder Mikrofon‹, sagte Nawalny, während die Zigarettenschachtel entfernt wurde. Der Typ belästigte uns nicht weiter. Nawalny erklärte, er bedaure, dass ich Russland verlassen müsse, aber aus seiner Sicht sei das besser für mich und meine Familie und auch besser für ihn selbst. Beim Abschied gab er mir die Warnung mit, dass wahrscheinlich ein Beschatter draußen auf mich warten würde, und womöglich würde mir sogar ein Auto folgen. Als er, seinen Beschatter im Schlepptau, sich entfernte, bemerkte ich, dass ein schwarzer Audi mit dunklen Fenstern in der Nähe angehalten und die Warnblinker eingeschaltet hatte. Man konnte ihn gar nicht übersehen, da er sofort ein Hindernis im dichten Moskauer Verkehr darstellte und von anderen Fahrern wütend angehupt wurde. Die Verkehrssituation brachte mich auf eine Idee. Ich rief meinen Fahrer an und bat ihn, mich in der dem Audi entgegengesetzten Fahrtrichtung abzuholen und mich kurz vor seinem Eintreffen zu benachrichtigen. Ich zahlte die Rechnung, und bald darauf rief mein Fahrer an. Ich verließ schnellen Schrittes das Restaurant, wobei ich einen Mann bemerkte, der mir auf dem Gehweg folgte. Hinter dem schwarzen Audi trat ich auf die Straße und eilte auf die andere Seite, indem ich mich zwischen dem kriechenden Verkehr hindurchwand. Mein Wagen kam gerade herangefahren, ich stieg schnell ein und musste lachen, als der Fahrer des schwarzen Audi hektisch versuchte, über alle Spuren hinweg zu wenden. Bei der ersten Gelegenheit bogen wir von der Novospassky ab und hatten bald die Gegend um das Taganka-Gefängnis weit hinter uns gelassen, ganz ohne Observation.«

Borissowitsch verließ Moskau Ende September 2012; er fuhr allein mit seinem Mercedes-SUV der G-Klasse zur russisch-estnischen Grenze. Die russischen Grenzwächter erwarteten ihn schon: »Sie unterzogen mich der gründlichsten Durchsuchung, die man sich nur vorstellen kann; jede einzelne Naht in der Kinderkleidung wurde abgetastet, alle Musik-CDs auf extremistisches Material geprüft, und der Wagen wurde sogar durchleuchtet. Die Sicherheitsdienste haben ernsthaft nach Spionagekram gesucht, sie haben sogar einen Kieselstein zertrümmert, den sie in einer Jackentasche meines dreijährigen Sohnes fanden, um zu sehen, ob irgendwas darin versteckt war. Während der Durchleuchtung meines Geländewagens zeigte mir der Mann, der das Gerät bediente, voller Stolz die Waffen und die Elektronik, die er in anderen Fahrzeugen entdeckt hatte, anscheinend um meine Reaktion zu testen. Rückblickend muss man sagen, dass Nawalny von Anfang an völlig richtiggelegen hat. Ich glaube, ich bin gerade noch rechtzeitig aus Russland rausgekommen.«

Nach achtstündiger Durchsuchung ließen sie Borissowitsch gehen. Er verließ Russland, für immer.

Kapitel sechs

Der Mann, der einen Wald gestohlen hat

Eine der auffälligsten Eigenschaften Wladimir Putins ist sein ausgeprägtes Bedürfnis nach Legitimität.

In Putins Abschlussarbeit an der Staatlichen Universität von Leningrad, an der er bis 1975 Jura studierte, ging es um »Das Meistbegünstigungsprinzip im Internationalen Recht«. Als ich ihn 2014 traf und zum Abschuss der MH17 durch Russland befragte, war seine Antwort lang, langweilig und voller juristischer Spitzfindigkeiten. Meine Arbeitshypothese: Putin ist ein psychopathischer Serienmörder, der seine Blutrünstigkeit gern als rechtliche Notwendigkeit tarnt. Genau wie Josef Stalin, dem es am liebsten war, wenn seine Feinde in einem Schauprozess verurteilt wurden, bevor sie als »Gesetzlose« - was so viel bedeutete wie »zum Abschuss Freigegebene« - ins Gefängnis geworfen wurden.

Stalin hatte eine Ausbildung zum orthodoxen Priester durchlaufen, verschlang Bücher - er las bis zu 500 Seiten am Tag - und besaß eine Bibliothek mit 20 000 Bänden. In seinem Buch *Stalin's Library* berichtet Geoffrey Roberts, Stalin habe gern Notizen an den Rand geschrieben, wobei er die Autoren offenbar häufig für grammatische oder ideologische Fehler kritisierte. Wenn ihm etwas gefiel, schrieb er »ja, ja«, »stimmt«, »gut«, »auf den Punkt« oder »korrekt«. Missfiel ihm etwas, kritzelte er »haha«, »Blödsinn«, »Unsinn«, »Quatsch«, »Mistkerl«, »Lump« oder »So ein Scheiß«. (Ich fürchte, Stalin und ich sind uns ähnlicher, als mir lieb ist.)

Putins großer früher Mentor war Leonid »der Sportler« Uswjatow, ein Kampfsportler, Vergewaltiger und Berufsverbrecher, auf dessen Grabstein steht: »Ich bin tot, doch die Mafia ist unsterblich.« Lange bevor Putin zum Spion wurde, hatte er enge Verbindungen zu diesem Gangster - der ihn mithilfe eines Sportstipendiums an die Leningrader Universität brachte und ihm so sein Jurastudium ermöglichte.

Ich vermute übrigens, Putins Diplomarbeit ist abgeschrieben. Jahre später, 1996, erhielt er einen Doktor für seine Dissertation über »Die strategische Planung regionaler Ressourcen bei der Bildung von Marktbeziehungen«, die definitiv ein Plagiat war. Clifford Gaddy von der Brookings Institution hat Putins Arbeit analysiert und kommt zu dem Schluss, dass große Teile davon aus dem Buch *Strategic Planning and Policy* von William King und David Cleland stammen: »Ich schätze, dass mehr als sechzehn Seiten Text wortwörtlich von King und Cleland übernommen wurden. Außerdem wurden mindestens sechs Diagramme und Tabellen direkt oder in leicht veränderter Form aus diesem Werk kopiert, ohne jeglichen Verweis.«

Putin ist ein Dieb. Er stiehlt Worte, Geld, Wählerstimmen. Punkt. Aber genau wie Stalin ist er ein Dieb, der seine Taten gern anderen in die Schuhe schiebt. Er ist der Zar der Ablenkung. Bei einem Gegner wie Nawalny, loyal, ehrlich und wachsam, war es nur eine Frage der Zeit, bis der verbrecherische Arm des russischen Staates ihm etwas anhängen würde. Und so geschah es auch.

Gleichzeitig wollte Putin der demokratischen Welt weismachen, dass Nawalny gar nicht so beliebt sei. Also inszenierte er 2013 eine Bürgermeisterwahl in Moskau, bei der Nawalny antreten durfte. Dabei gerieten die zwei Kräfte hinter Putins eigenartiger psychopathischer Paranoia - zum einen seine Sehnsucht nach Legitimität und zum anderen seine Vorliebe, dafür zu sorgen, dass seine Feinde juristische Probleme bekommen - in Konflikt. Das Ergebnis war skurril. Nawalny konnte die Bürgermeisterwahl nicht verlieren, solange er hinter Gittern saß; aber solange er hinter Gittern saß, war es nicht weit her mit Putins Legitimität als politischer Akteur, der nichts von Nawalny zu befürchten hatte. Die Einzelheiten sind furchtbar kompliziert, aber auch absurd, eine russische Variante von Dario Fos *Zufälliger Tod eines Anarchisten*. Schaut man sich diese Episode näher an, werden Wladimir Putins Verachtung für den Rechtsstaat und seine Aushöhlung desselben überdeutlich.

Betrachten wir zuerst Nawalnys Verleumdung und dann den Hokuspokus rund um die Bürgermeisterwahl, wenngleich beides eng miteinander verknüpft ist.

Nawalny hatte sich immer gut mit dem liberalen Politiker Nikita Belych verstanden, der 2006 an der ersten DA!-Live-Debatte teilgenommen hatte. Zwei Jahre später, auf dem Höhepunkt des politischen Tauwetters unter Medwedew, wurde Belych zum Gouverneur des ungefähr 900 Kilometer Luftlinie von Moskau entfernt gelegenen Oblast Kirow ernannt. Er holte sich Nawalny als Berater dazu, um in der durch lokale Behörden kontrollierten Wirtschaft der Region aufzuräumen und für Aufschwung zu sorgen.

Nawalny verbiss sich in einen Holzbetrieb der Regionalregierung. Er hatte den Verdacht, dass dort zu viele Wälder abgeholzt wurden, die nicht in den Büchern auftauchten. Zumindest verlor der Betrieb ohne ersichtlichen Grund Geld. Dessen Leiter hieß Wjatscheslaw Opalew. Nawalny ersann einen Plan, um Kirowles transparenter und profitabler zu machen: Er brachte das von seinem Freund Pjotr Ofizerow geleitete Handelsunternehmen VLK ins Spiel. Kirowles sollte die Bäume fällen und VLK ihm das Holz für eine ordentliche Beteiligung abnehmen und auf dem freien Markt weiterverkaufen. Das eigentliche Ziel dahinter war zu verhindern, dass Kirowles weiterhin schwarz Holz vertickte. Von April 2009 verkaufte Kirowles VLK über einen Zeitraum von sechs Monaten Holz im Wert von 16 Millionen Rubel (damals etwa 400 000 Euro). Im September desselben Jahres feuerte Gouverneur Belych den Leiter von Kirowles, Opalew, der sich daraufhin beschwerte, Nawalny und Ofizerow hätten ihn übers Ohr gehauen, und behauptete, sie hätten ihn zu einem Verlustgeschäft gedrängt. Die Ermittlungsbehörde des Oblast Kirow prüfte Opalews Beschwerde, entschied aber im Januar 2011, dass sie substanzlos war - sie konnten keine Straftat erkennen.

Nawalny schien entlastet zu sein. Oder doch nicht? Im Februar 2011 meinten Bundesbeamte aus dem Moskauer Zentralbüro der nationalen Ermittlungsbehörde, es habe »möglicherweise Ausübung von Druck« von regionalen Akteuren gegeben. Neue Ermittler befassten sich mit Opalews Beschwerde. Im März 2011 kamen auch diese zu dem Ergebnis, dass es kein Verbrechen gab. Wieder schien Nawalny entlastet. Oder doch nicht? Im Mai desselben Jahres bezichtigten Beamte der Ermittlungsbehörde selbst Nawalny und Ofizerow in Bezug auf Kirowles und Opalew des Betrugs und/oder der Untreue. Elf Monate später gaben sie zu, dass die ganze Sache ein Blindgänger war und keinerlei Hinweise auf ein Verbrechen existierten. Ende Mai 2012 schrieb Nawalny in seinem Blog: »Es ist alles in Ordnung.«

Oder doch nicht?

Putins früherer Klassenkamerad und treuer Kompagnon Alexander Bastrykin, Leiter des staatlichen Ermittlungskomitees, hob das vorherige Urteil, dass kein Hauptverfahren eingeleitet würde, auf, und kritisierte seine Lakaien scharf: »Ihr hattet eine Strafakte über diesen Mann und habt sie stillschweigend geschlossen. Ich warne euch, es wird keine Gnade, keine Vergebung geben, wenn so etwas noch einmal passiert.«

Diesmal wollte man Nawalny, den großen Feind derjenigen, die in die eigene Tasche wirtschaften, selbst wegen Unterschlagung drankriegen - ein schwererer Vorwurf als der ursprüngliche. Um die Ironie perfekt zu machen, möchte ich daran erinnern, dass das Logo von Nawalnys Website RosPil den russischen Doppeladler mit zwei Sägen zeigt - und dass »Säge« russischer Slang für Veruntreuung ist.

Wie es bei Gerichtsverfahren so ist, in denen von eigenen Vergehen abgelenkt werden soll, zogen Wladimir Putins Erfüllungsgehilfen ein Riesending auf. Im Falle einer Verurteilung - und in Russland enden 99 Prozent aller Gerichtsverfahren mit einem Schuldspruch - drohten Nawalny zehn Jahre Haft und das Verbot, für ein politisches Amt zu kandidieren.

Ein Wort zu dem Gesetzeshüter-Bösewicht im Hintergrund. Alexander Bastrykin ist einer der obersten Strafverfolger Russlands, seine Position entspricht ungefähr der des FBI-Chefs. Was er tut, passt jedoch eher in die schlechte alte Zeit des FBI, als J. Edgar Hoover Deals mit der Mafia machte und seinen Agenten befahl, Politiker ins Visier zu nehmen, die sein kriminelles Zartgefühl verletzten. Bastrykin hat außerdem selbst zugegeben, verantwortlich für Entführungen und Fälschungen zu sein.

Die Fakten über Bastrykin, den Fälscher, sind genau belegt, geradezu peinlich genau. Sein 2004 erschienenes Buch *Handzeichen: Daktyloskopie* über die Wissenschaft der Fingerabdrücke war ein Meisterwerk des Copy-and-Paste. Als Vorlage diente vor allem ein kriminaltechnisches Werk des deutschen Autors Jürgen Thorwald: *Das Jahrhundert der Detektive*.

Beispielsweise schrieb Bastrykin: »Henry had only 28 magistrates and several inspectors under his command. The back streets of Paris were a real paradise for numerous robbers and thieves. And only in 1810, when a wave of crimes was ready to flood Parpige, the hour of birth of the Sûreté Nationale struck.

In the same year, the fate of its founder Eugène François Vidocq was decided.«

In Thorwalds Original heißt es: »Henry had under his command only 28 justices of the peace and several inspectors. The back streets of Paris were a real paradise for numerous robbers and thieves. And only in 1810, when a wave of crimes was ready to flood Parpige, the hour of birth of the Sûreté Nationale struck, and the fate of its founder Eugène François Vidocq was decided.« Die beiden Passagen sind praktisch identisch. Bastrykin kopierte darüber hinaus aber auch große Teile aus Anthony Summers' *The Secret Life of J. Edgar Hoover*, um seinen eigenen Ramsch aufzuwerten.

Die großartige Masha Gessen schrieb im *New Yorker*, Bastrykin sei ruhig geblieben, als er bei einem Vortrag an der Sorbonne im November 2013 durch Zwischenrufe zu den Folterpraktiken der russischen Ermittlungsbehörde gestört wurde, habe aber die Beherrschung verloren, als man ihn persönlich des Plagiats beschuldigte. Verehrte Leserinnen und Leser, ich hoffe, mittlerweile ist das sich durchziehende Motiv deutlich geworden, dass sowohl Putin als auch sein Möchtegern-Sherlock-Holmes anderen Menschen die Worte stehlen.

Im Juni 2012 unternahm Bastrykin einen miesen Versuch, einen Spürhund der *Nowaja Gaseta*, den Journalisten Sergej Sokolow, einzuschüchtern. Sieben Mitarbeitende der Zeitung waren bereits ermordet worden. Dieser Reporter nun hatte die absolut unzureichende Reaktion der Behörden auf ein furchtbares Massaker in dem Ort Kuschtschowskaja im Süden Russlands untersucht, bei dem der Einiges-Russland-Politiker und Verbrecher Sergej Zapok und seine Gefolgsleute einen Bauern und elf seiner Familienmitglieder ermordet hatten, darunter drei Kinder und ein Baby. Sie schlitzten Kehlen auf, erwürgten einige ihrer Opfer und überließen die Leichen dann dem Feuer. Das Massaker war der Höhepunkt einer Terrorherrschaft, in der Zapoks Bande nach Belieben mordete und vergewaltigte, geschützt durch die lokale Polizei und hohe Tiere in Moskau - mehr dazu später. Einer der Angeklagten bekam acht Monate dafür, dass er Beweise für das Massaker unterschlagen hatte, und musste ein Bußgeld von lächerlichen 150 000 Rubel bezahlen. Sokolows Artikel über den Fall, der zwei Jahre später erschien, hatte die Überschrift: »Etwa zehntausend Rubel ist derzeit der Kurs für ein Menschenleben.« Bastrykin forderte den Reporter auf, ihn auf einer Reise zur Untersuchung des Sachverhalts nach Südrussland zu begleiten, wo er bei einem öffentlichen Termin eine Entschuldigung von ihm verlangte. Sokolow entschuldigte sich für den Tonfall des Artikels, stellte dann aber einige zugespitzte Fragen, die Bastrykin nicht zufriedenstellend beantworten konnte. Wütend befahl Bastrykin Sokolow, das - wohlgemerkt öffentliche - Treffen zu verlassen. Schlimmer noch, bei der Rückkehr nach Moskau wurde Sokolow von Bastrykins Leibwächtern praktisch gekidnappt und in einen Wald gebracht, wo der Leiter des russischen FBI-Pendants dem Reporter drohte, ihn zu erschießen, und ergänzte: »Ach, und die Mordermittlungen in diesem Fall? Die werde ich selbst führen.« Sokolow konnte fliehen.

Das war 2012; damals galt in Russland zumindest nach außen hin noch das Rechtsstaatsprinzip. Nachdem Sokolows Chefredakteur bei der *Nowaja Gaseta*, Dmitri Muratow, einen offenen Brief geschrieben hatte, in dem er die Geschehnisse anprangerte, entschuldigten sich Bastrykin, Muratow und Sokolow gegenseitig beieinander. In Wahrheit hatten weder Muratow noch Sokolow etwas falsch gemacht. Ihre Entschuldigungen deuten jedoch darauf hin, welche aus ihrer Sicht notwendigen, ja, lebensnotwendigen Kompromisse die Leitung und die Mitarbeitenden der *Nowaja Gaseta* mit dem Kreml eingehen mussten.

Was Nawalny so außergewöhnlich macht, ist nicht nur die Wucht, sondern auch die Klarheit, mit der er Verbrecher in Uniform wie Bastrykin anprangert. Andere schlagen einen großen Bogen um den russischen J. Edgar Hoover. Im Juni 2012 veröffentliche Nawalny einen Blogpost unter dem Titel »Bastrykin im Wald mit einer Knarre«, in dem er auf die Entführung und Todesdrohung gegen Sokolow anspielte, aber auch den haltlosen Rachefeldzug gegen Nawalny selbst erwähnte. Er spielte das diplomatische Spielchen nicht mit: »Warum hat Bastrykin ein derartiges Theater in der Öffentlichkeit veranstaltet? ... Er ist bloß ein Affe, dem man versehentlich eine Waffe in die Hand gedrückt hat.«

Noch nicht ganz zufrieden mit dieser Aussage, machte Nawalny den Chef der russischen Ermittlungsbehörde in seinem Blog fertig, als er mit seinem Team aufdeckte, dass dieser heimlich Anwesen in Tschechien besaß und darüber hinaus auch eine Aufenthaltserlaubnis. Am nächsten Tag schlug Nawalny wieder zu, in einem Blogartikel mit der Überschrift »Der tschechische Spion«. Nawalnys Einstieg ist der Hammer: »Nun, die Kampagne zur Enttarnung Bastrykins als ausländischem Agenten schreitet rascher voran als erwartet.«

Nawalnys Leserschaft wird aufgefallen sein, dass er mit den Bezeichnungen »ausländischer Agent« und »Spion« für Bastrykin absichtlich die Sprache nachahmt, die von kremlhörigen Medien gegen ihn selbst verwendet wurde.

Das Problem für Nawalny war: Einem von Putins Getreuen ans Bein zu pinkeln, kam einem Kapitalverbrechen gleich. Bei einer Verurteilung wegen Untreue würde Nawalny für lange Zeit hinter Gittern landen.

Doch dann kam die überraschende Wendung.

Die Gewissheit, dass Nawalny als »Der Mann, der einen Wald gestohlen hat«, verurteilt werden würde, geriet ins Wanken durch

Putins anderen Drang: sein Bedürfnis nach Legitimität. War Nawalny ein verurteilter Dieb, konnte er sich nicht als Bürgermeisterkandidat für Moskau aufstellen lassen. War er kein Kandidat, konnte er nicht verlieren. Konnte er nicht verlieren, könnte es so aussehen, als wäre Putin doch kein allseits beliebter Politiker. Also wurde Nawalny Schrödingers Bürgermeisterkandidat: wie die Katze in der Kiste politisch zugleich tot und lebendig.

Kapitel sieben

Schrödingers Bürgermeister

Sergej Sobjanin ist ein puddingweicher Getreuer Putins. Seit 2010 ist er Bürgermeister von Moskau und hat beachtliche akademische Verdienste vorzuweisen. Den letzten Punkt habe ich erfunden. Zwar schrieb er für seinen Hochschulabschluss eine Arbeit mit dem Titel »Der Staatsbürger der Russischen Föderation in der ökonomischen und sozialen Entwicklung des Staates. Die Kompetenz von Regierungsbehörden und Methoden ihrer Implementierung«, doch ganze Stücke daraus waren einer russischen Anti-Plagiats-Website zufolge einfach abgeschrieben: etwa die Seiten 32 bis 35, 90 und 91, 105, 149 bis 153, 161 bis 165, 168 bis 183, 185 bis 194 usw. Ich denke, man versteht schon, worauf ich hinauswill.

Als Präsident Medwedew den vorherigen Moskauer Bürgermeister Juri Luschkow 2010 entließ, ernannte er Sobjanin für eine fünfjährige Amtszeit, sodass der Mann eigentlich bis 2015 ausgesorgt hatte. Doch die Macht der Straße hatte den Mächtigen zu Weihnachten 2012 solche Angst eingejagt, dass Medwedew darüber zu sprechen begann, ernannte Amtsträger müssten gewählt werden. Am Valentinstag 2013 gab der »ehrenwerte« Sobjanin ein Interview, in dem er behauptete, die Moskauer wünschten keine vorgezogene Wahl. Es würde eine Wahl geben, allerdings erst 2015, und das war ihm nur recht: »Ich spüre kein derartiges Verlangen bei den Moskauern. Laut den uns vorliegenden Umfragen wünschen 70 bis 80 Prozent der Moskauer keine vorgezogenen Wahlen. Sie glauben, sie sollten arbeiten und sich nicht politisch engagieren.«

Erinnern wir uns jedoch daran, dass in Wladimir Putins System nicht die Unterbosse das letzte Wort haben. Das ist dem Paten allein vorbehalten. Die Würfel fielen, als Nawalny im April 2013 bei *TV Rain* sagte: »Ich will Präsident werden. Ich will das Leben im Land verändern. Ich will das Regierungssystem des Landes ändern.« Und er fügte noch hinzu, dass in Anbetracht der russischen Bodenschätze Öl und Gas die 140 Millionen Bürger mindestens in solchem Wohlstand leben sollten wie die im benachbarten Estland.

Der kleine Mann im Kreml dürfte von Nawalnys Ziel erfahren und so gar keinen Gefallen daran gefunden haben. Putin geht nicht selbst ins Internet, aber er erhält eine Zusammenfassung der Schlagzeilen aus aller Welt und dürfte mitbekommen haben, dass viele im Westen seine Wahl im März eher als Witz betrachteten. Außerdem hatte man seit dem Zusammenbruch der Sowjetunion noch nie so viele Menschen auf den Straßen Moskaus gegen die Regierung demonstrieren sehen. Dass die Leute »Putin ist ein Dieb« schrien, war nicht gut. Doch der Kreml kalkulierte und stellte fest, dass Nawalny, dem jegliche faire Berichterstattung durch die einseitigen Medien verwehrt war, aufgrund der ständig fortlaufenden Negativberichte im Fall Kirowles durchaus einen gewissen Schaden davongetragen hatte. Insofern war es Zeit für eine Show-Wahl im Sandkasten des Bürgermeisteramts, um Moskau und der ganzen Welt zu beweisen, dass Nawalny nur ein Maulheld war.

Am 4. Juni 2013, an Nawalnys 37. Geburtstag, änderte der Unterboss Sobjanin seine Story: Er verspüre eine breite öffentliche Bewegung für eine Bürgermeisterwahl. Und so erklärte er, es werde eine Wahl in Moskau geben. Nawalny postete in seinem Blog ein hübsches Foto von sich, Julija und den Kindern und stürzte sich dann, mit harten Bandagen, auf den »ehrenwerten« Wendehals: »Ich habe eine weitere Episode der widerwärtigen und hinterlistigen Clownerie gesehen. Diesmal unter dem Titel ›die Öffentlichkeit hat den Moskauer Bürgermeister, Sergej Sobjanin, gebeten, vorzeitige Wahlen auszurufen, also hat Herr Sobjanin der Stimme des Volkes Gehör geschenkt‹. Erst vor ein paar Monaten verkündete Herr Sobjanin auf seine übliche hochtrabende Art, dass eine vorgezogene Bürgermeisterwahl ›unvernünftig‹ sei und ›die Moskauer sie nicht wollen‹. Aber offenbar will das Volk sie jetzt GANZ PLÖTZLICH.«

Nawalny fuhr fort mit der Prophezeiung, dass die Bösen ihre gerechte Strafe bekämen und »ihre hässlichen schwarzen Festungen (mit Lagerräumen für Pelzmäntel) fallen werden«.

So kam es dann nicht.

Immerhin lieferte Nawalny Putins Einfaltspinsel von einem Bürgermeister einen harten Wahlkampf. Der Slogan von Nawalnys Kampagne war angriffslustig und stilecht: »Russland verändern, mit Moskau beginnen.«

Vorher musste er allerdings durch eine Reihe von Reifen springen, die man sich ausgedacht hatte, um einem wie ihm genau das unmöglich zu machen. Um ein offizieller Kandidat zu werden, musste er entweder 70 000 Unterschriften von Moskauer Bürgern sammeln oder von einer registrierten Partei nominiert werden und dann 110 Unterschriften von Moskauer Bezirksräten aus 110 verschiedenen Bezirken, also ungefähr drei Viertel der insgesamt 146 Moskauer Bezirke vorlegen. Das ist autoritärer Unfug, um die Demokratie zu unterdrücken.

Nur Bürgermeister Sobjanin und der kommunistische Kandidat Iwan Melnikow bekamen die 70 000 Unterschriften zusammen. Um die erforderlichen 110 Unterschriften von Moskauer Bezirksräten zu bekommen, musste Nawalny zunächst von zwei Parteien unterstützt werden: von der RPR-PARNAS, die sein Freund Boris Nemzow führte, und von Einiges Russland. Um Macht zu erlangen, war er sich nicht zu schade, als Bittsteller zum Feind zu gehen.

Während er für das Amt des Bürgermeisters kandidierte, spannte man ihn im Rahmen des Kirowles-Prozesses immer wieder auf die Folterbank der Verwaltungsjustiz, und zwar für das vom Kreml erfundene Verbrechen des Walddiebstahls. Am 5. Juli hielt Staatsanwalt Sergej Bogdanow sein unsinniges Schlussplädoyer und forderte sechs Jahre für Nawalny und fünf für seinen Mitangeklagten Pjotr Ofizerow. Wie so oft ließ das Gericht die fragwürdigen und häufig sich selbst belastenden Zeugen der Anklage zu, während es sich weigerte, wichtige Zeugen der Verteidigung zu hören. Die Anklage von Kirowles ruhte nicht auf Holzbalken, sondern auf Streichhölzern. Nawalny hielt auf der Anklagebank eine wahrhaft noble Rede, die von der *New York Times* wiedergegeben wurde und auf YouTube zu sehen ist. (Auch hier habe ich an einigen Stellen der Übersetzung herumgebastelt, weil die wörtliche Wiedergabe in meinen Journalistenohren ein wenig blechern klingt.)

Es ist Hochsommer und heiß in dem nicht klimatisierten Gerichtssaal. Richter Sergej Blinow ist genauso alt wie Nawalny, sieht in schwarzer Robe, Hemd und Krawatte aber aus wie ein verkleideter Junge. Nervös und wachsam, wie er ist, gibt Blinow eine ziemlich gute Version des Gefreiten Frank Pike aus der Sitcom *Dad's Army* ab. In einer legendären Szene sagt Philip Madoc als gefangener Nazi-U-Boot-Kapitän, er führe eine Namensliste für den Fall, dass die Deutschen siegen, woraufhin Kapitän Mainwaring schreit: »Sagen Sie es ihm nicht, Pike!«

Richter, Staatsanwalt und Schlägertrupps sind angespannt; Nawalny, in Jeans und weißem Hemd mit offenem Kragen, wirkt als Einziger im Gerichtssaal kraftvoll. Von der Zuschauertribüne herab beobachten ihn etwa zwanzig Unterstützer, die prominenteste darunter ist Julija Nawalnaja. Er nimmt einen Schluck Wasser und rechnet dann mit dem russischen Faschismus im Justizgewand ab.

»Unser bemerkenswerter Prozess ist wie eine Fernsehserie – und manchmal sieht er aus wie eine Fernsehserie, die einem Prozess ähnelt. Jetzt kommt er zu seinem Ende, und ich versuche nicht, das Gericht zu beleidigen, indem ich den Prozess als Fernsehserie bezeichne, weil er ja wirklich Ähnlichkeit mit einer Fernsehserie hat.«

Das Ziel des Prozesses/der Fernsehserie, sagt Nawalny, sei klar: »Es geht darum, dass verschiedene staatliche Fernsehsender mich in den Nachrichten in dem Kontext erwähnen können, dass dies der Mann ist, der das ganze Holz in der Region Kirow gestohlen hat. Dass dieser Kerl ein Betrüger ist.«

Er entschuldigt sich bei seinem Mitangeklagten Ofizerow und bei dessen Familie, weil sie zufällige Geiseln seien. Er fordert vom Gericht: »Hört auf, diesen Mann und seine Familie zu quälen. Jeder weiß, dass Ofizerow nur aus Versehen hier ist. Die Forderung, ihn für fünf Jahre ins Gefängnis zu stecken, ist absurd. Fünf Jahre? Wie viele Millionen Rubel fehlen? Ein Viertel seiner winzigen Wohnung in Ochakowo wurde verpfändet. Genügt es nicht, einen Vater von fünf Kindern, den einzigen Brotverdiener, ins Gefängnis zu stecken? Wollen Sie auch noch seine fünf Kinder auf die Straße setzen?«

Seine Stimme trieft vor Verachtung, und er überschüttet den Prozess mit Hohn, der »geschaffen aus einer Welt der Fantasie und Märchen« die Wahrheit verschleiern soll, nämlich dass über fünfzehn Jahre hinweg riesige Einnahmen aus Öl und Gas gestohlen wurden, sodass gewöhnlichen Leuten nur noch eines bleibt: »Wodka. Deshalb wird uns allen, den Bürgern dieses Landes, nur eine einzige Sache garantiert, nämlich Erniedrigung und die Möglichkeit, uns zu Tode zu saufen. All diese Leute, die dieses Feudalsystem errichten, nachdem sie Macht an sich gerissen haben, all die KGB-Generäle, die ihre Kinder in den Banken platziert haben, all die Abgeordneten von Einiges Russland, die ihre

Kinder in die Schweiz geschickt und dort Bankkonten eröffnet haben, ganze Siedlungen in Marbella gehören Uni-Russen [sein Slang für Leute in Putins Partei Einiges Russland, engl. United Russia]. Wir werden diese Feudalgesellschaft zerstören, die euch alle, die ihr hier sitzt, ausraubt.«

Wie so oft, wenn man Nawalnys Geschichte erzählt, klingt seine Rede im Grunde genommen wie ein Dialog. Seine Kernbotschaft richtet sich an den anderen, kleineren, größeren Zaren: »Falls jemand [Putin] denkt, nachdem ich die Drohung mit sechs Jahren Gefängnis gehört habe, würde ich ins Ausland fliehen oder mich irgendwo verstecken, dann irrt derjenige. Ich kann nicht vor mir selbst davonlaufen. Ich habe nur das hier, und ich will nichts anderes tun, als meinem Land helfen. Für unsere Landsleute arbeiten.«

Lohnt sich das? All der Kummer, all das Herumsitzen in Gerichtssälen und Untersuchungshaft, dass sein Kumpel ins Gefängnis muss, während den fünf Kindern Hunger droht? Warum sich die Mühe machen, das System zu bekämpfen? Nawalny kommt direkt darauf zu sprechen: »Keiner von uns besitzt ein Recht auf Neutralität. Keiner hat das Recht, sich vor der Arbeit zu drücken, die unsere Welt besser macht. Wir haben dieses Recht nicht. Denn jedes Mal, wenn jemand denkt: ›Warum räume ich meinen Platz nicht?‹, dann hilft er damit nur dieser widerlichen Feudalherrschaft, die wie eine Spinne im Kreml hockt. Er hilft den hundert Familien, die Russland das lebensnotwendige Blut aussaugen. Er hilft ihnen, das russische Volk zu erniedrigen, indem es sich zu Tode säuft, und den gemeinsamen Reichtum des Landes zu rauben.«

Seine Schlussfolgerung ist ein Schlachtruf: »Ich möchte alle auffordern, die wie ich sind, die mit mir gearbeitet haben, die mit mir arbeiten wollen: Habt keine Angst, es zu versuchen. Es gibt noch mehr von uns. Hunderttausende, Millionen von uns. Aber während diese hundert Familien die Macht an sich reißen, geschieht etwas Seltsames: Trägheit und Apathie machen sich breit.

Das hier kann nicht von Dauer sein. 140 Millionen Menschen eines der größten und reichsten Länder der Welt werden von einer Handvoll Bastarde, von Niemanden unterdrückt. Es sind nicht einmal Oligarchen, die ihr Kapital durch Gerissenheit oder Klugheit vermehrt haben. Sie sind ein Haufen nutzloser ehemaliger Komsomol-Aktivisten [Junge Kommunisten], die erst zu Demokraten und dann zu Patrioten wurden und sich alles unter den Nagel gerissen haben. Das ist Unsinn. Und wir werden mit diesem Unsinn aufräumen. Vielen Dank.«

Kein Wort von dieser großartigen Rede war im staatlichen Fernsehen zu hören.

Am 17. Juli setzte Nawalny seine Kandidatur fürs Bürgermeisteramt durch und er wurde als einer der sechs Kandidaten für die Wahl in Moskau registriert. Gleich am nächsten Tag saß er wieder in Kirow, um sein Urteil zu hören. Er bekam fünf Jahre wegen Veruntreuung, sein Freund Ofizerow vier Jahre. Staatsanwalt Sergej Bogdanow forderte, die Haftstrafe sofort zu vollstrecken.

Kurz bevor Nawalny in Ketten in die Strafkolonie verbracht wurde, postete er noch: »Okay. Vermisst mich nicht. Und was am wichtigsten ist - seid nicht faul.«

War das also das Ende von Nawalnys Hoffnungen auf die Wahl zum Bürgermeister? Oder doch nicht?

Er zog sich ganz offiziell aus dem Wahlkampf zurück und rief zum Boykott auf. Unmittelbar nach Bekanntgabe des Urteils strömten Tausende auf die Straßen Moskaus und drängten sich auf der Maneschka, der Freifläche neben dem Roten Platz. Näher kann man an den Kreml nicht herankommen, ohne automatisch verhaftet zu werden. Die versammelte Menge forderte Nawalnys Freilassung.

Bis 2013 war zwar schon eine ganze Reihe von Putin-Kritikern getötet worden, doch der Kreml gab sich stets alle Mühe, die Nebelmaschine anzuwerfen, damit es viele verschiedene Geschichten, widersprüchliche Narrative dazu gab, weshalb jemand ermordet worden war. Der Staat agierte weitaus vorsichtiger, wenn es darum ging, Gefängnisstrafen über politische Gegner zu verhängen, wobei Nawalny und seine Freunde routinemäßig hin und wieder fünfzehn Tage in Haft saßen. Fünf Jahre Knast bedeuteten allerdings einen Sprung in eine andere Größenordnung von Repression.

Der Kreml witterte Ärger und, siehe da, alles kam anders.

Staatsanwalt Bogdanow war schließlich auch nur irgendein Unterboss, und jetzt musste er den Schwanz einziehen. Zwei Tage später trat das Gericht erneut zusammen, um den Staatsanwalt zu hören, der Nawalnys Freilassung gegen Kaution verlangte. Nawalny durfte sich äußern, und prompt biss er die Hand, die ihn fütterte, denn er meinte zu den drei Richtern: »Ich verlange, dass Sie die die Identität von Staatsanwalt Sergej Bogdanow überprüfen. Es ist möglich, dass es sich um einen Doppelgänger handelt. Schließlich war es doch Staatsanwalt Bogdanow, der verlangt hat, dass ich noch im Gerichtssaal verhaftet werde.«

Auf den Stufen des Gerichtsgebäudes wies Nawalny auf den bizarren Unsinn hin, inhaftiert und dann wieder freigelassen zu werden: »So etwas ist noch niemandem passiert.«

Nawalny war Schrödingers Kandidat fürs Bürgermeisteramt.

Das Gericht hatte Nawalny nicht freigesprochen. Die Drohung, ins Gefängnis zu kommen, schwebte auf unabsehbare Zeit wie eine Gewitterwolke über ihm. Ein Verurteilter auf Kaution darf kein öffentliches Amt bekleiden, das bedeutete, selbst wenn er die Bürgermeisterwahlen gewänne, würde man ihm den Rechtsanspruch aberkennen und ihn ins Gefängnis stecken. Doch wie immer war Nawalny kampfbereit: »Selbst wenn wir nur noch ein paar Monate zu kämpfen haben, werden wir kämpfen.«

Und er kämpfte, wie auf einem seiner Flugblätter nachzulesen war: »Er lügt nicht und er stiehlt nicht.« Das Team Nawalny begann über seinen Gegner, Bürgermeister Sobjanin, zu recherchieren, und fand »einen sumpfigen Morast«. Wie so oft konzentrierte sich Nawalny auf die Diskrepanz zwischen dem angegebenen Gehalt eines Beamten und dem riesigen Vermögen, das Sobjanin und seine Angehörigen besaßen. Da gab es eine schicke 308 Quadratmeter große Wohnung in der Moskauer Innenstadt, die offenbar von Olga, der jüngeren Tochter des Bürgermeisters, genutzt wurde. Die *Moscow Times* berichtete: »Nawalny, Sobjanins Hauptkonkurrent im Wahlkampf, hat die Generalstaatsanwaltschaft gebeten zu prüfen, ob die Privatisierung der Wohnung legal war, da deren Preis sechs Mal höher war als Sobjanins geschätztes Einkommen der letzten zehn Jahre. Das Apartment in der Rochdelskaja Ulitsa 12/1 dürfte ungefähr 5,3 Millionen Dollar wert sein, sagte Nawalny und fügte hinzu, seine Schätzungen basierten auf allgemein zugänglichen Quellen ... In seinem Post bei *LiveJournal* sagte Nawalny, dass Sobjanin als Bürgermeisterkandidat transparente Informationen über sein Einkommen und seine Immobilien liefern und erklären müsse, ›wie seine minderjährige Tochter in den Besitz einer riesigen Luxuswohnung in einem Nobelbezirk Moskaus kommt‹.«

Sobjanins Pressesprecher sagte später, die Wohnung sei legal privatisiert worden, alles sei ausreichend geklärt, sodass es hier keine Story und nichts zu sehen gäbe.

Doch es gab noch eine zweite Tochter, Anna Sergejewna Sobjanina, die 2011 eine 116,6 Millionen Rubel oder 3,5 Millionen Dollar teure Wohnung im Herzen von St. Petersburg kaufte. Nawalny wunderte sich: »Wie kann die 25-jährige Tochter eines

Beamten, dessen maximales Einkommen in den letzten zehn Jahren lediglich 27 Millionen Rubel [814 000 Dollar] betragen haben dürfte, am Ende eine Wohnung im Wert von 116 Millionen Rubel [3,5 Millionen Dollar] besitzen?«

Eine Schlussfolgerung wies er entschieden zurück: »Wir weisen mit Empörung den Gedanken zurück, dass diese schicke Wohnung in der Petersburger Innenstadt vom Beamten Sobjanin seiner Tochter zu ihrem 25. Geburtstag geschenkt wurde. Das würde so gar nicht zu einem Beamten passen! Natürlich hat Anna Sergejewna Sobjanina selbst genug verdient, um das alles zu bezahlen.«

Anschließend nahm er ihren beruflichen Werdegang unter die Lupe und fand heraus, dass sie eine der Gründerinnen der Forus Group Ltd. war. Diese Baufirma hatte sich auf die Renovierung historischer Gebäude spezialisiert und Aufträge für das Verwaltungsgebäude in Chanty-Mansijsk, einen Konferenzsaal für den Präsidenten der Russischen Föderation, Arbeitsplätze der Regierungsbehörde für internationale Kommunikation und einen Komplex für einen Ingenieurdienstleister in Chanty-Mansijsk erhalten hatte; das Büro des Direktors des Blocks der Arbeitsstationen für die internationale Kommunikation der Regierung und - Nawalnys Lieblings-Fundstück - die Empfangshalle des Verteidigungsministeriums der Russischen Föderation.

»WAS FÜR EIN FASZINIERENDER ZUFALL«, bloggte Nawalny in Großbuchstaben. Ziemlich unverfroren fügte er dann noch hinzu, dass die Tätigkeitsschwerpunkte des Unternehmens von Anna Sobjanina Moskau, St. Petersburg und Chanty-Mansijsk gewesen waren, wo ihr Vater das Amt des Gouverneurs ausgeübt hatte.

Nawalny stellte seinem Gegner zwei klare Fragen.

»Erstens, Sergej Semjonowitsch: Mit welchen Mitteln und Einkünften hat Ihre Tochter im Alter von 25 Jahren eine Wohnung gekauft, die Ihr Gesamteinkommen von zehn Jahren um das Dreifache übersteigt?

Zweitens: Hängt die Tatsache, dass das Unternehmen Ihrer Tochter an der Lieferung von Luxusmobiliar für Regierungsbehörden beteiligt ist, damit zusammen, dass Sie durch Ihre Tätigkeit im öffentlichen Dienst direkten Einfluss auf die Unterzeichnung dieser Verträge auszuüben imstande waren?«

Er ermutigte seine Anhänger, sich mit diesen Fragen schriftlich an die Staatsanwaltschaft und das Ermittlungskomitee, also quasi das russische FBI, zu wenden. Zu ihrer Unterstützung richtete er eine Website ein, die das alles einfacher machen sollte: »Die werden nicht im Fernsehen darüber sprechen, was bedeutet, dass wir es selbst zur Sprache bringen müssen. Wir können das und sind dazu bereit.«

Die Gegenseite blieb nicht untätig. Und damit meine ich nicht nur den Bürgermeister und seine Unterstützer. Tatsächlich waren diejenigen, die es dem Team Nawalny am schwersten machten, die anderen Gegenkandidaten von Bürgermeister Sobjanin. Auftritt Nikolaj Lewitschew, Abgeordneter der Partei Gerechtes Russland, der ebenfalls für das Amt des Bürgermeisters kandidierte. Willkommen bei der »systemischen Opposition«. Das ist ein ziemlich glanzloser Begriff für naive Scheingegner des Putin'schen Status quo, die dazu da sind, einfachen Russen in der tiefsten Provinz und nützlichen Idioten im Westen vorzugaukeln, Russland sei eine Demokratie, obwohl es das nicht ist. Sie alle geben sich den Anschein einer politischen Partei mit Führung, Mitgliedern, Logos, Kundgebungen, Konferenzen und Versuchen, durch Wahlen Macht zu gewinnen. Doch nichts davon ist real. Angesichts der Korruption von Putin und seinen Schergen sitzen sie wie so viele andere Puddinggestalten schweigend da. Zum Leben erwachen sie erst wieder, wenn ein ernsthafter Gegner des Putin-Systems in Erscheinung tritt. So geschehen, als ein Team von Gerechtes Russland mit einer Flex in der Wohnung einiger Nawalny-Unterstützer auftauchte.

Nawalny bloggte am 14. August 2013: »Die Polizei rückte an und begann die Tür mit einem Winkelschleifer aufzusägen. Ohne einen Durchsuchungsbefehl!!! Fünf Stunden lang sägten sie an der Tür herum und bewiesen dadurch ihre große Professionalität. Nachdem sie die Tür zu der Wohnung aufgeschnitten hatten, in der drei meiner Unterstützer wohnten, fing die Polizei mit einer illegalen Durchsuchung an. Diese wurde von Polizeibeamten und Politikern der Partei Gerechtes Russland durchgeführt.«

Nawalny fügte noch hinzu, dass auch ein Journalist zusammengeschlagen wurde.

Der offizielle Grund des Polizeieinsatzes war, dass es in der Wohnung einige Pro-Nawalny-Flugblätter gäbe, die verleumderisch wären - Vorwürfe, die Nawalny postwendend zurückwies. In seinem Blog schrieb er, die Razzia »ist deren Antwort auf unsere heutigen investigativen Recherchen gegen Sobjanins Tochter, die eine Wohnung für 116 Millionen Rubel [3,5 Millionen Dollar] gekauft hat. Falls Sobjanin darauf gesetzt hat, dass wir nun der unbedeutenden Partei Gerechtes Russland einen Heiligen Krieg erklären - nein, das werden wir nicht tun.«

Um die Sache noch deutlicher zu machen, trug der Blogpost die Überschrift: »Diese Tür wurde von Sobjanins Tochter zersägt«. Darin taggte er einen Tweet seines Stabschefs, Leonid Wolkow: »Lewitschew ist der Täter, Sobjanin der Organisator und Putin der Zahlmeister.« Außerdem schlug er vor, dass die beste Reaktion auf den Einbruch, unrechtmäßigen Zutritt und das Verprügeln von Menschen darin bestünde, online zu gehen und die Staatsanwaltschaft sowie das »FBI« zu fragen, wie es sein kann, dass die Tochter des Bürgermeisters eine so schicke Wohnung hat: »Drucken Sie das aus und hängen Sie es an Ihre Wohnungstür. Zeigen Sie dem Schuft Sobjanin, dass er nicht alle Flugblätter beschlagnahmen kann.«

Nawalny verlor die Wahl laut Auszählung mit 27 Prozent, während Bürgermeister Sobjanin 51 Prozent erhielt. Natürlich war die Wahl manipuliert; natürlich bevorzugten die Briefwähler den amtierenden Bürgermeister; natürlich gingen die Stimmen für Sobjanin in Wahllokalen, wo es keine Beobachter gab, durch die Decke; *natürlich* verlor Nawalny. Aber da er Schrödingers Bürgermeister war, gewann Nawalny zugleich. Er konnte zu Recht einen moralischen Sieg beanspruchen. Und wären die Stimmen bei einer fairen Wahl ehrlich gezählt worden und hätten er und der amtierende Bürgermeister die gleiche Aufmerksamkeit in den Medien bekommen, wäre es wohl auch ein realer Sieg gewesen. Doch so funktioniert Putins Russland nicht.

Es versteht sich von selbst, dass es durchaus ganz unschuldige Erklärungen für das üppige Immobilienportfolio des Bürgermeisters und seiner Töchter geben mochte, doch eine glaubhafte wurde weder damals noch später geliefert. Nawalnys kriminalistische Ermittlungen zu diesem oder jenem Gegner mögen nicht allen zusagen, aber sie geben eine Ahnung von seiner Art. Davon, wie sehr er ein Typ à la Terminator 2 war und warum so viele Leute, die davon profitierten, Teil von Putins System zu sein, sich wünschten, er möge den Mund halten.

Oder sich wünschten, er würde endgültig verstummen.

Kapitel acht
Ist dies ein Wurstbrot, was ich vor mir sehe?

Wladimir Putins Korruptionsmotor ist für den Export gebaut, auch wenn die Spur der Beweise außerhalb Russlands wegen der Nebelmaschine schwer zu verfolgen ist. Doch die Beweislage dafür, dass der russische Dunkelstaat weltweit rechts- und linksextreme Politiker finanziert, angeheizt und unterstützt hatte, ist zwingend. Die Kette von Ursache und Wirkung zu verfolgen, ist quälend schwierig, und alle Beteiligten streiten jegliches Fehlverhalten ab. Nichtsdestoweniger muss man sich sorgen, dass die Männer mit Schnee auf den Stiefeln [ein Bezug auf einen Mythos aus dem Ersten Weltkrieg, als die Geschichte kursierte, in Schottland seien Männer aufgetaucht, am Schnee auf ihren Stiefeln als Russen erkennbar, um die Briten im Kampf gegen die Deutschen zu unterstützen - eine Art säkulare Wundererscheinung, Anm. d. Ü.] in die folgenden Affären verwickelt sind.

Donald Trumps Social-Media-Unternehmen, Trump Media, konnte nur an die Börse gehen, weil es 2022 durch Notkredite über Wasser gehalten wurde, die zum Teil von Anton Postolnikow, einem unter ständiger Beobachtung des FBI stehenden russisch-amerikanischen Geschäftsmann, bereitgestellt wurden; der *Guardian* berichtete 2024 darüber. Infolge dieses Deals wurde Trump um ungefähr zwei Milliarden Dollar reicher. Der Ratgeber des rechtsextremen italienischen Politikers Matteo Salvini traf russische Amtskollegen in Moskau, und es gab Untersuchungen zu Gerüchten, dort sei es um verdeckte Finanzierungen gegangen. Diese

Untersuchungen wurden aber aus Mangel an Beweisen fallen gelassen. Die französische Front National, die Partei der rechtsextremen Präsidentschaftskandidatin Marine Le Pen, erhielt Gelder von einer Bank mit Russlandbezug, zahlte sie aber wieder zurück. Noch einmal: Alle Beteiligten streiten jegliches Fehlverhalten ab.

Und dann gibt es da, in einer anderen Kategorie, Arron Banks. Den Oligarchen aus der Catbrain Lane in Bristol, Eigentümer der Kfz-Versicherung Go Skippy - wenn er denn ein Oligarch ist - und mich verbindet eine lustige Beziehung. Für BBC Newsnight produzierte ich eine Reihe von Reportagen über Banks Geschäftsimperium, darunter auch über die beiden Wohnungen mit Blick auf den Royal Navy Dockyard in Portsmouth, den er und seine damalige, in Russland geborene Frau besaßen. Außerdem recherchierte ich über seine Freundschaft mit Nigel Farage und seine Acht-Millionen-Pfund-Spende für das Brexit-Lager. Bei dem Verleumdungsprozess gegen Carole Cadwalladr sah er mich am Eingang des Gerichts, als er das Gebäude betrat, und sagte zu mir: »Schau, John, ich habe keinen Schnee auf den Stiefeln.«

Es war ein warmer, sonniger Tag, und Arron Banks hatte recht. Fairerweise muss man sagen, dass er zwar in einigen Punkten nicht Recht bekam, aber im Wesentlichen den Verleumdungsprozess gegen Carole Cadwalladr gewann. Seine Brexit-Spende wurde sowohl von der Wahlkommission als auch von der National Crime Agency untersucht, und auch dabei wurde kein Schnee auf seinen Stiefeln gefunden.

Doch die Macht und der Einfluss des Kreml in der benachbarten Ukraine waren ungeheuerlich. Immer und immer wieder erwiesen sich führende ukrainische Politiker als Kreaturen ukrainischer Oligarchen, die auf mehr oder weniger subtile Weise putinfreundlich waren. Wiktor Janukowytsch war einst ein überführter Räuber und Emporkömmling aus Donezk, ehemals Stalino, ehemals Jusowka, benannt nach dem walisischen Bergbauingenieur John

Hughes, der die Stadt 1860 auf den reichen Kohle- und Eisenerzflözen im Osten der Ukraine gründete. Es gibt ein außergewöhnliches Foto von Hughes Walisern und ihren ukrainischen Freunden, wo sie mit weißen Ochsen einen großen Boiler auf einem Schlitten über das verschneite Ödland ziehen.

Janukowytsch kam 2010 durch einen klugen Schachzug ins Präsidentenamt. Er verteidigte die Rechte der russischsprachigen Bevölkerung in seiner Heimat im Osten des Landes, während er sich mit warmen Worten für eine weitere Integration in die Europäische Union aussprach. 2013 waren Pläne in Vorbereitung, bei einem Gipfeltreffen im November eine engere Verbindung mit Brüssel anzukündigen. Eine Woche bevor das geschehen sollte, verblüffte Janukowytsch die Ukraine und sagte, er werde davon Abstand nehmen und sich stattdessen dem Kreml weiter annähern. Ein russisches Rettungspaket half, diese bittere Pille zu versüßen. Der Wechsel führte zu massiven Demonstrationen auf dem Maidan, dem Platz im Zentrum von Kiew, die trotz entsetzlicher Polizeigewalt den ganzen Winter über anhielten. Mein Freund Vlad Demchenko, der mich am zweiten Tag des großen Krieges festnahm, war einer der vielen tapferen Ukrainer, die im Kampf für eine freie Ukraine schwer verletzt wurden.

Am 20. Februar 2014 eröffneten Scharfschützen der Polizei das Feuer und ermordeten etwa hundert Protestierende, die als die »Himmlischen Hundert« bekannt wurden.

Die Ukraine revoltierte, Janukowytsch floh nach Russland und die Einflusssphäre des Kreml verschob sich um etwa 1300 Kilometer nach Osten. Die Revolutionäre brachen in Janukowytschs Anwesen Meschyhirja ein und fanden eine Art Tempel, der dem Gott der Kleptomanie errichtet worden war. Während Millionen Ukrainer an der Armutsgrenze existierten, brüstete sich Janukowytsch mit einer »gedopten Blockhütte«, einer Garage voller Oldtimer, einem exotischen Zoo und einer Tonne von

Quittungen, die seinen Diebstahl belegten. Zu den auffälligsten Ausgaben gehören 800 Dollar für die Medikamente seiner Zierfische, 14 500 Dollar für Tischdecken und 41 Millionen Dollar für Beleuchtung. Andere Kisten mit Akten zeigten, wie viel er für das Ausspionieren von kritischen Journalisten ausgegeben hatte, 5,7 Millionen Dollar allein für den Monat Dezember 2010. Die ganze Sache war fies: Es gab Akten über die heldenhafte Investigativjournalistin Tetjana Tschornowol, die sich in das Anwesen geschlichen hatte und dort drei Stunden herumgegangen war, ehe sie vom Sicherheitspersonal geschnappt wurde. An Weihnachten 2013 war sie von Angreifern brutal zusammengeschlagen worden. Ihr mächtigster Feind war Janukowytsch.

Im Juni 2015 gelang Gabriel Gatehouse, meinem früheren Kollegen und Kumpel bei *BBC Newsnight*, ein Scoop, als er Janukowytsch im russischen Exil interviewte. Der in Ungnade gefallene Präsident verteidigte sich, indem er sagte, dass das ganze Geschrei um die Dummheiten von Meschyhirja »politische Technologie und Meinungsmache« seien und, dass das Anwesen ihm nicht persönlich gehöre. Als Gabriel ihn wegen des exotischen Zoos zur Rede stellte, antwortete er: »Ich habe die Strauße unterstützt, was ist daran falsch?« Politisch war Janukowytsch schon vor seiner Bemerkung »Ich habe die Strauße unterstützt« tot. Danach war er ausgestopft.

Den ukrainischen Revolutionären war es gelungen, die tiefe Ader der Korruption im Herzen von Janukowytschs Regime offenzulegen - genau das, was Nawalny sehnsüchtig in Russland zu tun hoffte. Zwei Tage nach dem Fall von Janukowytsch stand das Team Nawalny auf dem Manege-Platz in unmittelbarer Nähe des Kreml, um ihre Solidarität mit 37 Moskauer Mitbürgern auszudrücken, die am 6. Mai auf dem Bolotnaja-Platz verhaftet worden waren und immer noch durch das Gerichtssystem geschleift wurden. Nawalny wurde verhaftet, aber nicht die üblichen fünfzehn Tage weggesperrt. Stattdessen gestaltete Putin, seit je ein gerissener Fiesling, die gesetzliche Ausstattung so um, dass Nawalnys Stimme an einem kritischen Punkt in der Geschichte möglichst zum Schweigen gebracht werden sollte. Nawalny wurde vorgeworfen, seine Bewährungsauflagen im Kirowles-Urteil verletzt zu haben, und er wurde zu Hausarrest verurteilt, der ihn in seiner Wohnung festhielt und ihm die persönliche Nutzung des Internets verbot.

Julija übernahm zwar die Führung, doch der Effekt war, Nawalnys eiserne Unterstützung für die ukrainische Revolution der Würde, die sich gleichzeitig vollzog, zu schwächen. Im weiteren Verlauf sollte dies und Nawalnys eigene Ungeschicklichkeit seine Beziehung zur freien Ukraine ruinieren, und der einzige Nutznießer dieses Durcheinanders war Putin.

Im Frühjahr 2014 marschierten russische Soldaten, denen die Abzeichen zur Identifizierung ihrer Einheiten abgenommen worden waren, auf die Krim ein, die rautenförmige Halbinsel, die von der Ukraine ins Schwarze Meer herunterhängt; die erste bewaffnete Invasion eines europäischen Landes seit dem Zweiten Weltkrieg. Von der Natur gesegnet und von der Geschichte verflucht, ist die Ukraine im Laufe der Jahrhunderte eine Wetterfahne gewesen, die anzeigt, wer die Macht in Europa und Asien innehat. Als die mongolischen Horden westwärts zogen, eroberten sie die Krim, und ihre tatarischen Nachfahren hielten die felsige und trockene Halbinsel noch lange nachdem die Mongolen in Ungnade gefallen waren, in Besitz. Als schulde sie dem untergehenden Osmanischen Reich Gefolgschaft, fiel die Krim gegen Ende des 18. Jahrhunderts dem aufgehenden Stern der Zaren zum Opfer. 1853 führte das kaiserliche Russland den Krimkrieg gegen Großbritannien, Frankreich und das Osmanische Reich. Es war ein grausamer Konflikt, und er entblößte die furchtbaren Schwächen der beteiligten Mächte.

Tennysons großartiges Gedicht »Der Angriff der Leichten Brigade« unterstrich die Inkompetenz an der Spitze der britischen Armee:

's ward irgendwo geblundert –
Vorwärts; sie fragen und zagen nicht,
Vorwärts; sie wanken und schwanken nicht,
Vorwärts, gehorchen ist einzige Pflicht,
Ins Todestal,
In voller Zahl,
Reiten die Sechshundert.

Die Arbeit von Florence Nightingale warf ein düsteres Licht auf die primitiven Bedingungen, unter denen kranke und verletzte britische Soldaten leben und sterben mussten. Doch nach drei Jahren des Blutvergießens und erbitterten Kämpfens, um die russische Flotte von ihrem Stützpunkt in Sewastopol zu vertreiben, war es das kaiserliche Russland, das sich geschlagen geben musste. Die Russen durften die Krim behalten, aber sie mussten ihren Marinestützpunkt aufgeben. Die Sorge des Kreml in Hinblick auf sein angebliches Recht, seine bewaffneten Tretboote in Sewastopol zu parken, hält bis heute an.

Nach der Demütigung des Krimkriegs gab Russland die Leibeigenschaft auf und reformierte seine Regierungsform, wobei es eine seltsame und meist gute Tradition begründete, nämlich dass es ihm in drei von vier Fällen nach einer Niederlage im Krieg besser ging. 1905, nachdem die russische Marine von den Japanern gedemütigt worden war, seit Jahrhunderten die erste große Niederlage einer westlichen Macht gegen eine asiatische, schufen die Russen die Duma, ihr erstes Parlament. 1917, nach der Niederlage gegen das kaiserliche Deutschland, fiel der Zar, und Russland erlebte sechs Monate lang eine chaotische liberale Demokratie, ehe es vor dem Abgrund stand. Nachdem die sowjetische Invasion in Afghanistan in einem blutigen Morast endete, brach das sowjetische Reich zusammen. Drei von vier guten Ergebnissen - durchaus ein Fortschritt, sozusagen.

Nach der Revolution im Jahr 1917 übernahmen die Sowjets die Kontrolle über die Krim, die zu einem Teil der russischen Sowjetrepublik wurde, bis Stalins Nachfolger, Nikita Chruschtschow, die Halbinsel 1954 der Ukraine zum Geschenk machte. Es ging das Gerücht - okay, das Urteil des Kremlexperten Mark Kramer, Professor für Wissenschaft des Kalten Kriegs an der Harvarduniversität -, dass Chruschtschow die Krim dem Ersten Sekretär der Ukrainischen Kommunistischen Partei, Oleksij Kyrytschenko, als Bonbon schenkte, um seinen Machtrivalen, den damaligen sowjetischen Ministerpräsidenten, Georgi Malenkow, hereinzulegen. Die Entscheidung schien damals keine große Rolle zu spielen, als ohnehin alles zur immerwährenden Sowjetunion gehörte. Doch Reiche kommen und gehen, und viele Russen sind nie wirklich über die Rechtstatsache hinweggekommen, dass die Krim seit 1954 Teil der Ukraine ist und die Ukraine seit 1991 ein unabhängiges Land.

Als Putin 2014 die Krim zurückstahl, zerriss er die nach 1945 etablierte und durch die NATO und später die Europäische Union abgesicherte Ordnung, dass es keinen Landraub in Europa mehr geben dürfe. Putin mit seiner Geheimpolizisten-Sonnenbrille im Stil der 1970er-Jahre, die ihm die Sicht nimmt, kapiert nicht, dass er Hitlers Pommes aufwärmt. Dieser Schritt war in Russland ungemein populär, was Nawalny, der stets ein Ohr für die Stimmung der russischen Wählerschaft hatte, ziemliche Kopfschmerzen bereitete. Wenn Nawalny sich in der Krim-Frage auf die Seite Putins stellte, würde er sich bei der russischen Öffentlichkeit beliebt machen, aber mit der Ukraine und der internationalen regelbasierten Ordnung überwerfen; wenn er sich auf die Seite der Ukraine stellte, würde er, wie er befürchtete, zu Hause an Bedeutung verlieren.

Nawalny teilte gegen »den Dieb Janukowytsch« aus, der seine Kritiker anfangs auf den Kopf schlug und später erschoss, bis er in Russland landete. Hätte Janukowytsch an die Nation appelliert und ein paar Bullen entlassen, sinnierte Nawalny, wäre er nach wie vor Präsident.

Nawalnys nächste Frage ist: »Warum ist Putin so erzürnt über das, was in der Ukraine geschieht?«

Die Antwort war: »Goldene Brotlaibe«.

Nawalny bemerkte, dass Fotos von gewöhnlichen Leuten, die die Exzesse von Janukowytschs Residenz anglotzen, den exotischen Zoo, die Skulpturen von goldenen Brotlaiben, die goldenen Toiletten, »unseren Obergauner bis tief ins Herz verwunden. Letztendlich würde Janukowytsch wie ein kleines Mädchen weinen, wenn er sähe, wie viel mehr Putin und seine Freunde gestohlen hatten. Sie haben Diamantenlaibe.«

Nawalny fuhr fort: »Es ist inakzeptabel, die Grenzen von Staaten in Europa mit Truppen und Gewalt zu verändern. Dabei kommt nichts Gutes raus.«

Aber das ging im Lärm unter.

2014 zog sich hin, und Wladimir Putins Mordmaschinerie marschierte in die zwei östlichsten, überwiegend russischsprachigen Oblaste der Ukraine ein: Donezk und Luhansk. Ganz normale Leute gingen auf die Straße, um zu protestieren. Sie wurden erschossen. Millionen flohen in die Sicherheit der freien Ukraine; Hunderttausende blieben und wurden zu russischen Erfüllungsgehilfen und, um es noch genauer auf den Punkt zu bringen, zu Kanonenfutter für Putins Krieg gegen die Ukraine.

Im Juli 2014 transportierten die Russen einen BUK-Flugabwehrraketenwerfer über eine militärische Pontonbrücke auf die andere Seite eines Flusses, um ihn vor neugierigen Augen zu schützen und ihren Erfüllungsgehilfen beizustehen. Der BUK-Raketenwerfer, die Rakete und die Radaranlage waren zu schwer für die Pontonbrücke, deshalb entschied der russische Kommandant, die Radaranlage auf dem russischen Ufer zu lassen. Als der BUK-Raketenwerfer bereit gemacht wurde, um ukrainische Kampfjets vom Himmel zu schießen, bemerkte keiner von der Crew, dass das relativ primitive in den Raketenwerfer eingebaute Radargerät allein nicht in der Lage war, zwischen einem Kampfflugzeug und einem Boeing-Passagierjet zu unterscheiden. So kam es, dass die MH17 auf dem Flug von Amsterdam nach Kuala Lumpur vom Himmel geschossen wurde und 298 völlig unschuldige Leute ums Leben kamen. *BBC Panorama* schickte mich zu der Absturzstelle. Der Kreml bestritt wütend jede Beteiligung, seine Nebelmaschine lief auf Hochtouren. Sie logen. Den Geruch von Flugtreibstoff, Menschenfleisch und Maisfeld werde ich nie wieder los.

Die Russen nahmen die Krim ein, fast ohne einen Schuss abzufeuern, doch nach einem schlechten Start riss die ukrainische Armee sich zusammen und baute eine mutige Verteidigung auf. Die Frontlinie wackelte im Lauf der Zeit ein bisschen, doch im Sommer 2014 waren die Schützengräben im Wesentlichen ausgehoben. Die Russen hatten die Krim, große Teile der Oblaste Donezk und Luhansk, aber bei Weitem nicht alles davon. Das Ziel des Kreml war es, durch die Besetzung der Ostukraine den Traum des Landes von einem Beitritt zur NATO und zur Europäischen Union zunichtezumachen. Der Hund saß in der Futterkrippe und war nicht bereit, sich zu bewegen.

Ein Oppositionsführer verurteilte die Annexion der Krim rundheraus, doch sein Name war nicht Nawalny. Boris Nemzow sagte, dass die Krim ein integraler Bestandteil der Ukraine sei, dass ihre Annexion illegal sei, und in einem Artikel in der *Kyiv Post* beklagte er den »Bruderkrieg« zwischen Russland und der Ukraine: »Das ist nicht unser Krieg, das ist nicht euer Krieg, das ist nicht der Krieg der zwanzigjährigen Fallschirmjäger, die dorthin geschickt werden. Das ist Wladimir Putins Krieg.«

Nawalny schlug eine andere Tonart an. Im Oktober, nachdem er aus dem Hausarrest entlassen worden war, gab er dem Radiosender *Echo Moskau* ein Interview. Als der Moderator Alexej Wenediktow ihn auf den populären Putin-Slogan »Die Krim gehört uns« ansprach, wich Nawalny der Frage aus: »Die Krim gehört den Menschen, die auf der Krim leben.« Zu einer richtigen Antwort gedrängt ergänzte er, dass »die Krim jetzt natürlich de facto zu Russland gehört. Ich denke, dass trotz der Tatsache, dass die Krim unter eklatanter Verletzung aller internationalen Regeln eingenommen wurde, die Realität so aussieht, dass die Krim jetzt ein Teil von Russland ist. Machen wir uns nichts vor. Und ich würde auch den Ukrainern dringend raten, sich nichts vorzumachen.«

Nawalny ging noch weiter und sagte, wenn er Präsident von Russland werden sollte, werde er die Krim nicht zurückgeben: »Ist die Krim eine Art Wurstbrot, das man hin und her reicht? Ich denke nicht.«

Shakespeares Macbeth sagte etwas Ähnliches:

»Ist dies ein Dolch, was ich da vor mir sehe, den Griff mir zugewendet? Komm! Lass mich dich fassen. Ich hab dich nicht, und sehe dich doch immer.«

Den schottischen König quälte die Verlockung der Macht, die er durch unrechtmäßiges Blutvergießen erlangt hatte. Nawalny hasste die Vorstellung, dass er nicht in der Lage sein könnte, Putin zu stürzen, weil er sich womöglich ein zu liberales Gewissen aneignete. Doch er verriet sein besseres Selbst, verriet sein Ideal, der Mann zu sein, der »nicht lügt und nicht stiehlt«, verriet den Geist von 1945, dass man nicht umherzieht und anderen Ländern das Land stiehlt.

Es war nicht seine beste Stunde.

Kapitel neun

Die Diebe Russlands

In Wladimir Putins Russland sorgen Gangster für Recht und Ordnung, und die Ehrlichen kommen ins Gefängnis. Damit diese Verkehrung der natürlichen Rechtsordnung funktioniert, beschäftigt sich der Herr des Kreml intensiv mit dem richtigen Timing. Er greift den Feind nie an, wenn er stark ist, sondern wartet zum Beispiel, bis die Demonstrationen abgeklungen sind und sich die Welt weitergedreht hat.

Putin ist ein gewiefter Despot.

Die Annexion der Krim und des großen Happens der Ostukraine im Jahr 2014 kam bei den Massen in Russland gut an und lenkte die Kritiker ab. Ein guter Moment also, um einige der für den Kreml lästigsten Moskitos einzusperren. Im Juli 2014 verhängten drei Richter Haftstrafen gegen zwei Aufrührer, die zwei Jahre zuvor wegen ihrer Teilnahme an der Demonstration am Vorabend von Putins dritter Amtseinführung verhaftet worden waren. Sergej Udalzow und Leonid Raswosschajew, beides linke Politiker, erhielten viereinhalb Jahre Haft in einem Straflager, ein Strafmaß, das den Druck auf die Opposition und ihren ungekrönten Anführer Nawalny weiter erhöhte.

Wieder einmal schätzte Putin zwar die juristische Form eines ordnungsgemäßen Verfahrens, nicht aber seine Substanz. Er freute sich, dass seine politischen Feinde per Gericht aus dem Verkehr gezogen wurden. Manchmal gingen dafür Monate und Jahre mit Prozessen, Berufungen und Spielchen ins Land, in denen die Gerichte die Beweise prüften, egal, wie unecht, absurd und surreal sie oft waren. Der kleinteilige Prozess gegen Udalzow und Raswosschajew beruhte auf einer »Ermittlung« des staatlichen Fernsehens NTW unter dem Titel »Anatomie einer Revolution«. Die Sendung war von Anfang bis Ende Schrott. Es wurden verschwommene Videos in miserabler Tonqualität als Beweis einer Verschwörung zwischen georgischen Regierungsvertretern und den beiden Angeklagten gezeigt. Nawalny schrieb in seinem Blog, die Fernseh-»Ermittlung« behauptet, das geheime Treffen zur Vorbereitung einer Verschwörung habe im Juni 2012 stattgefunden, der eigentliche Protest jedoch einen Monat früher im Mai.

Ähnlich stringent war die Story hinter der Geschichte, wie Raswosschajew vor dem Moskauer Gericht gelandet war. 2012 war Raswosschajew aus Russland geflohen und hatte Zuflucht in der Ukraine gesucht. Dort war er dann auf mysteriöse Weise wie vom Erdboden verschwunden.

Was war passiert?

Als er einige Tage später in einem Moskauer Gericht auftauchte, gelang es ihm, von Gefängniswärtern zu einem Polizeiwagen eskortiert, den wartenden Journalisten zuzurufen: »Sie haben mich gefoltert.« Und bevor seine Wachen die Wagentür schließen konnten, schaffte er es noch zu rufen: »Sie haben mich zwei Tage lang gefoltert und aus der Ukraine entführt.«

Raswosschajew hatte »Anatomie einer Revolution« im Fernsehen gesehen und wusste, dass man ihm etwas anhängen wollte, deshalb floh er in die Ukraine. Am 19. Oktober 2012 bat er beim Flüchtlingskommissar der Vereinten Nationen in Kiew um Asyl. Dort forderten sie ihn auf, sich an eine lokale NGO zu wenden, die Asylbewerber unterstützt. Er ging kurz zum Mittagessen und wurde prompt entführt.

Nawalny schilderte den Vorgang in seinem Blog: »Vier russische Agenten packten ihn auf offener Straße, ungeachtet der Tatsache, dass sie sich auf ukrainischem Territorium befanden, und verfrachteten ihn in einen Minivan.«

Die Entführer verpassten ihm üble Schläge, fesselten ihn mit Hand- und Fußschellen und gaben ihm zwei Tage lang weder Wasser noch Essen noch die Möglichkeit, zur Toilette zu gehen. Als sie ihm drohten, ihn und seine Kinder, eine acht Jahre alte Tochter und einen sechzehn Jahre alten Sohn zu töten, brach er zusammen und unterschrieb sein »Geständnis«. Dann brachten sie ihn zurück nach Russland. Bedenken Sie, dass 2012 in der Ukraine noch Janukowytsch fest am Ruder saß. Seine Geheimpolizei wird den russischen Brüdern den Grenzübertritt sicherlich erleichtert haben. Doch zurück in Russland widerrief Raswosschajew sein Geständnis und erklärte, dass es unter Folter erzwungen wurde.

Nawalnys Blog offenbarte, was die NTW-Ermittler übersehen hatten, nämlich dass die gerichtlichen Beweise in »mit Blut besudelten« Zellen beschafft wurden, mit »Zangen und bloßem Draht«, und er fügte hinzu: »Diese Gangster erfinden falsche Anklagen und zwingen die Menschen unter Folter zu einem Geständnis.«

The Public Observer Commission, eine russische Menschenrechts-NGO, traf sich mit Raswosschajew und erfuhr seine komplette Geschichte. Daraufhin gaben sie eine Erklärung ab, in der sie »die ernste Sorge äußerten, dass die russischen Behörden zu stalinistischen Methoden zurückkehrten, um abweichende Meinungen zu unterdrücken«. Die miteinander in ewigem Streit und Hader liegende Opposition schaffte es diesmal, sich zu verbünden und gab ein Statement »Gegen Repression und Folter« ab. Sie verurteilten »die umfassende Hexenjagd gegen Dissidenten«, verurteilten Folter und Entführung, und alle, die Rang und Namen hatten und gegen den Kreml waren, unterzeichneten, natürlich auch Nawalny.

In der offiziellen russischen Version wurde die Entführung geleugnet und versichert, Raswosschajew sei aus freien Stücken nach Moskau zurückgekehrt und habe freiwillig ein Geständnis abgelegt, in dem er die NTW-Dokumentation bestätigte, dass er und Udalzow sowie ein Dritter mit dem finsteren Georgien paktierten, das sie angestiftet habe, in großem Stil Unruhen zu provozieren.

Am 7. November 2012 fügte das Moskauer Gericht der ursprünglichen Anklage wegen Anstiftung zu Massenunruhen noch zwei weitere Tatvorwürfe hinzu: gewaltsamer Raub in seiner Heimatstadt in Sibirien im Jahr 1997 und - das ist kafkaesk - illegaler Grenzübertritt.

Im Dezember 2012 wurde Raswosschajew wegen des früheren mutmaßlichen Raubüberfalls heimlich nach Angarsk überstellt. Fünf Tage lang verschwand er in Putins Gulag und tauchte dann in einem Untersuchungsgefängnis in Tscheljabinsk in Sibirien wieder auf. Im März 2013 verschwand er erneut und war plötzlich wieder in dem Untersuchungsgefängnis in Moskau. Und so weiter und so fort. Zu gegebener Zeit würde der russische Staat das gleiche Spiel mit Nawalny veranstalten.

Raswosschajew hatte als parlamentarischer Mitarbeiter für Ilja Ponomarjow gearbeitet, einer einsamen Stimme in der Duma. Und das meine ich wörtlich. Nachdem Raswosschajew im Sommer 2014 inhaftiert wurde, war Ponomarjow der einzige der 450 Abgeordneten in der Duma, der gegen die Annexion der Krim stimmte. Kurz darauf wurde Ponomarjow, als er auf einer Reise in den USA war, auf Basis hanebüchener Beweise wegen Veruntreuung angeklagt. Er ließ sich in der Ukraine nieder, ohne je nach Russland zurückzukehren.

Sergej Udalzow wurde nicht physisch gefoltert, sondern durch eine Art juristisch-behördliche Foltervariante.

Ihm warf man Anstiftung zu Massenunruhen vor, und er wurde unter Hausarrest gestellt, weil man befürchtete, dass er seine Kautionsauflagen nicht einhielt. Die offizielle Begründung lautete, Udalzows Frau lebe »gegenwärtig in der Ukraine«, ungeachtet der Tatsache, dass sie in Moskau vor Gericht anwesend war. Nawalny kommentierte: »Was wir nicht wissen, ist, warum sie sich überhaupt die Mühe machen, es ›Gerichtsverhandlung‹ zu nennen.«

Des Tyrannen Raffinesse bestand darin, dass Raswosschajew und Udalzow von Ende 2012 bis zum Sommer 2014 nicht verurteilt wurden, sondern auf Kaution von Pontius zu Pilatus verwiesen wurden, sodass ihre Unterstützer zögerten, weiter zu protestieren aus Angst, ihre Lage zu verschlimmern. Erst nachdem Russland in die Ostukraine einmarschiert war, drängte Putin die Richter, sie zu verhaften und in ein Straflager zu schicken.

Nachdem Udalzow weggesperrt war, blieben Ende 2014 noch drei einflussreiche Oppositionelle auf mehr oder weniger freiem Fuß: Boris Nemzow, Alexej Nawalny und Michail Kassjanow, der erste Ministerpräsident Putins, der mittlerweile zum Feind geworden war.

Es wurde Zeit, die Daumenschrauben bei Nawalny anzuziehen, doch für dieses Mal nicht direkt, sondern indirekt. Es ist eine Sache, einen Feind in dem Wissen zu bekämpfen, dass man eingesperrt oder getötet werden könnte. Eine andere aber ist es, wenn der Feind nicht dich, sondern deinen jüngeren Bruder ins Gefängnis bringt. Genau das passierte Nawalny, als er und sein Bruder Ende Dezember 2014 dafür verurteilt wurden, eine russische Tochtergesellschaft des Kosmetikunternehmens Yves Rocher um 30 Millionen Rubel, nach damaligem Wechselkurs mehr als 500 000 Euro, betrogen zu haben. Der Vorwurf war ein weiteres finsteres Märchen, das die Handlanger des Kreml zusammengesponnen hatten. Es gab keinerlei stichhaltige Beweise für den Diebstahl; Zeugen der Verteidigung, die zur Klärung hätten beitragen können, wurden entweder nicht aufgerufen oder zum Schweigen gebracht; eklatante Unstimmigkeiten in der Anklage wurden vom Gericht ignoriert. Es war ein stalinistischer Schauprozess, der von einem raffinierteren Strippenzieher des 21. Jahrhunderts inszeniert wurde, indem die Leute etwas dezenter angeschwärzt wurden als in den 1930ern. Nawalnys Urteil wurde zur Bewährung ausgesetzt, doch sein jüngerer Bruder Oleg erhielt dreieinhalb Jahre Gefängnis. Nawalny war empört und schrie die Richterin, Jelena Korobtschenko an: »Schämen Sie sich nicht? Warum stecken sie ihn [den Bruder Oleg] ins Gefängnis? Um mich umso härter zu bestrafen?«

Auf den Stufen vor dem Gericht sagte Nawalny zu den Reportern: »Die Behörden foltern und vernichten die Angehörigen ihrer politischen Gegner. Dieses Regime verdient es nicht zu existieren, es muss zerstört werden.«

Nawalny machte sich auf zum Maneschka, dem Manege-Platz, um zu demonstrieren, doch beim Ritz Carlton nahm die Polizei ihn fest und bot den Reichen dort einen kurzen Auftritt des Theaters der Grausamkeit. Die Polizeibeamten brachten ihn nach Hause und hielten ihn dort fest. Drei Jahre zuvor hatte Nawalny Zehntausende Menschen auf die Straße gebracht, die »Putin ist ein Dieb!« riefen. Jetzt unterzogen sie ihn der psychischen Folter und traktierten an seiner Stelle seinen Bruder, und er konnte nichts dagegen tun.

Die Gefängnisstrafe seines Bruders machte Nawalny schwer zu schaffen, doch es ist sein großes Verdienst, dass er sich vom unaufhörlichen Verfall der russischen Zivilgesellschaft oder was davon noch übrig war, nicht einschüchtern ließ. 2015 ermittelte sein Team weiter gegen den Verteidigungsminister Sergej Schoigu, Putins Pressesprecher Dmitri Peskow, Putins Geldbeschaffer Roman Abramowitsch und seinen Generalstaatsanwalt Juri Tschaika. Alle Beteiligten streiten jegliches Fehlverhalten ab.

Tschaika heißt auf Russisch Möwe, weshalb ich im Januar 2016 am eisigen Baikalsee stand, na gut, in Southend-on-Sea, Pommes frites in die Höhe hielt und auf eine Möwe wartete, die sie sich holen würde. Die Wahrheit ist, dass es oft herrlich absurd ist, wie man investigativen Journalismus in eine gute Fernsehsendung verwandelt, und der Kameramann Nick Sturdee und ich lachten uns kaputt, als wir ein kleines Vermögen in Pommes investierten, bis wir unser Möwe-verschlingt-»Chips«, wie sowohl Fritten als auch Jetons im Englischen heißen, im Kasten hatten. Wir machten für *BBC Newsnight* einen Zusammenschnitt aus dem hervorragenden Film mit dem Titel *Chaika* (die englische Schreibweise von Tschaika), den das Team Nawalny gedreht hatte und der noch immer auf YouTube zu sehen ist.

Wenn Sie Putins heillos kaputte Welt der Missachtung jeglicher Gesetze begreifen wollen, in der die Gangster gegen die Anständigen ermitteln, dann ist Nawalnys Film, der von dem irischen Antikorruptionskämpfer Arthur Doohan auf Englisch eingesprochen wurde, ein absolutes Muss.

Menschliche Glühwürmchen gehören zum Standard, wenn man ein 30 Millionen Dollar teures Hotel eröffnet. Die im Dunkeln leuchtenden Kreaturen waren junge russische Schönheiten in neonfarbenen Glühwürmchen-Kostümen, die im Jahr 2013 bei der Eröffnungsfeier des Fünf-Sterne-Spa-Hotels Pomegranate Wellness in der griechischen Ägäis die Gäste begrüßten. Beim Durchschneiden des Eröffnungsbands half Artem Tschaika, der rein zufällig der älteste Sohn des russischen Generalstaatsanwalts Juri Tschaika ist.

Russland Inc. erschien zum Event, Ehrengast war Wladimir Medinski, der einmal behauptete, die Russen hätten ein Extra-Chromosom und wären daher wie Superman. Er ist kein Genetiker, sondern war damals Russlands Minister für Kultur und Anhänger von Einiges Russland. Er wurde, welch Überraschung, des Plagiats bezichtigt. Die russische Gruppe *Dissernet,* ein Zusammenschluss von Wissenschaftlern und Journalisten, die Plagiate in Doktorarbeiten aufspüren, fand heraus, dass Medinski in seiner ersten Abschlussarbeit 87 von 120 Seiten per Copy and Paste erstellt hatte und sich auch in den weiteren akademischen Arbeiten viele Wörter »geliehen« - also gestohlen - hatte.

Nawalnys Anti-Korruptionsstiftung stellte fest, dass die geheimnisvollen Besitzer des Hotels Artem Tschaika und Olga Lopatina waren. Lopatina war die frühere Ehefrau von Gennadi Lopatin, dem Stellvertretenden Generalstaatsanwalt und Juri Tschaikas damalige Nummer zwei. Das Team Nawalny hat die zentralen Punkte ihrer Ermittlungen gegen Tschaika bei einem parlamentarischen Ausschuss im britischen Unterhaus eingereicht und genießt daher ein gewisses juristisches Sonderrecht, »arf, arf«, wie wir Investigativjournalisten, die den britischen Comic *Beano* lesen, in solchen Fällen zu sagen pflegen.

Die Anti-Korruptionsstiftung berichtet, dass Lopatina »eindeutige und fragwürdige Verbindungen« zu den Ehefrauen der Gangster unterhielt, die hinter dem niederträchtigen Massaker der Bande um Sergej Zapok 2010 in Kuschtschowskaja steckten, bei dem zwölf Menschen getötet wurden, darunter drei Kinder und ein Baby.

In dem Bericht, der dem Parlament übergeben wurde, ist nicht erwähnt, dass Lopatina wegen des Films eine Klage über fünf Millionen Rubel gegen Nawalny & Co. einreichte. Doch ein Gericht in Moskau wies ihre Klage ab, weil ihr Anwalt an einer Stelle nicht die richtigen Unterlagen vorgelegt hatte. Nawalnys Film ist noch immer online verfügbar. Alle Beteiligten streiten jegliches Fehlverhalten ab.

Roman Borissowitsch organisierte für mich 2016, als das noch nicht so üblich war, ein Zoom-Interview mit Nawalny, ich in London, Nawalny in Moskau. Nawalny erzählte: »Das Verbrechen erschütterte ganz Russland, weil es ein regelrechtes Massaker war und zwölf Menschen getötet wurden, darunter vier [sic!] Kinder, eines davon ein Neugeborenes. Sie warfen es lebendig ins Feuer.«

Das Gros seines Vermögens machte Artem Tschaika mit Geschäften in Sibirien, »wo er dank seiner Verbindungen zu den lokalen Behörden ein Vermögen mit illegalen Privatisierungen von Staatsbesitz verdiente«, berichtet die Anti-Korruptionsstiftung. Tschaikas sibirische Unternehmen erhielten, obwohl sie kaum bekannt waren, die Zuschläge für Salzbergwerke und Sandbrüche und erhielten bei Sanierungsaufträgen regelmäßig den Vorzug vor staatseigenen Unternehmen. Für *BBC Newsnight* berichtete ich darüber, was mit einem frühen Kritiker von Tschaikas Geschäftsmethoden passierte. Der Geschäftsmann Nikolaj Palennij führte ein Transportunternehmen in der Baikalsee-Region, bis es ihm von Artem Tschaika, wie er sagte, gestohlen wurde. Am nächsten Tag wurde er tot aufgefunden, mit einem Strick um den Hals. »Selbstmord«, sagten die Behörden. Nawalny erzählte mir etwas anderes: »Laut den Unterlagen der Gerichtsmedizin bewiesen die Spuren an seinem Hals, dass es kein Selbstmord war. Doch die russischen Ermittlungsbehörden weigerten sich einfach, eine Untersuchung einzuleiten.«

Nawalnys Film *Chaika* wurde in den ersten sieben Wochen nach seiner Veröffentlichung auf YouTube fast fünf Millionen Mal aufgerufen und zu einem Riesenerfolg. Putins PR-Soldat Peskow sagte, die Anschuldigungen »sind für uns nicht von Interesse«, sie beträfen schließlich nicht den Generalstaatsanwalt, sondern dessen Söhne, die ihren eigenen Geschäften nachgingen. Artem Tschaika reagierte nicht auf unsere Fragen bei *BBC Newsnight,* aber ich zitierte seinen Vater Juri Tschaika, der sagte, Nawalnys Film sei »eine Hetzjagd, die nicht von denen bezahlt wurde, die sie produziert haben« - der Standardcode im Kreml für Spionage.

»Die Informationen wurden absichtlich gefälscht und entbehren jeder Grundlage«, sagte er.

Ministerpräsident Dmitri Medwedew sagte, der Film gleiche den Methoden der Stalin-Ära: »Es wird behauptet, jemand habe sich schuldig gemacht. Wenn wir so vorgehen, begeben wir uns wieder zurück in die Vergangenheit, zurück in die 1930er-Jahre. Nur die Strafverfolgungsbehörden dürfen Anschuldigungen erheben.« Wenn die Strafverfolgungsbehörden jedoch korrupt sind, ist es nicht stalinistisch, das zu sagen. Tschaika & Söhne waren freilich nicht das eigentliche Ziel. Das war der Herr des Kreml, oder wie Nawalny ihn während unseres Zoom-Gesprächs nannte: »Der Zar der Korruption.«

Es sei darauf hingewiesen, dass die Behörden nach dem Skandal, den Nawalnys Film in Russland auslöste, durchaus handelten. Die Tschaikas blieben auf freiem Fuß, und Juri blieb im Amt des Generalstaatsanwalts. Aber drei Mitglieder der Zapok-Bande begingen innerhalb weniger Tage Selbstmord; dann starb Zapok »an einem Schlaganfall«. Sieh einer an! Und wieder einmal stritten alle Beteiligen jegliches Fehlverhalten ab.

Nach der Veröffentlichung des *Chaika*-Films schrieb Nawalny eine E-Mail an Marvin Rees, seinen Klassenkameraden aus Yale: »Hallo, Marvin! Danke für deinen Brief. Ich weiß, dass du [für das Amt des Bürgermeisters von Bristol] kandidierst - Twitter ist eine Art Big Brother. Ich hoffe, du gewinnst. Ich darf Russland immer noch nicht verlassen, aber wenn ich kann, hoffe ich, Bristol mit Stil zu besuchen - mit einem befreundeten Bürgermeister. Du hast recht, ich bin raus aus dem Hausarrest und wieder mit meinen Aktivitäten beschäftigt.« Nawalny fügte einen Link zur Tschaika-Ermittlung hinzu und schrieb abschließend: »Ich habe deine Bilder auf Facebook gesehen - Khaleb [Rees Sohn] ist so groß!

Bleib in Kontakt. Alles Gute, A.«

Das Team Nawalny verlor die Korruption im Kreml nicht eine Sekunde lang aus den Augen. Als Putins angsteinflößender PR-Mann, Dmitri Peskow, im August 2015 in Sotschi zum dritten Mal heiratete, »die Hochzeit des Jahres«, entdeckte das Team ein Foto des Bräutigams, das sein alter Freund, Oleg Mitwol, aufgenommen hatte, der 2023 wegen Korruption ins Gefängnis kam. Mitwols Aufnahme zeigte eine schicke Uhr an Peskows Handgelenk mit einem goldenen Totenkopf auf dem Zifferblatt. Wie sich herausstellte, handelte es sich um eine limitierte Auflage der Richard-Mille-52-01-Uhr, von der nur dreißig Stück hergestellt wurden. Eine Uhr im Wert von mindestens 500 000 Euro, mehr als das Vierfache von Peskows angegebenem Jahreseinkommen. In seinem Blog setzte Nawalny noch einmal nach: »Natürlich gibt es da so manche Details in seinem Leben, von denen wir nichts wissen. Was die ›Hochzeit des Jahres‹ betrifft, hatten wir so viele Fotos der Uhr, dass wir beschlossen, diese Fragen öffentlich zu stellen. ›Wie kommt der Pressesprecher des Staatschefs an eine Uhr, deren Wert das Vierfache seines Jahreseinkommens beträgt?‹« Nawalny fügte hinzu, dass die Uhr, sollte sie ein Geschenk gewesen sein, laut den russischen Anti-Korruptionsgesetzen einbehalten werden müsste, da Beamte Geschenke im Wert von mehr als 3000 Rubel oder 35 Euro deklarieren müssen. Als Mitwol behauptete, mit der Uhr habe er Journalisten einen ausgeklügelten Streich gespielt, und Peskow habe sie sich von einem megareichen Freund geliehen, tauchte ein weiteres Foto auf, das zwei Wochen vor der Hochzeit aufgenommen wurde. Der ach so unverwechselbare goldene Totenkopf ist darauf eindeutig am Handgelenk des Kreml-Spindoktors zu erkennen.

Und Nawalnys Kommentar dazu in seinem Blog: »Wie könnte man die berühmte Aussage Peskows vergessen: ›Man sollte den [Anti-Korruptions-]Demonstranten die Eingeweide auf den Asphalt schmieren‹ … Es war also etwas Persönliches. Für seine schöne Richard-Mille-Uhr wird Dmitri Peskow Sie in Stücke schlagen und seine Lügen so lange wie nötig im Fernsehen verbreiten. PS: Wir erwarten, dass die Behörden des Präsidenten der Russischen Föderation - Herr Peskow ist ihr Angestellter - die relevanten Informationen über die Quellen der Finanzmittel, die zum Kauf dieser Uhr verwendet wurden, offenlegt. HAHAHAHAHA. Ich habe lange nicht mehr so herzlich gelacht.«

Kurz darauf schrieb Nawalny in seinem Blog: »Ende letzter Woche übergab eine sehr vertrauenswürdige Quelle der Anti-Korruptionsstiftung die folgende Information: ›Der Pressesprecher des russischen Präsidenten, Dmitri Peskow, verbringt gerade seine Flitterwochen mit Tatjana Nawka und einem kleinen Kreis von Freunden und Kindern auf einer gemieteten Jacht, die *Maltese Falcon*, vor der Küste Sardiniens.‹ Wie sich herausstellte, ist die *Maltese Falcon* ein außergewöhnliches Schiff. Wir präsentieren Ihnen 1. die größte, 2. die luxuriöseste und 3. die teuerste Segeljacht der Welt mit 88 Metern fast so lang wie ein Fußballfeld.

Die *Maltese Falcon* zu mieten kostet 385 000 Euro oder 26 Millionen Rubel pro Woche. Diese Kosten beinhalten noch keine Verpflegung und kein Entertainment. Dmitri Peskow muss drei komplette Jahresgehälter berappen, um sieben Tage auf dieser Jacht verbringen zu können.«

Entspannten sich Peskow und seine neue Frau also wirklich auf einem Dreimaster vor der Küste Sardiniens? Er bestritt die Geschichte und teilte der Anti-Korruptionsstiftung mit: »Ich bin in einem Hotel.«

Aber Gier macht keinen Spaß, wenn man nicht damit angibt. Und Nawalny war gerade erst dabei, auf die Startbahn zu rollen. »Sie fragen sich jetzt vielleicht, wie wir das abgesehen von der ›vertrauenswürdigen Quelle‹ beweisen können. Was wenn Peskow und Nawka mit den Kindern auf einem Camping-Urlaub auf der

Krim sind und nicht in Sardinien auf einer der teuersten Jachten der Welt?«

Nawalny nahm allgemein zugängliche Quellen zu Hilfe: Jacht-Tracking-Dienste zeigten, dass die *Maltese Falcon* vor der Küste Sardiniens war; Mitwol machte Fotos von anderen Jachten in der Nähe, die er auf Social Media postete; beide Jachten wurden in der Nähe der *Maltese Falcon* geortet; der Geotag des Instagram-Accounts von Sascha, der Tochter von Tatjana Nawka und Stieftochter von Peskow, beweist, dass sie in Sardinien ist.

»Und schließlich noch dies: Sascha ist offensichtlich auf einer Jacht, und der Name der Jacht steht auf ihrem Morgenrock. Der Name ist nicht vollständig lesbar – ›?altese Falco?‹, doch es ist nicht besonders schwer, die fehlenden Buchstaben zu erraten. Das Foto wurde auf der *Maltese Falcon* aufgenommen.«

Und jetzt startet Nawalny endgültig durch und erklärt, die Anti-Korruptionsstiftung fordere von dem Beamten Peskow eine Erklärung, wer die Miete für die Jacht bezahlt habe, beziehungsweise woher das Geld stamme, falls er selbst sie bezahlt hat; zudem mahnte er die Entlassung Peskows wegen des Uhrenskandals und des Trips auf einer Jacht an, der ihn das Dreifache seines Jahresgehalts kosten würde, und er verlangte einen Ethikbericht über Peskow und seinen Chef Putin.

Dmitri Gudkow, einer der ausgesprochen seltenen russischen Abgeordneten, die es wagten, die Mitglieder von Putins innerstem Zirkel zu kritisieren, tweetete: »Peskows Jacht ist ein Zeichen für die lang erwartete Kluft zwischen den Eliten. Wir decken uns mit Popcorn ein.« Gudkow wurde später aus der Partei ausgeschlossen, verlor seinen Sitz bei den Duma-Wahlen, wurde nach eigenen Angaben mit falschen Betrugsvorwürfen überzogen und saß einige Zeit im Gefängnis. 2021 floh er in die Ukraine.

Was als Nächstes kam? Ein Privatjet, um die Corgis der Frau des Ersten Stellvertretenden Ministerpräsidenten Igor Schuwalow,

Olga, an diverse unbekannte Ziele in aller Welt zu fliegen. Zur Veranschaulichung eines solchen Irrsinns blickte ein gut gelaunter Nawalny mit einem Corgi vor sich auf dem Tisch und bemüht ernster Miene frontal in die Kamera. Der Film der Anti-Korruptionsstiftung über den Privatjet für die Corgis ist grandioser Investigativjournalismus und grandioses Theater zugleich. Schuwalow ist ein geschmeidiger Akteur mit voluminösem Haar und fließendem Englisch, der für die Vergabe der Fußballweltmeisterschaft 2018 an Russland gesorgt hat und hoch in Putins Gunst steht. Er schmeichelt sich geradezu unterwürfig bei seinem Chef ein, etwa, als er 2015 sagte: »Wenn ein Russe den geringsten Druck aus dem Ausland spürt, lässt er seinen Führer niemals im Stich. Niemals. Wir überleben jede Härte in diesem Land - wir sparen an Essen, an Strom, an was auch immer, das wir eigentlich gewohnt sind. Aber wenn wir das Gefühl haben, dass jemand von außen unseren Führer auswechseln möchte und das nicht unser Wille ist, sondern uns aufgezwungen werden soll, werden wir geeint sein wie nie zuvor.«

Wuff! Wuff!

Der Privatjet der Schuwalows, ein Bombardier Global Express, kostet um die 40 Millionen US-Dollar und ist nicht im offiziellen Transparenzregister der Mitglieder der russischen Regierung aufgeführt. Nichts wies auf eine Verbindung zu Schuwalow hin. Das Team Nawalny verfolgte den Bombardier-Jet ganz einfach, indem es die Registriernummer in Flug-Tracking-Websites eingab und - siehe da - der Jet war sehr oft genau dorthin unterwegs, wo der Stellvertretende Ministerpräsident Schuwalow gerade war. So flog er am 16. Dezember 2015 nach Peking, wo der Ministerpräsident ein Gipfeltreffen mit der chinesischen Regierung hatte; am 18. Mai 2016 flog er nach Sotschi, wo die russische Regierung einen Kriegsrat abhielt; am 30. Mai nach Astana in Kasachstan, wo der Ministerpräsident an einem postsowjetischen

Gelage mit Putin teilnahm. Aber es gab auch inoffizielle Reisen. Die Anti-Korruptionsstiftung fand heraus, dass Schuwalow 2016 mit dem Jet dreizehn Dienstreisen und achtzehn private Flüge nach Salzburg unternahm. Zufälligerweise hatte Schuwalow in dem Verzeichnis eingeräumt, nahe Salzburg ein Zehn-Millionen-Dollar-Schloss gemietet zu haben. Doch als man weitersuchte, fand man ganz am Ende einer Reihe von ineinander verschachtelten Unternehmen, darunter eine österreichische Firma und eine Treuhandgesellschaft in Liechtenstein, eine Firma auf den britischen Jungferninseln, die Jewgeni Schuwalow, dem damals 24-jährigen Sohn Schuwalows gehörte. Die derzeitigen Eigentumsverhältnisse bleiben undurchsichtig.

Doch was ist mit den anderen nicht offiziellen Reisen? Das Team Nawalny vermerkt, dass der Bombardier-Jet mindestens acht Zielorte wie Riga, Prag, Zypern und Windsor in England angeflogen hat und dass Olga Schuwalowa Champion-Züchterin von Welsh-Corgis ist mit Namen wie »Pinkerton«, »Zarewitsch«, »Ostap Bender«, »Hugo Boss«, »I'm Your Idol« und Nawalnys Favorit, »Fox Pack Gabby Joy of Elves«.

Daraufhin überprüften sie, ob in diesen Zielorten Hundeausstellungen stattfanden und Bingo! »Olga Schuwalowa, die Gattin des Vizepremiers, hatte ihr Hundezucht-Hobby auf ein neues Niveau gebracht«, sagte Nawalny. »Ihre Corgis fliegen in Begleitung von eigenen Betreuern im Privatjet zu Hundeausstellungen.« Nawalny zitierte eine der Hunde-»Betreuerinnen«, Rita Ehrman, die auf Social Media verkündete, die Corgis würden keine Linienflüge nehmen, weil es »in der Businessclass nicht so komfortabel ist«.

Schuwalowa erklärte dem Team Nawalny, dass ihre Corgis, wenn sie von hier nach da fliegen, dazu beitrügen, »die Ehre Russlands zu verteidigen«.

Nawalny schäumte vor Wut in seinem Video: »Wir haben 22,9 Millionen Menschen, die in extremer Armut leben, 20 Prozent der Bevölkerung praktisch bettelarm, und dieser Mann gibt 40 Millionen Rubel (2016 waren das ca. 500 000 Euro) im Jahr für die Flüge von Hunden aus. Das ist nicht normal, es ist unmoralisch und geistesgestört.«

Die Anti-Korruptionsstiftung führte weiter aus, dass Schuwalow in einem der charakteristischen stalinistischen Wolkenkratzer in Moskau zehn Wohnungen für fast zehn Millionen US-Dollar zu einer einzigen »Zarenwohnung« umbauen ließ, und in der Schweiz und London Häuser und Wohnungen sowie das bereits erwähnte Schloss in Österreich in einem Gesamtwert von 90 Millionen US-Dollar besaß.

Nawalny ging am Beginn seiner Recherche in den August 2014 zurück, als der russische Einmarsch in die Ostukraine in vollem Gange war und der Stellvertretende Ministerpräsident Schuwalow für sein Londoner Apartment 11,5 Millionen Pfund zahlte (zum damaligen Kurs etwa 14,5 Millionen Euro). Allein die Steuern für den Kauf hätten mit dem Achtfachen von Schuwalows offiziellem Jahreseinkommen zu Buche geschlagen. Schuwalow erwähnte von dem Kauf in seiner Transparenz-Erklärung für jenes Jahr nichts, sprach aber davon, ein Apartment in London gemietet zu haben. Nawalny sah großzügig darüber hinweg und konzentrierte sich auf eine von zwei Wohnungen in Whitehall Court Nummer 4 am Victoria Embankment, zufällig mit Blick auf den Sitz des britischen Verteidigungsministeriums. Whitehall Court bildet das südliche Ende einer Gegend mit eindrucksvoller viktorianischer Architektur inklusive Blick auf die Themse; am nördlichen Ende befindet sich mein Club, der National Liberal Club.

Nawalny wies darauf hin, dass das Gebäude äußerst eindrucksvoll sei, an der Themse und nur fünf Minuten von Westminster entfernt. Bis zum Ende des Ersten Weltkriegs war es der Sitz des britischen Geheimdienstes MI6. »Es ist schwer vorstellbar, dass man in einem solchen Gebäude leben kann, es ist Chichi und viel zu pompös«, meinte Nawalny.

Die Wohnung hat fast 500 Quadratmeter, sechs Schlafzimmer, ein Speisezimmer mit zwei Kaminen und ein Wohnzimmer, in dem ein Flügel steht, alles mit Blick auf die Themse. In Nawalnys Blog heißt es: »Schuwalow versteckte die Wohnung mehr als zehn Jahre lang hinter anonymen Offshore-Firmen und inzwischen hinter einem russischen Unternehmen, statt offen zuzugeben, dass diese 500-Quadratmeter-Luxuswohnung in London ihm gehört. Er täuschte die russischen und die britischen Steuerbehörden, beauftragte Anwälte mit der Verwaltung des Vermögens und richtete Blind Trusts ein, nur um die Tatsache zu verschleiern, dass diese spezielle Wohnung dem Ersten Stellvertretenden Ministerpräsidenten der Russischen Föderation gehörte.«

Nawalnys Nachforschungen zeigten, dass das Eigentum an der Wohnung wie ein Stapel Spielkarten durch eine Reihe anonymer Unternehmen ging, bis es schließlich bei Sova Real Estate landete, einem russischen Unternehmen, das dem damaligen Stellvertretenden Ministerpräsidenten und seiner Frau Olga gehörte.

Nawalny sagte, Schuwalow sei nicht einfach nur ein Betrüger, sondern gehöre zu diesen Winkeladvokaten des Kreml, »die den ganzen verlogenen, scheinheiligen Quatsch propagieren wie ›die Bürger müssen ihr letztes Hemd für die Partei und die Regierung geben‹. Ein starkes Stück, uns in den Krieg zu führen und in aller Ruhe 688 Millionen Rubel für eine Wohnung auf dem Staatsgebiet eines potenziellen Feindes zu bezahlen.«

Er kündigte an, dass die Anti-Korruptionsstiftung offiziell bei Putin, bei den Regierungsbehörden, die angeblich die Korruption bekämpfen, sowie in der Duma Beschwerde über Schuwalow einreichen werde: »Dann warten wir auf ihre Antworten, lesen sie und lachen.«

Bemerkenswert an den Enthüllungen über Schuwalow war, dass er 2018 von seinem Amt in der russischen Regierung zurücktrat. Es ist also durchaus möglich, dass die rivalisierenden Machtzentren im Kreml die Anti-Korruptionsstiftung mitunter nutzten, um ihre persönliche Vendetta von Dritten führen zu lassen. In Russland, so erklärte mir ein alter britischer Geheimdienstoffizier gern, sei nichts wie es scheint. Sicherlich, aber ich glaube, dass das Team Nawalny wirklich sein eigenes Ding machte, und waren die schmutzigen Geschäfte erst einmal ans Licht gekommen, manipulierten die Big Player aus dem Kreml die Informationen für ihre eigenen dunklen Zwecke. Klar, dass nicht besonders helle ist, wer auf zwingende Beweise für massive Korruption - der Beweis ist, dass sie so reich sind, dass sie ihre Zucht-Corgis im Privatjet um die ganze Welt fliegen können - anfängt, von Russlands Ehre zu schwafeln. Es sei auch darauf hingewiesen, dass sich Putin selbst nur allzu bewusst ist, dass jeder Fisch im Piranha-Becken des Kreml genauso korrupt ist wie er, und er es für nötig erachtet, wenn die Korruption allzu unverhohlen offensiv betrieben wird, der Karriere eines Gefolgsmanns den Todesstoß zu versetzen. Insofern waren die Ereignisse um Schuwalow fast wie die Szene aus dem James-Bond-Film *Man lebt nur zweimal*, als Ernst Stavro Blofeld seine flauschige weiße Katze streichelt und ein Pedal drückt, woraufhin die Brücke über ein Piranha-Becken in dem Vulkan, den er als Versteck nutzt, bricht und Helga Brandt bei lebendigem Leib gefressen wird. Das Leben im Kreml muss extrem ungemütlich sein. Die gestohlenen Reichtümer sind unermesslich, aber die Konsequenzen eines Fehltritts sind ebenfalls schrecklich. Und jeder Schritt wird von den anderen beobachtet, die nur darauf warten, dass man einen Fehler macht.

Eine letzte Bemerkung zum Fall eines russischen Stellvertretenden Ministerpräsidenten, der dank Korruption so außergewöhnlich reich ist, dass er es sich leisten kann, die Corgis seiner

Ehefrau um die Welt zu fliegen und sich eine Wohnung mit Blick auf das Verteidigungsministerium in London zu kaufen, sei mir noch gestattet. Hat irgendjemand aus dem MI5, dem britischen Inlandsgeheimdienst, darauf aufmerksam gemacht und ein Memo verschickt à la: »Hört mal, Jungs. Der russische Stellvertretende Ministerpräsident kauft gerade eine Wohnung mit Blick auf das Verteidigungsministerium. Die Möglichkeit ist hoch, dass die Russen diese Wohnung für Spionagetätigkeiten nutzen, Spionagekameras so ausstatten, dass sie mitverfolgen können, wer kommt und geht, und die neueste Abhörtechnologie einsetzen, um unsere Gespräche mitzuhören. Wollen wir dem ein Ende setzen?« Ich habe keine Ahnung, ob ein derartiges Memo je verschickt wurde. Klar ist jedenfalls, dass die damalige Regierung Ihrer Majestät das Geld nahm und Putins Geschöpf erlaubte einzuziehen. Man kann sich des Gefühls nicht erwehren, dass Nawalny die Gefahr, die der russische Schattenstaat für das Vereinigte Königreich darstellt, besser erkannt hat als dessen vermeintliche Verteidiger.

Nach Schuwalow widmete sich das Team Nawalny der zweitmächtigsten Figur im Regime Russlands, Dmitri Medwedew, der seine Position im Machtgefüge der Tatsache verdankt, dass er ein heillos ehrgeiziger Anwalt ist, wie Richard Rich in Robert Bolts Stück *Thomas More* (verfilmt unter dem Titel *Ein Mann zu jeder Jahreszeit*), und dass er ein paar Zentimeter kleiner ist als Putin. Russische Journalisten wissen, dass Medwedew einen Landsitz an der Wolga hatte, doch die umgebenden Mauern waren fünfeinhalb Meter hoch, sodass es nie jemandem gelang, ein Foto davon zu schießen. Auftritt die Luftwaffe der Anti-Korruptionsstiftung, wie Nawalny die Drohnenarmee der Stiftung im Video nennt. Die Drohne fliegt über die Wolga zu dem 966 Millionen US-Dollar teuren Anwesen, das über einen eigenen Jachthafen verfügt, eine Skipiste, drei Hubschrauberlandeplätze, eine eigene

Funkstation, ein Riesenschachspielfeld unter freiem Himmel und ein maßgeschneidertes Entenhaus. Die gigantische Summe, die in die Enten gepumpt wurde, griff die russische Opposition auf, und bei den Demonstrationen gegen das Regime tauchten junge Leute mit kleinen gelben Plastikentchen auf. Medwedes Sprecher sagte, dass er dort nie einen Wohnsitz besessen oder gemietet habe, sondern sich dort nur aufgehalten habe, daher die Funkstation. Als Dementi war das einigermaßen dämlich.

Ein Meer aus Glühwürmchen, eine Uhr, eine Jacht, ein Privatjet für Corgis, ein Entenhaus für einige Millionen Dollar: Tschaika, Peskow, Schuwalow, Medwedew und die anderen haben zusammen Milliarden von Dollar öffentlicher Gelder gestohlen und für ihre eigenen schmutzigen, hemmungslosen Wünsche abgezweigt. In Putins Russland herrscht unter den großen Ländern weltweit, kaum überraschend, die größte Ungleichheit. Ein Prozent der Bevölkerung besitzt 58 Prozent des Gesamtvermögens. Damit steht Russland deutlich schlechter da als Brasilien, Indien, die USA, Deutschland, China und das Vereinigte Königreich.

Es ist schwer zu vermitteln, wie arm normale Russinnen und Russen sind, aber ich bekam 2007 einen Eindruck davon, als ich für die BBC die Fernsehdokumentation *Vodka's My Poison* (Wodka ist mein Gift) drehte. Sie nannten es den gelben Tod. Es begann im Sommer, als Dutzende Menschen mit abscheulich gelber Farbe in der Notaufnahme auftauchten. Aus den Dutzenden wurden Hunderte und schließlich Tausende. Die harmloseren Fälle konnten sich erholen, haben aber eine deutlich kürzere Lebenserwartung. Die schwersten Fälle? Natascha war keine dreißig, sie hatte einen siebenjährigen Sohn namens Maxim und nur noch ein Jahr zu leben. Ihr Körper war komplett gelb, eindeutiges Zeichen einer toxischen Hepatitis. Etwas hatte ihre Leber zerstört und die natürlichen Giftstoffe im Körper konnten nicht mehr abgebaut werden. Ihr eigener Körper vergiftete sie und die

Medizin - zumindest das staatliche Gesundheitswesen in Russland - konnte nichts dagegen tun. Was war passiert? Putin hatte den Preis für Wodka auf einen Schlag um das Dreifache erhöht. Natascha und ihre Freunde wollten unbedingt Alkohol trinken und hatten ihrem Selbstgebrannten eine neues Handwaschmittel hinzugefügt. Das Handwaschmittel war billig und hochalkoholisch, aber auch tödlich. Ich erinnere mich an die düstere Atmosphäre im Keller des Krankenhauses, Stahltüren, die ins Schloss fielen, und gelbe Gespenster, die ihre letzten Wochen dort verbrachten, es herrschte ein Mangel an Medikamenten, Pflege, Geld, Licht und Hoffnung. Es macht mich immer noch wütend; dabei dürfte die Wut, die Nawalny empfand, der in aller Klarheit begriff, von wo die immensen Reichtümer des russischen Staates abgeschöpft wurden, noch um ein Vielfaches größer gewesen sein.

Man kann zweifellos sagen, dass von den drei ernst zu nehmenden Oppositionskandidaten, die das Zeug dazu hatten, gegen Putin anzutreten - Kassjanow, Nawalny und Nemzow - nur Nawalny den Apparatschiks im Kreml so viel Ärger bereitete. Doch während der langen Zeit bis zu den nächsten Präsidentschaftswahlen 2018 verringerte sich die Zahl von drei auf eins. Der erste, der vom Schachbrett russischer Macht genommen wurde, war Nemzow, der charismatische, ehemalige Stellvertretende Ministerpräsident unter Jelzin, den man gewissermaßen zu Nawalnys Zellengenossen befördert hatte, als sie gemeinsam wegen der Bolotnaja-Proteste gegen Putin inhaftiert waren. Auf dem Nachhauseweg mit seiner ukrainischen Freundin über die Moskwa, nur etwa hundert Meter vom Kreml entfernt, wurde er viermal in den Rücken geschossen.

Ungefähr ein Jahr zuvor hatte ich mit Nemzow ein Interview über die grotesk korrupten Olympischen Winterspiele in Sotschi geführt und ihn nach den fünf Milliarden Dollar teuren Straßen und Bahntrassen von der Küste bis zum Skigebiet in den Bergen befragt. Nemzows Antwort war: »Es wäre billiger gewesen, diese Straße mit Louis-Vuitton-Handtaschen auszulegen.« Vor meinem Treffen mit Nemzow hatte ich einige Zeit mit dem geradezu lächerlich dummen putinistischen Bürgermeister von Sotschi verbracht. Er hatte meine Frage einfach abgebügelt, wie schwule Olympioniken in einer Stadt behandelt würden, und, ganz im Zeichen der homophoben Gesetze des Kreml, stolz erklärt: »Es gibt keine Schwulen in Sotschi.« Als ich Nemzow davon erzählte, musste er so lange so sehr lachen, dass wir Teile davon herausschneiden mussten. Er hatte einen wunderbaren Sinn für Komik, und als ich erfuhr, dass man ihn erschossen hatte, konnte ich die Tränen nicht zurückhalten.

Nemzow hatte seinen Tod vorhergesehen. Über all die Jahre war er nicht gerade zimperlich mit Putin umgegangen, nannte ihn paranoid, »der teuflische Präsidentenzwerg« oder »ein Geisteskranker«. Ungefähr zwei Wochen vor seiner Ermordung sagte Nemzow gegenüber der Website *Sobesednik*, seine 87-jährige Mutter mache sich Sorgen: »Jedes Mal, wenn ich sie anrufe, fleht sie mich an: ›Wann hörst du auf, Putin zu verspotten? Er wird dich töten!‹« Ob er um sein Leben fürchte, fragte die Journalistin von *Sobesednik*. »Ja, nicht so sehr wie meine Mutter, aber doch auch …«

Dasselbe sagte er in einem anderen Gespräch mit Jewgenija Albaz, der jüdischen Demokratieaktivistin, die gemeinsam mit Nawalny an den rechtsgerichteten Russischen Märschen teilgenommen hatte. Albaz sagte, dass Nemzow »Angst hatte, umgebracht zu werden … Und er versuchte, sich selbst und mich zu überzeugen, sie würden ihm nichts tun, weil er ein [ehemaliges] Mitglied der Regierung und Vizepremier war und sie keinen Präzedenzfall schaffen wollten. Denn er sagte, irgendwann wird die Macht in Russland wieder in andere Hände übergehen, und wer Putin gedient habe, würde lieber keinen solchen Präzedenzfall schaffen wollen.«

Die Gerüchte im Dunstkreis Moskaus besagen, dass die Ermordung Nemzows von Putins psychopathischem Quisling in Tschetschenien, Ramsan Kadyrow, in Auftrag gegeben wurde. Putin sei wütend darüber gewesen, dass er das Attentat befohlen habe. Ich weiß nicht, ob dies der Wahrheit entspricht oder nicht. Es ist gut möglich, dass es Kadyrows Entscheidung war, Nemzow zu töten; möglich ist auch, dass Kadyrow eine Kritik Putins überinterpretiert hat, ähnlich der Bemerkung Heinrichs II. über Thomas Becket: »Kann mich denn keiner von diesem lästigen Priester befreien?«; und es ist möglich, dass Putin Nemzow ermorden ließ und seine Handlanger die Nebelmaschine anwarfen und auf Kadyrow richteten. Sollte Sie das nicht zufriedenstellen, bitte ich Sie sich noch einmal den Satz in der Einleitung dieses Buches in Erinnerung zu rufen: »In Russland ist es schwierig, Fakten zu überprüfen, denn macht man das gründlich, ist man am Ende tot.« Wenn Sie mich fragen, lag Nemzows Mutter mit ihrer Ahnung richtig, und es war Putin, der ihn töten ließ. Wenn nicht, war er auf jeden Fall der Zirkusdirektor, in dessen Zirkuszelt sich der Mord ereignete. Nach seiner Ermordung sagte der Kreml, dass Nemzow »nicht viel mehr als ein normaler Bürger« gewesen sei. Es ist nichts Neues, dass sie die Menschen, die sie umbringen, verächtlich machen. Es ist ein verräterisches Zeichen.

Die zweite Schachfigur, die vom Brett gefegt wurde, war Michail Kassjanow, Putins erster Ministerpräsident, der aus dem politischen Establishment heraus zu einem scharfen Kritiker wurde. Er wurde nicht getötet, aber sexuell bloßgestellt, als die Geheimpolizei ihn nicht mit seiner damaligen Frau, sondern mit seiner Freundin, Natalja Pelewina, beim Sex filmte. Die Filme wurden über NTW und kremlnahe Boulevardblätter verbreitet. Pelewina erzählt mir in dem Podcast *Taking On Putin:* »Ich war am Boden zerstört. Die Welt um mich herum brach zusammen, und nichts blieb mehr, ich wollte nicht mehr weiterleben. Und ich übertreibe nicht, denn sie hatten mich nicht nur als abscheulichen Menschen gezeigt. Sondern auch nackt. Sie zeigten mich, wie es für eine Frau einfach unvorstellbar ist. Ich erhielt danach von Leuten aus aller Welt Nachrichten, nach einem ähnlichen Video habe sich ihre Freundin umgebracht. Menschen nehmen sich also das Leben, wenn so etwas an die Öffentlichkeit gezerrt wird. Eine Zeit lang wollte ich nicht mehr leben ... Damals im Jahr 2012, als ich nach Russland kam, um gegen das Regime zu kämpfen, wussten wir nicht, dass Wladimir Putin dermaßen ungeheuerlich werden würde, dass man mich schließlich nackt im Fernsehen beim Sex vorführt.«

Doch Putin mit ihrem Suizid zu belohnen, kam nicht in Frage. Ich sagte Natalja, dass mir leidtat, was sie und Kassjanow durchmachen mussten, und dass die Kreml-Schläger, die das getan haben, widerwärtige Menschen sind. Sie antwortete: »Danke, ich weiß das zu schätzen. Ich stimme Ihnen zu, sie sind widerwärtig, und Menschleben sind ihnen egal, von menschlichen Beziehungen und der Würde des Menschen ganz zu schweigen. Sie besitzen selbst keine. Ich wollte ihnen den Gefallen nicht tun, mich endgültig umzubringen, und so musste ich mich durch diesen Horror kämpfen und hoffen, dass am Ende ein wenig Licht sein wird.«

Kassjanow erzählte Michail Fischman von *The Moscow Times:* »Ich war darauf gefasst, dass sie mich unter Druck setzen würden, aber ich hatte nicht erwartet, dass sie das Schloss meiner Wohnung aufbrechen und Wanzen und Kameras installieren würden. Es gibt nur zwei Spezialeinheiten in Russland, die dazu in der Lage sind: der FSB [russischer Inlandsgeheimdienst] und der FSO [präsidialer Sicherheitsdienst und Sicherheitsdienst zum Schutz hochrangiger Staatsbeamter]. Ich weiß nicht, welcher es war. Das hatte mich überrascht.«

Fischman fasste das Schicksal der Opposition unter Putin mit einem Zitat aus Kassjanows Biografie »Ohne Putin« aus dem Jahr 2008 zusammen: »Beim Schach gibt es den Ausdruck ›Zugzwang‹. Das bedeutet, dass man keinen Zug auslassen darf, selbst wenn einen jeder weitere Zug schwächt.«

Sein erster Sturz war sein Rausschmiss durch Putin Ende 2004. Kassjanow galt als guter Ministerpräsident, doch Ende der 1990er-Jahre erhielt er den Spitznamen »Zwei-Prozent-Mischa«, eine Anspielung auf die 2 Prozent Beteiligung, die er angeblich bei Regierungsgeschäften kassierte. Kassjanow sagt, Putin selbst habe den Spitznamen bei der letzten Besprechung im Dezember 2004 aufgebracht: »Vergiss diesen Spitznamen nicht, solltest du dich je dazu entschließen, zur Opposition zu wechseln«, drohte Putin. Sein zweiter Sturz war das Sexvideo, in dem das Paar, wie jedes politische Paar der Welt, über seine Verbündeten herzog, einschließlich Nawalny. Kassjanow hielt noch eine Weile durch, ein Vogel mit einem gebrochenen Flügel, doch seine Karriere in der russischen Politik war vorbei.

Damit blieb nur noch einer: Nawalny.

Kapitel zehn
Im Kampf gegen den Drachenkönig

Im April 2017 erhielt Marvin Rees eine Nachricht von einem Ex-Häftling: »Hey, Marvin, ich bin gerade aus dem Knast gekommen, habe meine E-Mails gecheckt und war froh, deine zu sehen. Danke für deine Unterstützung, Mann!« Ein paar Tage später spritzte jemand Nawalny eine ätzende Chemikalie ins Gesicht, die ihn halb erblinden ließ.

Sein Blogpost nach der Attacke war typisch Nawalny: »Viele Menschen fragen: ›Wie geht es deinem Auge?‹ und ›Was machen die Ermittlungen?‹, also möchte ich hier einmal beides beantworten. Vielen Dank an alle, die sich Sorgen machen/mir ihr Mitgefühl aussprechen/einen guten Arzt empfehlen. Ich bin jetzt bei einem der besten Augenärzte Moskaus in Behandlung, mir geht es gut. Dem Auge leider weniger. Der Arzt geht davon aus, dass sie mir grüne Farbe, gemischt mit etwas anderem, ins Gesicht geworfen haben, denn nur grüne Farbe allein kann das Auge nicht derartig verbrennen … Es ist natürlich unangenehm, aber da kann man nichts machen. Das ist Russland im Jahr 2017 – statt politische Debatten zu führen, werfen sie einem ätzende Chemikalien ins Gesicht. Die politischen Methoden des alten Herrn Putin führen dazu, dass ich so aussehen werde …«

An dieser Stelle ploppte die Abbildung eines Wesens auf, halb Mensch, halb Roboter, mit einem roten Auge, das blinz-blinz-blinzelte.

Nawalnys »schönes Russland der Zukunft« hat lange auf sich warten lassen. Und wir warten immer noch.

Er befand sich vor seinem Moskauer Büro, als ein Mann auf ihn zugerannt kam, ihm einen Becher mit einer Flüssigkeit ins Gesicht schleuderte und davonlief. In dem Becher befand sich eine grüne Flüssigkeit, Seljonka, ein verbreitetes medizinisches Desinfektionsmittel, das an sich keinen größeren Schaden anrichtet. Seljonka-Attacken auf russische Oppositionelle durch die Erfüllungsgehilfen des Kreml kommen häufig vor und sind eine Warnung, dass beim nächsten Mal etwas Schlimmeres passieren könnte. Nawalny selbst war auch in der Vergangenheit bereits mit Seljonka angegriffen worden, und es hatte ihn nicht davon abgehalten, seine Aktivitäten mit voller Kraft voraus weiterzuverfolgen. Diesmal hatten die Handlanger jedoch ein ätzendes Mittel hinzugefügt, das ihm eine Zeit lang 80 Prozent seiner Sehfähigkeit im rechten Auge raubte. Er erhielt in Spanien eine Spezialbehandlung, genas und machte weiter.

Überwachungskameras sind überall. Nawalnys Angreifer im April 2017 wurden ebenfalls gefilmt, dennoch wurde niemand verhaftet. Aus keinem ersichtlichen guten Grund, jedoch aus ersichtlichen bösen Gründen manipulierte die Polizei das Video nämlich, bevor es an die Öffentlichkeit gelangte. Sie machte das Gesicht des Angreifers sowie das eines zweiten Mannes, der langsam mit einem Mobiltelefon in der Hand den Tatort verließ, unkenntlich. Warum um Himmels willen hat sie das getan?

Nawalnys Team forschte nach und fand eine andere Version der Bänder aus den Überwachungskameras, bei der das Gesicht des zweiten Mannes kurz zu sehen war. Der Mann mit dem Handy war Alexej Kulakow, ein ehemaliger Major der Moskauer Polizei. Außerdem hatte die Moskauer Polizei zwar das Gesicht des Angreifers unkenntlich gemacht, nicht aber seine Kleidung und seine Schuhe. So war es relativ einfach, ihn als Alexander Petrunko zu identifizieren. Alle Beteiligten bestreiten jegliches Fehlverhalten.

Beide Männer waren Mitglieder einer merkwürdigen Vereinigung von unheimlichen Spinnern: SERB. Die Buchstaben stehen für *South East Radical Block* und bilden auf Englisch ein Akronym für eine Bevölkerungsgruppe, die nicht im russischen Mutterland beheimatet ist, sondern in der von Russland besetzten Ukraine. Ziel der Vereinigung war es, »traditionelle russische Familienwerte zu fördern und dem moralischen Verfall der Gesellschaft, der uns aus dem Westen und Amerika aufgezwungen wird, ein Ende zu setzen«. Die Gruppe störte prodemokratische Kundgebungen, verbreitete die Kreml-Linie und belästigte insbesondere Russen und Russinnen, die das Andenken von Boris Nemzow bewahrten und an dem improvisierten Schrein mit Kerzen, Kränzen und eingerahmten Fotografien in der Nähe des Kreml, an der Stelle seiner Ermordung auf der Brücke über die Moskwa, Wache hielten.

Von Nemzows Ermordung 2015 an hatten Pro-Kreml-Schläger wiederholt die Wachen angegriffen, die rund um die Uhr seinen Schrein hüteten. Im August 2017 schlug ein Unbekannter einen 35 Jahre alten Freiwilligen nieder, der später im Krankenhaus verstarb. Es gibt keinen Hinweis darauf, dass SERB irgendetwas mit diesem Todesfall zu tun hatte. Ich vermute, der Kreml wollte den Druck auf die Nemzow-Aktivisten und -Aktivistinnen aufrechterhalten und gleichzeitig die Schikanen stärker kontrollieren und eine Art Straßentheater der Repression aufziehen. Für diese Art von Arbeit eignet sich niemand besser als ein gescheiterter Schauspieler. Der Beruf des Anführers von SERB, Igor Beketow? Gescheiterter Schauspieler.

Im September 2018 griffen zehn SERB-Mitglieder zwei Wachen am Nemzow-Schrein mit Pfefferspray an, bewarfen sie mit Exkrementen, stahlen Blumen und Porträts von Nemzow und flohen vom Tatort, berichtete *Radio Free Europe*. Die Wachen riefen die Polizei, aber die kam nicht. Bedenken Sie, das Ganze spielte sich einen Steinwurf vom Kreml und dem Roten Platz entfernt ab. Ich wurde innerhalb von zehn Sekunden verhaftet, als wir dort drehten. Es ist eine der Zonen mit der höchsten Polizeipräsenz auf der Welt. Unter den Angreifern machten die Nemzow-Wachen Beketow aus.

Sich in die Köpfe von Menschen hineinzuversetzen, die sich dafür bezahlen lassen, die Gedenkstätte für einen verstorbenen Helden zu entweihen, ist schwer, aber man muss verstehen, dass diese Aktivitäten von dem moralisch verdorbenen Typen im Kreml gesteuert wurden.

Andrej Soldatow und Irina Borogan sind ein weltweit führendes Expertenpaar für die russische Geheimpolizei. Sie leben inzwischen in London im Exil, da sie vom Kreml gesucht werden. Soldatow sagte mir, die SERB-Mitglieder hätten im Grunde einen Freibrief vom »E-Zentrum« - das ist die Kurzform für das russische »Zentrum für Extremismusbekämpfung« -, die Anti-Terror-Polizei. In diesem Fall kann man »Anti« allerdings auch einfach weglassen. Die beträchtliche Mühe, sich genauer anzuschauen, wie »Terrorismusbekämpfung« in Russland aussieht, lohnt sich. Im März 2024 wurden 144 Russinnen und Russen von Mitgliedern des Islamischen Staates Khorasan im Crocus-City-Hall-Einkaufszentrum in Moskau ermordet. Mit absurden, unglaubwürdigen Beweisen versuchten die Behörden, der Ukraine die Schuld in die Schuhe zu schieben. Wie sich herausstellte, hatten US-Geheimdienste ihre russischen Kollegen gewarnt, dass der IS-K einen Anschlag in ebenjenem Einkaufszentrum plante. Trotzdem verpennten die Moskauer Behörden das. Wie es den IS-K-Mördern gelingen konnte, so viele Unschuldige umzubringen, wundert einen aber schon weniger, wenn man versteht, wie russische Antiterroreinheiten ihre Zeit verbringen: Sie infiltrieren keine extremistischen Organisationen, sondern planen Attacken auf das Augenlicht des Oppositionsführers.

In Echt waren die SERB-Aktivisten nicht so scheußlich, wie ich erwartet hatte. Sie waren viel, viel scheußlicher. Anfang 2018 flogen Jon Coffey, der Produzent von *BBC Panorama*, Seamas McCracken und ich nach Moskau, um im Vorfeld der Präsidentschaftswahl im März *Taking On Putin* zu drehen. Darin ging es um Nawalnys großen Kampf gegen den Drachenkönig. Coffey war der Meinung, es würde gutes Fernsehen ergeben, wenn ich mit den SERBs abhänge - in etwa derselbe Effekt, wie wenn man Lithium in Wasser gibt. Sagit Aktschurin, unser Agent vor Ort, führte einige Telefonate und siehe da, es kam tatsächlich zu einem Treffen, und zwar bei der Marschall-Schukow-Statue in der Nähe des Kreml. Die SERB-Vertreter waren zu viert. Beketow war auffällig groß, laut und langweilig. Noch einmal: Es ist schwer rüberzubringen, wie nervtötend Menschen sind, die Diktaturen dienen, wie monoton und unsinnig ihre Gesprächsbeiträge klingen. Um seinen Körper und seine Birne vor dem Schnee zu schützen, trug Beketow eine knallrote Wollmütze mit der Aufschrift SERB und unter seiner Winterkleidung eine stichsichere Weste. Seltsam. Der Ex-Polizeimajor Kulakow, der zweite bei dem Säureangriff auf Nawalny unkenntlich gemachte Mann aus dem Video der Überwachungskamera, hielt sich im Hintergrund und filmte alles mit seinem Mobiltelefon, das er auf einen Selfiestick montiert hatte - gruselig, nicht sonderlich gesprächig, schielend und total durchgeknallt. Und schließlich zwei weitere, weniger aktive Geheimpolizei-Statisten. Nawalnys Angreifer Petrunko erschien nicht, wahrscheinlich hielten seine Aufpasser vom E-Zentrum das für eine zu große Provokation.

Beketow führte uns zu der Stelle, an der Nemzow ermordet worden war. Dort ging er einen alten Kerl an, der allein den Schrein bewachte. Der Alte ließ sich das nicht bieten: »Alle Politiker, die ich wählen wollte, wurden ermordet.« Dann schnauzte Beketow ihn dafür an, dass er die Brücke als »Nemzow-Brücke«

bezeichnete, statt den offiziellen Namen zu verwenden - wieder ein Fall, in dem behördenmäßige Korrektheit den Vollstreckern des Regimes wichtiger ist als menschlicher Anstand. Ich befragte Beketow zu den Anschuldigungen, dass die Gruppe vom E-Zentrum gelenkt würde. Er leugnete das.

Beketow schlug vor, einen zweiten Schauplatz zu besuchen, an dem es einen weiteren »illegalen« Schrein für Nemzow gäbe. Sagit flüsterte mir ins Ohr, er fürchte, das könne eine Falle sein. Die Sache ist bloß die: Eine Falle macht sich super im Fernsehen. Also willigten wir ein. Am Ende der Nemzow-Brücke gingen wir zu einem Wohnblock, wo der Oppositionelle zuletzt vor seinem Tod gelebt hatte. Der Besitzer des Wohnblocks hatte Nemzows Unterstützern verboten, ein Foto von ihm an die Hauswand zu hängen, aber der des nächsten Blocks, nur ein paar Meter weiter, hatte Ja gesagt. Dort hingen also ein gerahmtes Porträt von Nemzow, einem gut aussehenden Kerl, und ein Blumenkranz. Beketow riss das Bild von der Wand und warf den Kranz fort. Angewidert trat ich zurück. Die Szene wurde von Seamas und dem Ex-Major Kulakow mit seinem Selfiestick gefilmt. In dem Video kann man mich deutlich sagen hören: »Ist das nicht Entweihung eines Schreins?«

Wir verabschiedeten uns von den SERB-Leuten und gingen unseren ordnungsgemäßen Tätigkeiten nach. Allerdings nicht lange.

Am nächsten Tag führten wir mit Soldatow ein Interview über den FSB, während wir mit unserem Transporter rund um die Lubjanka fuhren, das Hauptquartier des FSB, und vom FSB verfolgt wurden. Normal. Wie eine Lämmerherde folgten uns die Leute vom Geheimdienst auf Schritt und Tritt. Seamas und ich hatten unseren Spaß, uns die Autokennzeichen der Kreml-Gehilfen zuzurufen, die immer wieder auftauchten. Ich habe darüber in *Der Killer im Kreml* geschrieben, aber das Verstreichen der Zeit bringt es mit sich, dass dieser Bericht hier vollständiger ist. Während wir um die Lubjanka fuhren, fragte ich Soldatow, wie viele Menschen dort im Keller umgebracht worden waren. »Tausende. Wir sind verflucht, was das angeht. Wir haben die Erinnerung an die Angst verinnerlicht. Weil wir diese Katastrophe in der Vergangenheit hatten, über die niemand sprechen will, interessieren sich die Leute nicht für Freiheit. Wir haben immer noch Angst vor Stalins Geheimpolizei.«

Dieser letzte Satz bringt in acht Worten die fortwährende Tragödie Russlands, dieses Buches, dessen, wogegen Nawalny sein Leben lang gekämpft hat, auf den Punkt.

Coffey, unser Geige spielender nordirischer Produzent, war nicht draußen auf der Straße unterwegs und wurde von der Geheimpolizei verfolgt, sondern entspannte unter dem Vorwand, die bereits fertigen Aufnahmen zum Schneiden nach Großbritannien zu senden, im Morgenmantel in seiner Hotelsuite und schlürfte Wodka-Martini. Coffeys Geschichte lautete, das Hotelinternet sei langsam und das Ganze sei dadurch noch zeitaufwendiger, dass er die Aufnahmen verschlüsselt verschicke, um sie vor neugierigen Blicken zu schützen. Wie es sich traf, erzählte unser Produzent die Wahrheit. Coffey hatte eine schnellere Internetverbindung im Moskauer Büro der BBC genutzt, bis man ihn ohne Angabe von Gründen gebeten hatte zu gehen.

Zurück zu der Verfolgungsjagd. Aus Sicherheitsgründen hatte ich mein normales Mobiltelefon in London gelassen und nutzte ein Wegwerfhandy. Darauf erhielt ich nun einen Anruf von Coffey, der sagte, vier russische Polizisten seien im Hotel aufgetaucht und wollten mit Seamas, Sagit und mir sprechen.

Das Dumme war, dass wir Soldatow noch bei uns im Transporter hatten und das ungeschnittene Interview mit ihm in Seamas' Kamera. Wir hielten mit dem Transporter direkt neben einer Metrostation, schoben die Tür auf, und Soldatow rannte hinunter in die Moskauer U-Bahn, zu schnell für unsere Verfolger. Ich entschied, dass wir zum BBC-Büro fahren und die Speicherkarte mit den Aufnahmen dort lassen sollten, um unsere Quelle Soldatow zu schützen, und uns dann ins Hotel begeben und der Polizei stellen würden.

Unsere Kollegen von BBC Russia im Moskauer BBC-Büro hörten sich unsere Bitte, unsere Speicherkarte aufzubewahren, zunächst ungläubig, dann wütend, dann angsterfüllt an. Sie verstanden es nicht. Ich erklärte, dass wir ein äußerst sensibles Interview mit einem FSB-Experten gedreht hätten, dass uns der FSB verfolge und dass wir die Aufnahmen nicht dabeihaben dürften, wenn uns die Polizei befragte. Ob ich einen russischen Presseausweis besäße? »Nein«, sagte ich, »der Typ aus dem Informationsministerium hat so getan, als hätte er die Grippe. Ich habe nie einen Presseausweis bekommen«, fügte ich hinzu und erklärte, diese behördliche Schikane diene dazu, die freie Presse zu entmutigen. Auf mich wirkte es, als wollten sie die Kreml-Regeln gegen einen Reporter der BBC durchsetzen. »Könnt ihr bitte auf die Speicherkarte aufpassen« - die nicht größer als eine Sonderbriefmarke war -, »während wir zur Polizei gehen?«, fragte ich. Sie sagten Nein.

Es soll allerdings gesagt sein, dass ein freundlicher Russe unsere Speicherkarte versteckte, was auch gut war, denn Sagit, Seamas und ich wurden zu einer Moskauer Polizeiwache gebracht und dort in separate Räume gesteckt, damit wir unsere Aussagen nicht absprechen konnten. Auf Polizeiwachen herumzuhängen kostet Zeit. Sie verlangten meinen Pass. Innerhalb von 20 Minuten bekam ich eine Nachricht von der BBC in London, sie hätten alle Daten von meinem Pass in einem Telegram-Kanal von Sympathisanten der russischen Geheimpolizei gefunden. Ich solle ihn sperren, damit er nicht für betrügerische Zwecke verwendet werden könne. Nette Idee, aber zuerst musste ich Russland verlassen.

Aus London bekam ich auch Infos über die Details, die in russischen Staatsmedien gesendet wurden: Ich wurde beschuldigt, einen Schrein für Boris Nemzow entweiht zu haben, mit einem Video, das zeigte, wie die SERB-Leute, nicht ich, genau das einen Tag zuvor taten. Es war zum Verrücktwerden.

Auf mich allein gestellt in einem Raum im ersten Stock einer Moskauer Polizeiwache wurde mir klar, wie eng SERB und die Behörden zusammenarbeiteten, und ich empfand in mir einen Funken der Wut, die Nawalny spürte und die ihn dazu trieb, es diesen Arschlöchern zeigen zu wollen. Die andere Seite, das waren dumme Tölpel. Ja, ich wurde auf einer Polizeiwache festgehalten, und meine Passdaten und falsche Anschuldigungen gegen mich schwirrten im Äther herum, aber die Vorstellung, dass mich Putins Getreue einschüchtern könnten, wäre eine Gotteslästerung gewesen - sofern es einen Gott gibt.

Als ein Polizist mir zum Verhörzimmer im Erdgeschoss vorausging, filmte ich heimlich mit dem Handy seinen Rücken. Der kurze Clip schaffte es in unsere Sendung *Panorama*. Widerstand mochte zwecklos sein, aber dieses kleine »Fuck you« war außerordentlich befriedigend. Sie ließen uns gehen, als es bereits dunkel war. Draußen im Schnee wurden wir von irgendeinem albernen Heini des russischen Staatsfernsehens und seinem Kamerakumpel überfallen. Wenn Seamas will, kann er ziemlich einschüchternd wirken - habe ich erwähnt, dass er aus dem Norden der irischen Insel stammt? -, und während er die Handykamera mit Beleuchtung einschaltete, schaltete ich auf Angriff: »Gehören Sie zum Polizeistaat?« Der Heini vermasselte es: »Äh?«, also schlug ich ein zweites Mal zu: »Gehören Sie zum Polizeistaat? Können Sie die Frage beantworten?« Der Reporter und sein nichtsnutziger Kameramann gingen ein paar Schritte zurück, also drehte ich mich um und sprach direkt in Seamas Handykamera: »Diese Kollegen hier vom russischen Staatsfernsehen wollten uns auflauern, aber sie haben das so amateurhaft gemacht, dass sie sich nun zurückziehen.«

Cool.

Sagit, unser lokaler Agent, war zu Sowjetzeiten in einem der Stan-Staaten geboren worden. Er hatte das Recht, in Moskau zu leben, nach unserer *Panorama*-Sendung wurde ihm das jedoch entzogen. Schlimmer noch, er wurde als »Terrorist« gebrandmarkt und war gezwungen, Russland für immer zu verlassen. Seine russische Frau wollte nicht mit ihm ins Exil gehen, also zerbrach seine Ehe, und er verlor jeden Kontakt zu seiner dreijährigen Tochter. Die BBC weigerte sich, ihm einen Job zu geben, und ich musste mich sehr ins Zeug legen, damit das BBC-Management überhaupt Unterstützungsbriefe für ihn schrieb, die erklärten, wie es kam, dass er staaten- und arbeitslos geworden war.

Es gibt einen Videoclip von Tony Blair aus dem Mai 2022, in dem er ein kuscheliges Interview mit Fareed Zakaria von CNN genießt. Das Thema? Wie sich Putin in den vergangenen Jahren verändert hat. Der ehemalige britische Premier beginnt mit einer selbstironischen Bemerkung darüber, wie sehr er seit seiner ersten Begegnung mit Putin im Jahr 2000 gealtert sei. Zakaria schnappt diese Bemerkung auf wie ein Seelöwe im Zoo, der frischen Fisch gefüttert bekommt, und von da an hat Blair nichts mehr zu befürchten. Putin, sagt Blair dort, habe darauf bestanden, sich in St. Petersburg zu treffen, da die Stadt »nach Westen ausgerichtet« gewesen sei, und das habe damals auch für den Präsidenten selbst gegolten. Blair fährt fort, Putin habe sich bemüht, Russland zu verändern, das sei aber zu schwierig gewesen, also habe er sich darauf verlegt, eine nationalistische, autokratische Richtung einzuschlagen, und habe dann während der Coronapandemie völlig den Verstand verloren und sich außer von seinem speichelleckerischen Hofstaat von allem abgeschottet.

Das letzte Stück stimmt, aber Blairs Analyse des jungen Putin als »nach Westen orientiert« ist Quatsch. Blair muss das Geheimprofil des MI6 über Putin gelesen haben: wie er in St. Petersburg in den frühen 1990ern als »Bürgermeister der Nacht« agiert hat und der Mafia gegen ein Stück vom Kuchen die Kontrolle über die Stadt überließ, wie er den Schlüssel zum Kreml bekam, indem er den Sexkompromat-Skandal um Generalstaatsanwalt Juri Skuratow ausnutzte, wie er sich mithilfe der Moskauer Bombenanschläge auf Wohnhäuser im September 1999 zum nationalistischen Superstar machte - Bombenanschläge, die der FSB geplant und gesteuert hatte. Übrigens habe ich den MI6-Bericht über Putin nicht gelesen, aber ich kenne ein paar Leute, die ihn geschrieben haben, und wir haben dieselben Gedanken und trinken unsere Drinks auf dieselben Weise - geschüttelt, nicht gerührt.

Putins Krieg gegen die Tschetschenen war unfassbar barbarisch. Ich war 2000 zweimal undercover in Tschetschenien und habe mit eigenen Augen Beweise dafür gesehen, dass die russische Armee Flüchtlingskonvois unter weißer Flagge angriff, dass sie die verbotenen Vakuumbomben gegen Zivilisten einsetzte und in industriellem Stil folterte. Besonders furchtbar war »Slon«, Russisch für »Elefant«: Dafür wurden Gasmasken aus der Sowjetzeit eingesetzt, aus denen ein geriffelter Schlauch hängt, der einem Elefantenrüssel ähnelt. Sie fesselten die Arme tschetschenischer Gefangener hinter dem Rücken, platzierten sie auf einem Stuhl, setzten ihnen den »Elefanten« auf das Gesicht, drehten den Filter ab und spritzten CS-Gas in den Schlauch, sodass das Opfer in seinen Tränen, seinem Erbrochenen und seinem Rotz ertrank. Ein tschetschenisches Opfer erzählte mir für unsere BBC-Radio-5-Dokumentation *Victims of the Torture Train*: »Wenn die Gasmaske auf dem Gesicht war, haben sie dich gewürgt, damit du nach Luft schnappst. Dann haben sie losgelassen, und du hast tief eingeatmet. Und dann haben sie CS-Gas in das Atemloch gespritzt. Es war so schlimm, dass schon der Anblick von Gasmasken im Raum die Leute dazu brachte, alles zu gestehen.«

Man kann sich mein Entsetzen vorstellen, als ich 22 Jahre später im gerade befreiten Cherson in der Ukraine eine Polizeiwache betrat und im dortigen Folterkeller eine Elefanten-Gasmaske ohne Filter sah.

Über Folter zu berichten ist kein Spaß. Im Jahr 2000 war ich in Inguschetien stationiert, das an Tschetschenien angrenzt, hatte Schlafprobleme und überstand besonders finstere Nächte, indem ich wieder einmal *Ehrensache, Jeeves!* von P. G. Wodehouse las und dabei eine halbe Flasche Wodka trank. Der Einsatz von Folter durch die Russen ist für mich keine »Regierung fälscht Wirtschaftswachstumsstatistiken«-Angelegenheit, sondern etwas Persönliches.

Am 5. März 2000 bezeichnete ich Putin im *Observer* das erste Mal als »Kriegsverbrecher«. Yuri Felshtinsky, der russisch-amerikanische Historiker und Co-Autor von *Eiszeit im Kreml* (das er 2002 gemeinsam mit dem verstorbenen Alexander Litwinenko verfasst hat), sagte mir später einmal: »Viele andere westliche Journalisten haben es auch verstanden, aber als du Putin einen ›Kriegsverbrecher‹ nanntest, warst du der erste.«

Liebe Leserinnen und Leser, vergebt mir meine alberne Bedürftigkeit, aber wenn ich ein Knöllchen bekomme, denke ich gern an Felshtinskys Worte zurück.

Nur um sicherzustellen, dass man in Downing Street Number Ten begriff, worauf ich hinauswollte, verfolgte ich die erste Geschichte weiter und untersuchte die undurchsichtige Beteiligung des FSB an den Moskauer Wohnblock-Bombenanschlägen am 12. März. Als besonderer Service für Number Ten lautete die Überschrift: »Achtung, Tony, dieser Mann hat Blut an den Händen.«

Falls das für Blair immer noch irgendwie unklar war, buchstabierte es die Unterzeile aus: »Belege zeigen: Geheimpolizei steckte hinter den ›terroristischen‹ Bomben«.

Blairs Team wusste genau, was ich tat. 2023 gab sein ehemaliger PR-Manager Alastair Campbell in einem Artikel für den *New European* zu: »Im Frühjahr 2000, in der Anfangszeit seiner Präsidentschaft, besuchte Putin London, wo er herzlich von Tony Blair empfangen wurde. Wir hatten ihn bereits vor seinem Aufstieg an die Spitze getroffen, und sein ruhiges, sanftmütiges Auftreten und seine westlich orientierte Analyse der geopolitischen Landschaft hatten TB davon überzeugt, dass Putin, um Margaret Thatcher über Michail Gorbatschow zu zitieren, ein Mann war, mit dem wir ins Geschäft kommen konnten. Sweeney war damals bereits vom Gegenteil überzeugt. Putins Besuch ereignete sich in einer Phase, in der ich, um einige der in den Medien verbreiteten Mythen über unsere sogenannte ›PR-Maschine‹ zu entkräften, den Dokumentarfilmer Michael Cockerell eingeladen hatte, *News From Number 10* zu drehen.

In dem Film war interessantes Behind-the-Scenes-Material aus dem Vorfeld einer gemeinsamen Pressekonferenz im Außenministerium zu sehen. Putin und Blair wirkten beide nervös. Es gab einen Clip von John Sweeney, in dem er sagte, er erwarte, dass man ihn davon abhalten werde, eine Frage zu stellen, weil ich wusste, dass er Putin für sein Vorgehen in Tschetschenien kritisieren würde und Blair für seine Weigerung, die russischen Taten schärfer zu verurteilen. Und es stimmte. Es stimmt, dass ich dafür sorgte, dass er nicht aufgerufen wurde. Sorry, John. Und es stimmt auch, dass Putin nicht die Art von Präsident war, die ich mir gewünscht hätte. Dennoch blieb der ruhige, sanftmütige Putin, der ›das Richtige über den Westen sagte‹, derjenige, mit dem wir es einige Jahre lang hauptsächlich zu tun hatten.

Ungefähr zur Zeit des Irakkrieges, bei einem bilateralen Treffen in einer seiner Privatdatschen mit einem Stall voller Hengste und einem olympischen Pool, den nur er benutzen durfte, bekamen wir einen ganz anderen Putin zu Gesicht. Prahlerisch. Verächtlich geschürzte Lippen. Desinteressiert an Argumenten anderer. Er beleidigte TB. Er nannte ihn zwar nicht ›Bushs Pudel‹, wie einige Anti-Kriegs-Plakate zu Hause in England es taten. Aber er war nicht weit davon entfernt. Selbst damals glaubten wir jedoch nicht ernsthaft, dass er zu Putin, der Mordmaschine, werden würde, die wir jetzt sehen. Glaubten wir daran, dass dieser Putin zu Feinden gewordene Freunde aus dem Himmel stürzen lässt, dass er nicht nur einen Krieg gegen die Ukraine führt, sondern auch in verschiedenen Regionen Afrikas und des Nahen Osten sowie gegen die liberale Demokratie, wann immer er die Gelegenheit wittert, sie zu untergraben? Ich glaube nicht, dass wir das taten. John Sweeney würde sagen, wir hätten es kommen sehen sollen. Vielleicht hat er recht.«

Lukas, 15, 7: »Ich sage euch: So wird auch Freude im Himmel sein über *einen* Sünder, der Buße tut, mehr als über neunundneunzig Gerechte, die der Buße nicht bedürfen.«

Eine Entschuldigung von Alastair Campbell ist natürlich sehr unterhaltsam, aber um ihm und Blair gegenüber fair zu bleiben, sollten wir die Möglichkeit nicht ausschließen, dass Putin sich tatsächlich verändert hat, dass der Mann, den sie 2000 kennengelernt haben, versöhnlich, verletzlich und bedürftig war - genau wie Oliver Quick, der von Barry Keoghan gespielte Protagonist in dem Film *Saltburn*, nachdem er eine Villa in seinen Besitz gebracht und den rechtmäßigen Erben vergiftet hat - und sich nun an Russlands Grab vergehen kann. Putin brauchte Blair im Jahr 2000 für eine kosmetische Typveränderung vom Geheimpolizisten zum demokratisch gewählten Politiker. Drei Jahre darauf regierte Putin Russlands *Saltburn* und konnte es sich leisten, die Maske des armen kleinen Kerls abzulegen und sein wahres Ich zu zeigen: »Prahlerisch ... verächtlich ... desinteressiert an Argumenten anderer.« Das klingt glaubhaft.

Es existierten jedoch zahlreiche Belege dafür, dass Putins Akte von Anfang an einige Morde enthielt. Ich vermute, die Blair-Regierung wollte im Februar nicht so genau wissen, was darin stand – das Skuratow-Kompromat, die Moskauer Wohnblock-Bombenanschläge, die Zerstörung Grosnys –, weil es so deprimierend war. Sie konzentrierten sich ganz und gar auf den geostrategischen Albtraum des radikalen Islamismus, der ihnen unmittelbar vor Augen stand. Dabei übersahen sie, dass eine weitere, größere Sicherheitsbedrohung für den Westen im Kreml saß. Genau wie Jack in dem Märchen tauschten Blair und Campbell die Kuh gegen ein paar Zauberbohnen und begriffen zu spät, dass sie von einem psychopathischen Verbrecher aufs Kreuz gelegt worden waren. Putin hat auch die Amerikaner hinters Licht geführt und George W. Bush getäuscht, der bekanntlich gesagt hat, er habe Putin »in die Augen geschaut und einen Einblick in seine Seele bekommen«.

Russland und die wahre Natur der russischen Macht sind unheimlich schwer zu durchschauen. Man kann die Bentleys vorbeirauschen sehen und im Metropol-Hotel Cocktails schlürfen und nicht begreifen, dass man in einer Kleptokratie des 21. Jahrhunderts lebt, die einen vernichten wird, wenn man ihre korrupten Regeln nicht befolgt. Alles wird um einiges deutlicher, und zwar sehr viel schneller, beinahe in Lichtgeschwindigkeit, wenn man die Quelle dieser Macht herausfordert: den Geheimpolizeistaat innerhalb des Staates. Doch sogar ich war schockiert von der dunklen Gewalt des russischen Faschismus, die Nawalnys Unterstützerinnen und Unterstützer und die Opposition im Allgemeinen in den sechs Monaten vor Putins vierter Krönung im März 2018 zu spüren bekamen.

Wladimir Iwanjutenko war ein Straßenreiniger aus St. Petersburg mit einem ungewöhnlichen Hobby. Er ging gern zu Anti-Putin-Märschen. Dabei trug er eine Wladimir-Putin-Maske und ein T-Shirt mit der Aufschrift »Putin ist ein Arschloch«. Eines frühen Morgens im Dezember 2017 war er bloß auf dem Weg zur Arbeit, als ein Mann ihn mit einem Elektroschocker angriff. Iwanjutenko stürzte, wehrlos durch den gewaltigen Stromschlag, woraufhin ein anderer Brutalo zweimal auf ihn einstach. Die beiden Angreifer liefen davon und ließen ihn im Schnee liegen, damit er verblutete. Glücklicherweise kamen ihm Passanten zu Hilfe. Iwanjutenko sagte mir: »Ich kann das nur mit meinen oppositionellen Aktivitäten in Verbindung bringen. Ich unterstütze die Kritiker des Putin-Regimes und halte ihn für einen Kleptokraten. Er ist kein rechtmäßiger Präsident.«

Monate später las Iwanjutenko einen Artikel in der Zeitung und erkannte in dem Mann auf einem Foto einen seiner Angreifer - ein einziger Hinweis, der ein ganzes Netz an Vergiftung, Folter und Mord aufdeckte, das sich von Russland in die Ukraine und bis nach Syrien erstreckte. Die Spinne in der Mitte dieses Netzes war Jewgeni Prigoschin, Putins Koch. Ich werde mein Bestes tun, das in einem späteren Kapitel zu beschreiben.

Im Januar 2018 organisierte das Team Nawalny einen »Boykott der Wählenden« in St. Petersburg, um gegen die Tatsache zu protestieren, dass die Wahlkommission Nawalny wegen strafrechtlicher Verurteilungen aufgrund erdichteter Vorwürfe nicht erlaubt hatte anzutreten. Die Polizeischikane bei diesen Demos zu dokumentieren war eine wichtige, aber riskante Tätigkeit der Freiwilligen. Dinar Idrisow ist ein Menschenrechtsaktivist aus Russlands zweitgrößter Stadt, der diese gefährliche Aufgabe übernommen hat: Er filmte mit dem Handy das rücksichtlose Vorgehen der Polizei und streamte es live. Das Problem war, dass er durch den Livestream zur leichten Beute wurde. Die lokale Polizei konnte sich ansehen, was er sendete, mithilfe ihrer Ortskenntnis seine Position ermitteln und ihren Schlägerkumpels Bescheid sagen.

Der beste Ort für Idrisow, um zu dokumentieren, was die Polizei den Demonstrierenden antat, war nicht auf der Straße, wo man ihn schnell verhaften würde, sondern einer, an dem er von oben auf den Trubel hinabblickt. Idrisow verschaffte sich also Zugang zu einem Haus und klopfte auf der oberen Etage willkürlich an Türen, um die Bewohner zu bitten, ob er von ihrem Balkon aus filmen dürfe. Er hatte kein Glück, und als er wieder nach unten kam, näherten sich ihm drei Männer in Zivil. Als er an ihnen vorbeigehen wollte, boxte ihm einer von ihnen in den Magen, und dann machten sich die anderen an die Arbeit und prügelten ihn grün und blau. All das, ohne ein Wort zu sagen: »Diese Typen waren vollkommen emotionslos.« Das bedeutete Idrisow zufolge, dass sie nicht irgendwelche Straßenrowdys waren, sondern Profis. Die Prügel endeten erst, als Anwohner die Türen öffneten, um nachzusehen, was Idrisows Geschrei sollte. Die schweigsamen Schläger hatten ihm eine Rippe, einen Wangenknochen und den linken Arm gebrochen und sein Gesicht zu brombeerfarbener Matsche zerschmettert.

Idrisow führte uns an die Stelle, wo es geschehen war, und seine Flashbacks hatten es in sich. Es gibt keine anderen Kandidaten, die einen prodemokratischen Video-Livestreamer an jenem Tag hätten zu Brei schlagen können, als die russische Geheimpolizei oder deren Freunde und Bekannte.

Gegen Ende unseres *Taking On Putin*-Drehs begaben wir uns in die Zentrale von Nawalnys Team in Moskau, einem geschäftigen Ort voller junger Aktivisten, die wild auf ihre Tastaturen einhämmern oder ins Leere starren. Dort führten wir ein Interview mit Nikolai Lyaskin, Nawalnys Kampagnenchef in Moskau, ein junger, fleißiger, ehrgeiziger Mann. Im September 2017 zog ihm auf der Straße vor dem Büro ein Mann zweimal ein mit Zeitung umwickeltes Stahlrohr über den Schädel. Er sagte mir: »Zuerst dachte ich tatsächlich, etwas wäre vom Dach gefallen oder dass vielleicht das Gebäude einstürzte. Ich drehte mich um und sah einen Mann, der mit einer Metallstange auf mich einprügelte.«

Die Polizei nahm einen ortsansässigen Berufsverbrecher fest, der bereits in der Vergangenheit mit psychischen Problemen aufgefallen war. Und nun kommt's: Lyaskin erhielt eine Nachricht, in der »erledigt« stand, und wurde von der Polizei verhört, weil der lokale Psycho dort angegeben hatte, Lyaskin habe ihm 2500 Dollar dafür angeboten, ihn anzugreifen.

Lyaskin sagte der unabhängigen russischen Website *Meduza* - Motto: »Wir machen den Kreml traurig« -, dass er den Angreifer erkannt habe und dass dieser in Nawalnys Moskauer Zentrale vorbeigekommen sei: »Er sagte, er sei auf Geschäftsreise aus St. Petersburg und wolle uns helfen. Ich sprach ungefähr eine Viertelstunde mit ihm, vor zahlreichen Zeugen, und es war sofort klar, dass er dort war, um eine Provokation zu inszenieren. Er hatte keine Ahnung, worum es in der Kampagne ging, wie sie lief und worauf sie abzielte. Während unseres Gesprächs erwähnte er sogar, dass er im Gefängnis gesessen habe. Ich dachte, er wäre bloß irgendein Spinner.«

Aber dieser Spinner arbeitete eng mit den Behörden zusammen. Lyaskin wurde auf eine Polizeiwache bestellt und berichtete hinterher: »Es gab viele Fragen und Erklärungen von dem Verdächtigen, und alles deutete darauf hin, dass die Provokation noch weitergehen sollte. Sie behaupteten, ich hätte ihn engagiert, um mir ein Stahlrohr über den Kopf zu ziehen.«

Lyaskin sagte mir: »Es war vollkommen absurd. Ich wurde mit einer Metallstange verprügelt und sie haben sämtliche Broschüren, Aufkleber und alles andere mit Nawalnys Namen darauf aus dem Büro konfisziert.«

Nawalny kam aus einem Besprechungszimmer und sagte Hallo. Von seinem Charisma ging ein eigenes Kraftfeld aus und verwandelte das nichtssagende Büro in einen besonderen Ort. Ich bin 2007 im Kreml gewesen, um Putins PR-Mann Peskow über die Vergiftung von Alexander Litwinenko zu befragen:

»Kann man Polonium im Laden kaufen?« Ich war im russischen Parlament, der Duma, um mit dem Abgeordneten Wjatscheslaw Nikonow - er ist der Enkel von Stalins Außenminister Wjatscheslaw Molotow, der den deutsch-sowjetischen Nichtangriffspakt 1939 unterzeichnet hatte, zu einer von George Orwell als »Mitternacht des Jahrhunderts« bezeichneten Zeit - über den Zustand der russischen Demokratie zu plaudern. Doch weder im Kreml noch in der Duma herrschte dieselbe Energie wie in Nawalnys Moskauer Büro. Ich gerate angesichts von Macht und Geld für gewöhnlich nicht ins Schwärmen, aber Nawalnys Zentrale fühlte sich wirklich wie ein alternatives Machtzentrum an. Ich war dort nicht, um ein langes Interview zu führen, nur für ein gutes, starkes Ende unserer *Panorama*-Sendung. Wir hatten alles Mögliche dokumentiert: den Versuch, Nawalny zu blenden; die Autos, die uns verfolgten; das Interview mit Soldatow - »Wir haben immer noch Angst vor Stalins Geheimpolizei« -; unseren lächerlicher Zwangsaufenthalt auf der Polizeiwache nach der Entweihung des Nemzow-Schreins durch das SERB-Team, das Nawalny angegriffen hatte; zwei Überfälle durch die Kreml-Medien; die Elektroschock-Messer-Attacke auf den Straßenreiniger; das schweigsame Verprügeln des Livestreamers; den Angriff auf den Kampagnenmanager, mit dem umgegangen wurde, als hätte es sich um Selbstverletzung durch einen Stellvertreter gehandelt. Und nun ...

Ob Russland ein Polizeistaat sei, fragte ich Nawalny. »Absolut, 100 Prozent«, antwortete er.

Doch »Polizeistaat« wurde Putins Moskau nicht gerecht.

Es fühlte sich an wie Berlin 1938.

Kapitel elf

Der Mann, der von den Toten auferstand

Der eher unwahrscheinliche Messias blickt für Rohers *Nawalny*-Doku direkt in die Kamera: »Sie schütteten mir eine giftige Flüssigkeit ins Gesicht, und ich dachte. ›Meine Güte, jetzt seh ich bis zum Lebensende wie ein Monster aus.‹« Doch die grüne Farbe war bald wieder verschwunden, Nawalny war nicht für den Rest seines Lebens entstellt, und nach einiger Zeit konnte er auch wieder richtig sehen. Sein Status als bekanntester Kritiker von Putins faschistischem Regime, so sein Kalkül, war irgendwie auch eine, wenn auch ungewöhnliche Art von Lebensversicherung: »Als ich immer berühmter wurde, dachte ich, mein Leben wäre nun besser geschützt, eben weil ich jetzt so bekannt bin, und dass sie mich nicht einfach umbringen können.«

»Junge, Junge, lagst du da falsch«, wirft Roher ein.

»Total daneben.« Wie sympathisch: ein Messias, der kein Problem damit hat, zu seinen Fehlern zu stehen.

»Ich war nach Sibirien gekommen, um einen netten Film über die lokale Korruption zu machen«, fährt Nawalny fort, »und ich hatte mit viel Polizei gerechnet, vielen Leuten, die verhindern würden, dass wir drehen, die unsere Kameras konfiszieren oder zerstören würden und versuchten, uns zu verprügeln. Und ich war überrascht, dass niemand auftauchte. Ich hatte sogar das merkwürdige Gefühl, es mangle an Respekt vor mir. *Echt jetzt? Ich bin da! Wo ist meine Polizei?* Die ganze Reise lief so glatt wie noch nie in den Regionen. Ich bin gewissermaßen ein Sklave der Donnerstage, denn da läuft immer meine Online-YouTube-Show.

Das Wochenende kann ich dann mit meiner Familie verbringen, bevor es in die nächste Region weitergeht. Ich war schon unterwegs nach Hause, als ich starb.«

Am 20. August 2020, das Team befand sich auf dem Heimflug aus dem sibirischen Tomsk nach Moskau, als Nawalny plötzlich erkrankte. Handykameras fingen die markerschütternden Schreie ein, als Nawalny aufheulte wie ein in eine Schlagfalle getappter Fuchs. Die Piloten des Jets der S7 Airlines baten um Landeerlaubnis in Omsk. Fünf Minuten später traf eine Bombendrohung im Terminal des Omsker Flughafens ein. Im Landeanflug forderten die Piloten ein medizinisches Notfallteam an und sahen sich angewiesen, wegen einer »Evakuierung« des Terminals niemanden von Bord zu lassen. Die Bombendrohung erwies sich als Hoax.

Die Flughafen-Sanitäter spritzten Nawalny Atropin, ein Medikament, das die Nachrichtenübertragung zum und vom Gehirn verlangsamt - weltweit die Standardnotfallbehandlung für komatöse Menschen und rein zufällig auch das Beste, was man einem mit Nervenkampfstoffen vergifteten Menschen verabreichen kann.

Gift, sagten seine Anhänger. Gift, dachte jeder, der verfolgte, was so vielen von Putins Kritikern widerfuhr. Gift, dachte jeder, der nur halbwegs bei Verstand war. Von wegen Gift, konterte die Nebelmaschine des Kreml, Nawalny habe »letzte Nacht Schwarzgebrannten getrunken«; Nawalny habe Halluzinogene genommen; mit seinem Blutzuckerspiegel stimme etwas nicht. Die Ärzte im örtlichen Krankenhaus schlossen zunächst Gift nicht aus, sagten aber bald darauf in einer Wende um 180 Grad das Gegenteil. Zufälligerweise wimmelte es im Krankenhaus plötzlich von FSB und Polizei. Die aufgeschlossenen Mediziner verstummten.

Julija Nawalnaja traf aus Moskau ein und bemühte sich um Zugang zu ihrem bewusstlosen Mann. Oder wenigstens zu seinen

Ärzten. Eine der ergreifendsten Szenen der *Nawalny*-Doku zeigt sie, wie sie mit grimmiger Miene durch eine Schar von Reportern eilt, die wissen wollen, ob ihr Mann vergiftet wurde. Im Krankenhaus drückt sie wieder und wieder auf den Aufzugsknopf, um in die Etage zu gelangen, in der Alexej liegt. Ein Sicherheitsbeamter, der sie um Kopflängen überragt, versperrt ihr den Zutritt zum Aufzug: »Sie dürfen da ohne COVID-Maske nicht rein.«

Der Sicherheitsbeamte trägt zwar eine solche Maske, aber unter der Nase, was sie völlig nutzlos macht.

»Und sie?«, fragt Nawalnaja leise.

»Ich trage ja eine«, sagt der Gorilla.

»Nicht wirklich«, kontert Nawalnaja.

»Ich trage eine Maske, Sie nicht, gehen wir«, sagt der Gorilla und hebt die Arme, um sie in Richtung Ausgang zu drängen. Nawalnaja weicht ihm aus, und ein zweiter, als Polizist oder Soldat getarnter Gorilla in Blau, vertritt ihr den Weg. Auch er trägt seine Maske unter die Nase geklemmt. Nawalnaja spricht in ihr Handy: »Man lässt uns nicht zu den Ärzten.« Die beiden Gorillas blockieren den Korridor, während Nawalnaja mit verhaltener Verzweiflung in ihr auf Kamera geschaltetes Handy spricht: »Sie lassen uns nicht durch.«

Ein dritter Gorilla, der seine Maske, wie sich das für diese Leute offenbar zu gehören scheint, ebenfalls unter der Nase trägt, schließt sich dem Duo an: »Setzen sie sich da hin, ganz ruhig.« Er tritt so nah an sie heran, dass seine breite Brust verschwommen das Bild ihrer Kamera füllt.

»Nicht schubsen. Sind Sie verrückt?« Ihre Angst ist ihr deutlich anzuhören.

Eine der beiden Frauen, die mit Nawalnaja gekommen sind, ruft dem Trio mit den Masken unter der Nase zu: »Verstehen Sie nicht? Wir gehören zu ihr.«

»Wer ist sie?«

»Kein Grund, hysterisch zu werden.«

»Sie ist seine Frau.«

Später berichtet Nawalnaja Roher vor laufender Kamera von ihrer Befürchtung, Putin und der FSB könnten die Situation dazu nutzen, ihrem Mann im Koma den Rest zu geben.

Der Anblick der drei Gorillas, wie sie eine Frau bedrohen, die befürchten muss, bald Witwe zu sein, ist widerwärtig, aber nur eine weitere Variante eines vertrauten Motivs: Putins Sicherheitsbeamte, Figuren aus dem absurden Theater, verschanzen sich hinter dem Verwaltungsrecht, in diesem Fall der Maskenpflicht in der Klinik, um sich dem Naturrecht einer Ehefrau in den Weg zu stellen, mit den Ärzten ihres Gatten zu sprechen, der gerade Opfer eines Giftanschlags einer anderen, aber gleichgesinnten Gruppe faschistischer Agenten geworden ist.

Nawalnaja wendet sich ab von dem Gorilla, der ihr gerade vorgeworfen hat, hysterisch zu sein, und blickt in die Kamera eines Handys. Einen Seufzer verschluckend sagt sie: »Wir wenden uns an die Weltöffentlichkeit, um die sofortige Entlassung von Alexej zu verlangen, denn hier im Krankenhaus sind momentan mehr Polizisten und Regierungsmitarbeiter als Ärzte.«

Und bald schon hatten Putins Schergen, wie es scheint, einige der Ärzte unter ihre Fuchtel gebracht. So stellte sich Alexander Murachowski, Chefarzt des Omsker Krankenhauses, am 24. August einer Schar von Reportern. Der Klinikchef mit dem dicken dunkelbraunen Schopf trug einen billigen Anzug, Hemd und Krawatte, als er langsam, als wäre er, mit Verlaub, geistig behindert, eine Nachricht verlas: »Da wir in seinem Blut kein Gift oder andere biologische Stoffe gefunden haben, handelt es sich wohl um eine Stoffwechselstörung, genauer gesagt Unterzucker.«

Ganz zufällig ist Murachowski Mitglied von Putins Partei Einiges Russland, wie sollte es anders sein; er wurde später Gesundheitsminister der Region Omsk. Man stelle sich das vor. Der Fairness halber sei hier erwähnt, was drei anderen Ärzten, die Nawalny behandelt haben dürften, passierte: Der stellvertretende Chefarzt der Klinik, Anatoli Kalinitschenko, der ursprünglich für Nawalnys medizinische Versorgung verantwortlich war, kündigte noch im Oktober. Der Leiter der Traumastation, Dr. Rustam Agischew, erlitt im Dezember einen »Schlaganfall«, an dessen Folgen er im März darauf starb. Und im Februar starb der leitende Anästhesist Sergej Maximischin an einem »Herzinfarkt« - im Alter von gerade mal 55 Jahren.

Um hier keine Zweifel aufkommen zu lassen: Es gibt deutliche Hinweise, dass da möglicherweise ein Arzt seinen Arbeitsplatz verlor und zwei weitere ermordet wurden, weil sie zu ihrem hippokratischen Eid standen und ihnen das Leben eines Patienten wichtiger war als ihre Rolle als Kreaturen in Putins faschistischem Staat. Wladimir Putin ist nicht mit einem ewigen Leben gesegnet. Irgendwann wird auch er sterben, und sein Regime wird untergehen. Falls ich dann noch lebe, möchte ich nach Omsk fahren, mich mit Bekannten der beiden toten Ärzte zusammensetzen und nach Möglichkeit die FSB-Akten darüber lesen, was Putins Schergen so trieben. Und ich würde gern mit ihnen reden. Sollte ich zuvor sterben, fordere ich hiermit junge Journalisten auf, die gern Krokodile triezen, sich statt meiner dieser Herausforderung zu stellen. Sollte sich erweisen, dass ich recht hatte, stoßen Sie bitte mit einem Glas Wodka auf den alten Narren an, der ihnen den Hinweis für ihre Story gegeben hat.

Und noch ein Wort zu den Ärzten von Omsk: Im Mai 2021, nach den beiden Todesfällen und der Kündigung Kalinitschenkos, verschwand der Klinikdirektor Dr. Murachowski für drei Tage in den Tiefen des sibirischen Waldes. Als er wieder auftauchte, brachte man ihn zum Durchchecken ins Krankenhaus. Ich wüsste zu gern, was ihm da durch den Kopf ging, denn schließlich wusste spätestens im Mai 2021 die ganze Welt, dass er ihr mit der Behauptung, es sei auf keinen Fall Gift im Spiel gewesen, ein weiteres rabenschwarzes Märchen des Kreml aufgetischt hatte.

Merkwürdig ist, dass Putin Nawalny gehen ließ. Man vermutet, dass die damalige deutsche Kanzlerin Angela Merkel sich intensiv für den im Koma liegenden Politiker eingesetzt hat, aber letztlich lag die Entscheidung beim Kreml. Meiner Arbeitshypothese zufolge war Putin 2020 durchaus bereit, Nawalny auf freier Wildbahn zu töten, fühlte sich aber noch nicht stark genug, ihn ermorden zu lassen, solange er in der Obhut des russischen Gesundheitsapparats war. Also ließ er den im Koma liegenden Mann nach Deutschland ausfliegen, wohl in der Annahme, dass ihm dies politisch weniger Kummer bereiten würde, und in der Hoffnung, dass Nawalny im Exil bleiben und die Welt ihn so bald wie möglich vergessen würde. Aber die Sache hatte auch einen Nachteil: dass nämlich die besten Ärzte und Wissenschaftler der freien Welt herausfinden könnten, was genau da passiert war. Und siehe da, genau so sollte es kommen.

Als man Alexej Nawalny im Berliner Charité-Klinikum aus dem künstlichen Koma holte, war sein alter Freund Leonid Wolkow einer der Ersten, die ihn besuchen kamen. Wolkow erinnert sich in der *Nawalny*-Doku: »Wenn man ins Zimmer eines Komapatienten kommt, erzählt man ihm erst mal die Neuigkeiten. Also sagte ich: ›Alexej, wir wissen jetzt, dass du vergiftet wurdest. Es war ein Mordanschlag. Putin hat versucht, dich mit Nowitschok umzubringen.‹ Er riss seine blauen Augen weit auf, sah mich an und sagte ganz deutlich: *›Blyat shto!‹ Scheiße, Gift? Ich glaub's nicht! Putin kann doch nicht so dämlich sein, Nowitschok zu verwenden!«*

Für Wolkow war das ein großartiger Augenblick: »Das war wieder unser Alexej, seine Schimpfwörter, seine Intonation.«

Nawalny war von den Toten auferstanden.

Einmal mehr drängt sich die Frage auf, wie dämlich der angeblich so superraffinierte Killer im Kreml sein kann. Nowitschok gegen seinen Hauptfeind einzusetzen? Das ist doch ein Schuljungenfehler, ist Gift doch Putins Visitenkarte, seine bevorzugte Mordmethode; und das in Russland entwickelte und hergestellte Nowitschok ist das berühmt-berüchtigtste Beispiel für dieses Verfahren. Finger hoch: Wer hat Nawalny vergiftet? Wladimir Putin. Aber konnte das Team Nawalny über jeden Zweifel erhaben den Beweis dafür führen?

...

Der Ausblick vom Turm der Kathedrale von Salisbury ist einer der schönsten der Welt. Hoch über der gefälligen grünen Landschaft Wiltshires bietet sich unseren Augen, dank Spitzentechnologie aus dem 14. Jahrhundert, ein blauer Himmel voll weißer Wattebäuschchen und darunter grünes Weideland, so weit das Auge reicht. Stellen Sie sich eine von John Constables Landschaften vor. Für Kreml-Forscher wie mich kommt dazu als zusätzlicher Kick der Blick auf das Zentrum von Salisbury, den Bahnhof und das Viertel, in dem der ehemalige GRU-Agent Sergej Skripal zu Hause war, und das Wissen, dass die beiden »Sportgesundheitstechniker«, die Salisbury besuchten, um die berühmte »123-Meter-Turmspitze« zu bewundern, von Schwachköpfen geschickte Schwachköpfe waren.

Es gibt Videomaterial von den beiden Giftattentätern, den GRU-Offizieren Anatoli Tschepiga und Alexander Mischkin: von ihrer Ankunft in London, von ihrer Ankunft am Bahnhof von Salisbury, auf der Brücke über den River Avon, vorbei an einer Tankstelle - und sie hatten dabei eine Route gewählt, die sie nicht einmal in die Nähe der Kathedrale von Salisbury führte, sondern schnurstracks in das Viertel, wo Skripal zu Hause war. Nicht, dass man den beiden im eigentlichen Sinne nachspioniert hätte, aber das Vereinigte Königreich verfügt, von China einmal abgesehen, über die meisten Überwachungskameras pro Kopf auf der ganzen Welt. War niemandem im Kreml, in der Lubjanka oder im »Aquarium«, dem Moskauer Hauptquartier der GRU, der Gedanke gekommen, dass der Besuch ihrer Giftmörder in England praktisch ein Auftritt bei *Candid Camera* wäre? Hatte keiner aus Putins Umfeld den Schneid, ihm zu sagen: »Hören Sie, Chef, wenn wir gegen Skripal Nowitschok einsetzen, kriegen die Briten das vermutlich raus.«

Nun, offensichtlich hat das niemand gesagt. Vielleicht war es Putin aber auch egal. Vielleicht wollte er zeigen, welche Risiken er einzugehen bereit ist, um Menschen zu töten, die er für Verräter hält.

Nachdem man Sergej Skripal und seine Tochter Julia im März 2018 bewusstlos auf einer Bank am Salisbury Avon gefunden hatte, die Augen verdreht, Schaum vor dem Mund, spritzten ihnen die Sanitäter Atropin und retteten ihnen so, genau wie in Nawalnys Fall, das Leben. Als jemand im Krankenhaus »Sergej Skripal« googelte, fand man heraus, dass er im Rahmen eines Agentenaustauschs nach England gekommen war. Man hatte ihn und etliche andere westliche Spione, die in Russland in Haft waren, gegen *The Americans* ausgetauscht, russische Schläferagenten, die das FBI geschnappt hatte, darunter auch die ultraglamouröse Anna Chapman. Als klar war, dass Skripal auf der Abschussliste des Kreml stand, zog man die Giftexperten hinzu.

Wie andere Nervengifte auch, zerschießt Nowitschok das Zusammenspiel von Enzymen und Botenstoffen, das im Nervensystem für die Arbeit der Muskeln verantwortlich ist. Die Muskulatur wird unkontrollierbar, die Augen flattern, es kommt zu Krämpfen am ganzen Körper; Atemhemmung und eine Lähmung des Herzmuskels führen schließlich zum Tod. Doch jeder Kontakt hinterlässt unweigerlich Spuren und das gilt auch für die Chemie unseres Nervensystems. Die physiologischen Mechanismen sind kompliziert, aber vereinfacht gesagt hemmt Nowitschok die Produktion von Cholinesterase, einem Enzym, das für die Entspannung kontraktierter Muskeln verantwortlich ist. Cholinesterase-Hemmer verändern allerdings die Struktur eines bestimmten Proteins im Nervensystem, was eine eindeutige Identifizierung des Gifts erlaubt.

Ein Laie wie Wladimir Putin hält Nowitschok für nicht feststellbar, da es schon in winzigen Mengen tödlich und praktisch unsichtbar ist und nach nichts riecht. Aber das gilt nur für das bloße Auge und, tja, die bloße Nase. Ein gewiefter Chemieprofessor mit einem Spitzenlabor jedoch kann das Vorhandensein eines veränderten Proteins in Teilen pro Milliarde nachweisen, was bedeutet, dass Nowitschok durchaus feststellbar ist, wenn man weiß, was man tut. Hat man die Proteinstruktur erst mal im Visier, ist das, als verfolge man die Fußspuren eines Einbrechers im Schnee.

Die Ärzte der Berliner Charité zogen die Experten des Instituts für Pharmakologie und Toxikologie der Bundeswehr hinzu, die eine neue Art von Nowitschok feststellten. Ihre Ergebnisse wurden von anderen, im Auftrag der Organisation für das Verbot chemischer Waffen tätigen Labors bestätigt. Man fand Nowitschok in Nawalnys Blut, Urin, Hautproben und in seiner Wasserflasche. Die genaue Art der Verabreichung jedoch blieb den Wissenschaftlern verborgen.

Auftritt einer neuen Figur im Team Nawalny: Christo Grosew - der Sherlock Holmes aus dem bulgarischen Plowdiw stößt zum Team Nawalny. Er hat es zu weltweiter Berühmtheit gebracht, indem er auf der Website des investigativen Recherchenetzwerks *Bellingcat* die wahre Identität der Giftattentäter von Salisbury aufgedeckt hat. Grosew ist der größte Open-Source-Detektiv unserer Zeit. Das Faszinierende an ihm ist, dass er lange ernsthafte Zweifel bezüglich Nawalny hatte, und zwar wegen Nawalnys Flirt mit den Rechten.

Ursprünglich war, was schließlich zur *Nawalny*-Doku wurde, als Porträt des Investigativjournalisten gedacht. Da Nawalny vergiftet wurde, während Daniel Roher mit ihm drehte, schlug die Dokumentation eine andere Richtung ein. Grosew erläutert seine Befürchtungen: »Lange Zeit wusste ich nicht, was ich von Nawalny halten sollte. War er wirklich unabhängig oder doch einer der vielen Pseudo-Oppositionellen, die der Kreml aufgebaut hat? Ich habe ihn auf Twitter kritisiert.«

Tatsächlich tweetete Grosew im Juli 2017: »Nawalny ist als Präsidentschaftskandidat hoffnungslos. Jammerschade, wenn er tatsächlich der beste Oppositionskandidat sein sollte, den Russland zu bieten hat. (Wink: ist er nicht.)«

Roher gegenüber sagte Grosew: »Er war Schulter an Schulter mit ziemlich üblen Nationalisten und Rassisten marschiert. Hatte er sich weiterentwickelt? War er ein geläuterter dunkler Ritter?«

Der Film geht nicht eigentlich darauf ein, was Grosew dazu bewogen hat, seine Meinung zu revidieren, aber die Vergiftung Nawalnys dürfte wohl der entscheidende Faktor gewesen sein. Herauszufinden, wer Nawalny vergiftet hatte, schien zunächst ein Ding der Unmöglichkeit: »Wir waren sehr skeptisch, ob man diesen Giftanschlag überhaupt untersuchen könnte«, sagt Maria Pevchikh in Rohers Doku. »Anders als frühere Fälle hatte der Angriff diesmal auf russischem Boden stattgefunden. Niemand würde uns Überwachungsvideos zur Verfügung stellen. Oder Videos vom Flughafen, auf denen die Attentäter vielleicht zu sehen wären. Solange Putin an der Macht ist, würden wir die Wahrheit nicht herausfinden.«

Aber von nichts kommt nichts. Es war bald klar, dass die russischen Medien nichts herausgefunden hatten, und die deutschen Behörden hatten keine rechtliche Handhabe. Grosew machte einen brillanten Zug: Er nutzte Russlands Korruptionsmaschinerie gegen die Giftmörder des Zaren. Grosew erklärt: »Im traditionellen Journalismus trifft man sich mit Informanten, die etwas berichten. In der heutigen Welt der Fake News trauen wir diesen menschlichen Quellen nicht mehr, nur noch den Daten. *Bellingcat* ist ein Zusammenschluss von Computer-Nerds. Viele von uns haben schon einen fast autistischen Hang zu Zahlen. Wer eine E-Mail schickt, telefoniert, einen Arzttermin ausmacht, einen Flug oder eine Zugfahrt bucht, Geld abhebt oder auch nur auf sein Smartphone-Display sieht, hinterlässt Spuren. In Russland verdienen Angestellte von Reisebüros, die Zugang zu Fluggastdaten haben, vielleicht 25 Dollar pro Tag, aber für weitere 25 würden sie dir die Daten verkaufen. So verdienen sie an diesem Tag das Doppelte. Es ist ein richtiger Geschäftszweig. Datenmakler arbeiten im Darknet. Man handelt den Preis aus und nach ein paar Minuten heißt es: ›Morgen hast du die Daten.‹ Dann schickst du Bitcoin.«

Als Mitarbeiter von *Bellingcat* konnte Grosew seine Einkäufe im Darknet schlecht der Stiftung in Rechnung stellen. Eigener Schätzung nach hatte er damals bereits um die 150 000 Dollar für den Ankauf russischer Daten ausgegeben, und zwar aus eigener Tasche. Und er schiebt dann nach: »Meine Frau ahnt nichts davon.«

Das Team begann mit dem Moskauer Signal-Institut, das offiziell »Getränke für Sporternährung« entwickelt, in Wirklichkeit aber eine Giftfabrik ist, in der ein Dutzend Wissenschaftler mitnichten Limonade, sondern chemische Waffen herstellen. Grosew ging einkaufen und erwarb auf dem russischen Schwarzmarkt die Telefon-Logs des Instituts. Sie scannten die Nummern ein, die kurz vor dem 20. August 2020, dem Datum von Nawalnys Vergiftung, auftauchten, und fanden mit einer ausgesprochen hilfreichen russischen App heraus, wie diese Nummern unter welchem Namen oder Spitznamen in den Telefonbüchern anderer Leute aufgeführt waren.

Die erste Nummer, die Grosew checkte, weil sie nicht routinemäßig im Institut anrief und daher verdächtig war, ergab beim Abgleich mit der »Name-in-anderer-Leute-Kontaktlisten«-App (sie heißt in Wirklichkeit anders) den Eintrag »Alexej, Arzt beim FSB«. Das wiederum hielt man gegen eine dritte Datenbank mit Autokennzeichen, Halternamen und deren Handynummern. Als er hier »Alexej, Arzt beim FSB« suchte, bekam er einen Namen: »Alexej Alexandrow«. Diesen gab Grosew in eine vierte illegale Datenbank mit den persönlichen Angaben russischer Passinhaber ein - und *schwups!* hatte er einen Hauptverdächtigen nebst Namen, Foto, Autokennzeichen und Arbeitsplatz. Damit konnte die eigentliche Buddelei beginnen: Dr. Alexandrows Lebenslauf, sein Studium, seine berufliche Laufbahn. Auf dieselbe Weise verfuhr Grosew mit anderen verdächtigen Nummern, fand Namen heraus und gab diese in eine weitere, ebenfalls auf fragwürdige Weise erworbene Datenbank mit den Passagierlisten aller Maschinen ein, die zur Zeit von Nawalnys dortigem Aufenthalt nach Sibirien geflogen waren.

Bingo! Die FSB-Schergen - Dr. Alexej Alexandrow, 39, Dr. Iwan Osipow, 44, und Wladimir Panjaew, 40, waren gleichzeitig mit Nawalny nach Nowosibirsk geflogen und ihm von da aus nach Tomsk gefolgt, wo er vergiftet wurde. Mit Sicherheit waren noch fünf weitere FSB-Leute im Spiel.

»Also ...«, sagte Grosew Roher. »Wir stießen in ein bislang unbekanntes Wespennest, einen inländischen Mordapparat von industriellem Ausmaß. Ich war total schockiert, dass die ganze Verschwörung so schnell aufzulösen war. Ich twitterte also: ›Alexej, wir wissen womöglich, wer dich vergiftet hat.‹«

Im Dezember 2020 ließ *Bellingcat* zusammen mit der Onlinezeitung *The Insider*, dem deutschen *Spiegel* und CNN die Bombe platzen. Die Journalisten hatten Belege dafür ausgegraben, dass die russische Geheimpolizei bereits einen Monat vor dem Giftanschlag in Tomsk einen einschlägigen Versuch unternommen hatte, und zwar in Kaliningrad, und dass die Täter einem Chemiewaffenexperten darüber Bericht erstattet hatten. Und dass sie alle als Mitarbeiter des Kriminalistischen Instituts beim FSB bzw. der Abteilung 34435 des Militärs getarnt waren.

Auch bekannt als das »Giftkommando«: The Poison Squad.

Nicht lange nachdem Nawalny 2017 bekannt gegeben hatte, 2018 für das Amt des Präsidenten kandidieren zu wollen, hatte die Poison Squad ihn auf seinen russischen Inlandsreisen zu beschatten begonnen. 37 seiner Flüge überlappten sich zeitlich mit Flügen seiner Verfolger. 37 Zufälle? Um nicht in seiner Maschine gesehen zu werden, flog die Poison Squad meist einen Tag vor Nawalny. Einmal, im April 2017, flogen zwei der Killer - Dr. Alexej Alexandrow, der unter dem Decknamen »Frolow« reiste, und Wladimir Panjaew, der seinen richtigen Ausweis benutzte - von Moskau in das im Süden Russlands gelegene Astrachan. Aber Nawalny kam etwas dazwischen. Er hatte zwar vorgehabt, nach Astrachan zu fliegen, dann aber seine Pläne geändert, als irgendein Spinner von SERB ihm grüne Farbe ins Gesicht schüttete und das ätzende Zeug ihn vorübergehend erblinden ließ. Die Poison Squad flog mit eingekniffenem Schwanz wieder nach Hause.

Eingerichtet hatte man die Abteilung 34435 bereits 1977 als geheime wissenschaftliche Sektion des damaligen KGB. Sie entsprach der Sektion Q in den Bond-Filmen - »Nicht anfassen, 007, das ist mein Lunch!« - und entwickelte Lügendetektoren, Gesichtserkennungssoftware und Roboter zur Kampfmittelbeseitigung. Doch im Handumdrehen wechselte der russische Q auf die dunkle Seite. Eine der ersten Aufgaben der Abteilung 34435, so schreibt *Bellingcat* in seinem ebenso langen wie ausgezeichneten Bericht über die Vergiftung Nawalnys, bestand laut dem ehemaligen KGB-General Oleg Kalugin darin, 1979 das Rizin für den Londoner »Regenschirm-Mord« an Georgi Markow, dem exilierten bulgarischen Schriftsteller, herzustellen. Die Abteilung war so geheim, dass der Legende nach dort 1991 die Hardliner des KGB den Putsch gegen Präsident Gorbatschow ausheckten, der zum Zusammenbruch der Sowjetunion führen sollte. Seit Putins Machtübernahme »ermittelte« die Abteilung 34435 im Fall der Moskauer Sprengstoffanschläge auf Wohnhäuser vom September 1999, der Geiselnahme im Moskauer Dubrowka-Theater 2002 sowie der Geiselnahme in einer Schule in Beslan 2004. Alle diese Verbrechen sollen, einem seit Langem geäußerten Verdacht zufolge, von der russischen Geheimpolizei unterstützt, wenn nicht gar inszeniert worden sein.

Die Investigativjournalistin Anna Politkowskaja, die über die drei Fälle berichtete, hielt die offiziellen Darstellungen für unglaubwürdig. So verschaffte sie sich Zutritt zum Dubrowka-Theater und erkannte dort in einem der angeblichen Anführer der Terroristen Khanpascha Terkibajew, auch bekannt als Abu Bakar. Zur Überwältigung der Terroristen setzten die Behörden ein unbekanntes Giftgas ein, was zur Folge hatte, dass mehr als hundert Geiseln und alle vierzig Terroristen ums Leben kamen - mit Ausnahme von Terkibajew, dem es gelang, sich nach Aserbaidschan abzusetzen. Dort spürte Politkowskaja ihn auf und kam zu dem Schluss, dass er ein Agent Provocateur der Geheimpolizei war. Terkibajew kam später bei einem »Autounfall« in Tschetschenien um.

Politkowskaja war unterwegs ins südrussische Beslan, um sich dort als neutrale Unterhändlerin zwischen den Terroristen und den staatlichen Sicherheitsorganen einsetzen zu lassen, als sie vergiftet wurde. Sie überlebte zwar, aber ihr Magen war so zerfressen, dass sie keine richtigen Mahlzeiten mehr zu sich nehmen konnte, bis sie schließlich am 7. Oktober 2006 erschossen wurde - Wladimir Putins Geburtstag, wie sollte es anders sein.

300 Menschen kamen bei den Sprengstoffanschlägen auf Moskauer Wohnungen ums Leben; 132 Geiseln bei der Belagerung des Dubrowka-Theaters; 334 Menschen in Beslan, darunter 186 Kinder. An den Händen der Abteilung 34435 klebt eine Menge Blut.

Anfang Juli 2020 verbrachten Nawalny und seine Frau Julija einen romantischen Urlaub in Kaliningrad, der russischen Exklave an der Ostsee und ehemaligen Hauptstadt der Provinz Ostpreußen, Königsberg. Sie gingen am Strand spazieren, als Julija ohne jegliche Warnsymptome »so schlecht wurde wie nie zuvor in meinem Leben«. Wie sie sagt, hatte sie ihre Beine kaum unter Kontrolle auf den 300 Metern zurück zum Hotel, wo sie sich ins Bett legte und bis zum nächsten Morgen wie ein Stein schlief. Die Nawalnys verzichteten darauf, ärztliche Hilfe in Anspruch zu nehmen - was auch immer Julija da umgehauen hatte, die Symptome waren einfach nicht spezifisch genug.

Verfolgt man freilich Flugverkehr und Telefonate der Poison Squad, drängt sich eine durchaus spezifische Erklärung auf: Am 2. Juli 2020, einen Tag bevor die Nawalnys dort landeten, kauften drei Mitglieder der FSB-Poison Squad - Alexandrow wie üblich unter seinem Decknamen »Frolow«, Michail Schwez und Panjaew unter ihren Klarnamen - Tickets nach Kaliningrad. Alexandrows Flieger setzte am 2. Juli dort auf; Panjaew und Schwez flogen am selben Tag wie das Paar, allerdings mit einer anderen Maschine und nicht vom selben Moskauer Flughafen aus wie die Nawalnys.

Ihr Telefonverkehr ist nicht weniger belastend.

Unmittelbar vor ihren Flügen führten alle drei Killer der Poison Squad zahlreiche Telefonate mit Oberst Stanislaw Makschakow, dem operativen Chef der Abteilung, der Mr. Potato Head aus *Toy Story* ähnlich sieht. Der wiederum führte zahlreiche Gespräche mit seinen Vorgesetzten, den Generälen Kirill Wassiljew und Wladimir Bogdanow.

An dem Tag, als es Julija Nawalnaja so übel wurde, ging der Telefonverkehr des Kommandos durch die Decke. *Bellingcat* spricht von einem Kreuzfeuer von Telefonaten zwischen den drei eben aus Kaliningrad zurückgekommenen Killern, Mr. Potato Head aus *Toy Story* und seinen Vorgesetzten. Die Generäle wiederum kontaktierten Artur Schirow, den Chef des Signal-Instituts, der seinerseits Oleg Demidow anrief, einen Chemiewaffenexperten, der früher dem 33. Militärinstitut in Schichany angehörte.

Sieh einer an.

...

Am Morgen des 12. August 2020, das Team Nawalny hatte soeben seine Pläne für die nächste Reise besprochen, kaufte die Star-Ermittlerin von Nawalnys Anti-Korruptionsstiftung FBK, Maria Pevchikh, ein Ticket nach Nowosibirsk. Am selben Tag um 13:39 Uhr buchten drei Killer der Poison Squad - Alexandrow, Panjaew und Iwan Osipow - ebenfalls Tickets nach Nowosibirsk: Alexandrow als »Frolow« und Osipow als »Spiridonow«, Panjaew unter seinem richtigen Namen. Kurz vor ihrem Abflug in den Osten rief ein anderes Mitglied des Kommandos, Oleg Tajakin, der Onkel Fester aus der *Addams Family* ähnlich sieht und Mr. Potato Heads Stabsfeldwebel zu sein scheint, die drei Agenten an, die am nächsten Morgen fliegen sollten. Aus den Telefon-Logs geht hervor, dass sich Tajakin in Moskau aufhält, aber über ein unbekanntes Wegwerfhandy und einen abhörsicheren Dienst mit den anderen kommuniziert.

Es folgt ein weiterer Schwung Telefonate zwischen den Mitgliedern der Poison Squad, nicht nur zwischen Mr. Potato Head und den Agenten im Feld, sondern auch zwischen Leuten, die im Büro geblieben sind, darunter Schwez, Oleg Tajakin, Alexej Kriwoschekow und mein Favorit unter den Drahtziehern, Konstantin Kudrjawzew. Merken Sie sich diesen Namen.

Es war eigentlich üblich, dass man bei der Poison Squad unterwegs aus Sicherheitsgründen Wegwerfhandys benutzte. Das schloss jedoch die eine oder andere Dummheit nicht aus. So schaltete am nächsten Tag, dem 14. August, Alexandrow kurz sein eigenes Mobiltelefon ein und erlaubte damit seine Ortung. Der angefunkte Telefonmast befand sich bequemerweise am Dimitrowa-Prospekt 2, ganz in der Nähe des Hotels, in dem Maria Pevchikh ein Zimmer gebucht hatte, sowie eines zweiten Hotels, in dem wenige Stunden später Nawalny mit seinem Team einchecken sollte. Monate später sendet ein russischer staatlicher Fernsehsender eine gefakte Untersuchung des Vergiftungsfalls und zeigt dabei geheime Kameraaufnahmen von Pevchikh in Sibirien. Die Schergen des FSB waren ihr also gefolgt.

Wir schreiben den 19. August. Alle Hauptakteure, d. h. sowohl das Team Nawalny als auch die Poison Squad, befinden sich in Tomsk. Um 16 Uhr, 21 Uhr Moskauer Zeit, 20 Uhr, 21 Uhr Tomsker Zeit, schickte Wladimir Panjaew Mr. Potato Head eine SMS. Nawalny ließ sein Zimmer im Hotel Xander unbeaufsichtigt, um in einem Fluss in der Nähe schwimmen zu gehen. Als er gegen 23 Uhr zurückkam, traf Nawalny sich mit seinen Leuten in der *Velvet Bar* des Hotels und bestellte eine Bloody Mary. Der Barmann sagte, er hätte dazu nicht die richtigen Zutaten, und bot ihm stattdessen einen Negroni an. Wie Nawalny später *Bellingcat* gegenüber sagte: »Der Cocktail war das Ekelhafteste, was ich in meinem ganzen Leben getrunken habe.« Mehr als einen Schluck habe er nicht hinuntergebracht. Gegen Mitternacht ging er dann zu Bett.

Etwa zur gleichen Zeit rief Kriwoschekow Mr. Potato Head an. Vier Mal. Und dann beging Alexandrow seinen zweiten Schnitzer - wieder schaltete er sein eigenes Telefon ein. Zwar nur für eine Sekunde, aber das genügte, um einen Mobilfunkmast im

Zentrum von Tomsk anzupingen, nur ein paar Autominuten vom Hotel Xander entfernt.

Am folgenden Morgen fährt das Team Nawalny zum Flughafen, checkt ein und macht sich auf die lange Reise zurück nach Moskau, während der unser Streiter für eine russische Demokratie mit einem Mal aufzuheulen beginnt wie ein Tier.

Kapitel zwölf
Moskau4, Moskau4

Fünf Tage später flog Konstantin Kudrjawzew, als Spezialist für chemische Waffen einer der Wissenschaftler in dem Gift-Trupp, von Moskau nach Omsk. Die Telefon-Metadaten zeigen, dass er weniger als zehn Stunden in der Stadt blieb. Er fuhr vom Flughafen ins Stadtzentrum und brach am Abend wieder nach Moskau auf.

Wie kam es dazu?

Würde das, was Kudrjawzew in Omsk tat, das Geheimnis lüften, wie das Gift eingesetzt worden war? Nachdem das Team Nawalny seine Recherche veröffentlicht hatte, besaß die Welt ein gründliches Verständnis davon, dass eine streng geheime russische Chemiewaffeneinheit Nawalny jahrelang beschattet hatte, dass drei Mitglieder des Teams zur selben Zeit nach Sibirien geflogen waren wie er, dass sie vor und nach dem Giftanschlag eine Reihe von dringenden Telefonaten geführt hatten und dass der Geo-Standort von einem von ihnen nur ein paar Blocks von dem Ort entfernt war, wo Nawalny wohnte.

Es war absurd, alle diese Ereignisse als eine Reihe von Koinzidenzen abzutun, doch das letzte Kapitel des Krimis fehlte. Wie hatten die Giftmörder das Nowitschok verabreicht?

Das Team Nawalny und die Journalisten von *Bellingcat, The Insider, Der Spiegel* und CNN sollten ihr gemeinsames Werk am 14. Dezember 2020 veröffentlichen. In der Nacht davor wurden Julija Nawalnys, die Tochter Dasha und Grosew für die Nawalny Dokumentation gefilmt, als sie die Pläne für ihre verdeckte Operation nochmals durchgingen.

Nawalny steht vor einer Wand in der Küche der gemieteten Wohnung im Schwarzwald, die mit einer Karte von Russland bedeckt ist. Rote Baumwollfäden führen von Orten, an denen die Schlüsselfiguren geortet wurden - Tomsk, das Signal-Institut, zurück zu den Porträtfotos des Gift-Trupps. Die Namen und Gesichter auf dem Schaubild beginnen mit den dreien, die nach Sibirien geflogen sind: Alexandrow, Panjaew, Osipow; dann folgen die anderen Mitglieder des Trupps: Schwez, Tajakin, Kriwoschekow, Kudrjawzew und andere; dann der unmittelbare Boss, Colonel Makschakow/Mr. Potato Head, dessen Boss General Kirill Wassiljew, dessen Boss Major-General Wladimir Bogdanow, sein Chef, der FSB-Direktor Alexander Bortnikow, schräg darüber; links davon Nikolai Patruschew, der frühere FSB-Chef und Chef des Nationalen Sicherheitsrates; und über ihnen allen der oberste Giftmörder, Wladimir Putin. Das Diagramm sieht aus, als stamme es vom Set des Films *A Beautiful Mind* von Russell Crowe über das brillante, aber paranoide Mathematikgenie John Nash, doch es ist allzu real.

Zeit für eine letzte Aufgabe. Nawalny steht auf und sagt: »Halte mein Bier, während ich ein TikTok-Video mache.« Er bittet Dasha, ein Video für TikTok aufzunehmen, auf dem er lautlos den OMC-Hit »How Bizarre« vor den Porträtfotos des Gift-Trupps mitsingt. Dascha soll das auf ihrem Handy schneiden.

Dascha: »Ich weiß nicht, wie man das macht.«

Navalny: »Wer ist 19?«

Dascha: »Du anscheinend.«

Julija schaut zu, ihre Augen leuchten vor Freude. Der Film zeigt einen kurzen Ausschnitt, in dem Nawalny den Hit mitsingt. Das ist Investigativjournalismus für das 21. Jahrhundert.

Dasha geht in die Küche, um die Rolle von General Bogdanow zu spielen. Nawalny ruft an, und Dasha bemerkt sofort, dass eine Ziffer auf dem Bildschirm ihres Mobiltelefons nicht angezeigt wird. Grosew hat ausgetüftelt, wie man das Telefon so manipulieren kann, dass die angezeigte Nummer von einem Festnetzanschluss in der Lubjanka, der Zentrale des FSB, zu kommen scheint. Er erklärt, das sei kein Problem. Das ist die russische Version von *Happy Families*.

Am nächsten Morgen soll Nawalny als Erstes eine Reihe von Telefonanrufen machen, einige geradeheraus, einige unter dem Vorwand, ein Kreml-Insider zu sein, um zu sehen, ob einer von dem Giftmischer-Trupp reagiert oder womöglich sogar alles ausplaudert. In der Nacht davor ist Nawalny der Skeptischste von allen und vermutet, dass die FSB-Killer sich auf keinen Fall hereinlegen lassen; doch dann erinnert er sich an Grosews Mantra: »Moskau4«. Das stammt von einer sagenhaften, aber dennoch wahren Geschichte, der zufolge es kremlfeindlichen Hackern gelungen ist, das Passwort eines hochrangigen Mitarbeiters des russischen Militärgeheimdienstes GRU in Erfahrung zu bringen - das »Moskau1« hieß, wie sich herausstellte. Nachdem er gehackt worden war, änderte der Russe George Smiley sein Passwort in »Moskau2«. Er wurde erneut gehackt und änderte es daraufhin in »Moskau3«. Nach dem vierten Hackangriff änderte er es noch einmal in »Moskau4«. Nawalny fasst es zusammen: »Moskau4 ist also das Symbol für die Dummheit des Systems.«

Kurz vor dem Zubettgehen überlegt Nawalny, dass die große Recherche am nächsten Tag veröffentlicht wird. Und sein TikTok-Video lautet: »Wir werden uns kurz 15 Minuten schämen. Okay, bis morgen!«

Beim ersten Hahnenschrei, um 4:30 Uhr deutscher Zeit, sind alle drei - Nawalny, Grosew und Pevchikh - anwesend und einsatzbereit, um die Mitglieder des Gift-Trupps in Moskau mit einem Telefonanruf hereinzulegen. Die Recherche soll mittags veröffentlicht werden, sie haben also ein paar Stunden Zeit, um dem Giftkommando einen Schrecken einzujagen. Für die

Nawalny-Dokumentation wird ein Mikrofon angeschlossen, wobei der Techniker die Kabel unter seinem Pullover versteckt.

»Jetzt fühle ich mich wie ein verdeckter Ermittler, ganz verkabelt«, scherzt Nawalny.

»Bist du nervös?«, fragt Pevchikh, heiter für ihre Verhältnisse, heiter für jeden um 4:30 Uhr morgens. Normalerweise macht sie immer ein ernstes Gesicht: ein weiblicher Professor Snape.

»Wie bitte?«

»Bist du nervös?«

»Nein.«

»Komm schon.«

»Ein bisschen.«

Während des Komas hat Nawalny eine ganze Menge Gewicht verloren und sieht schlanker aus, viel attraktiver als damals, als er an den rechtsextremen Russischen Märschen teilnahm. Er trägt einen blauen Kapuzenpulli, wirkt beherrscht, aber gelegentlich erhellt jungenhafte Freude sein Gesicht; Pevchikh trägt einen dicken blauen Strickpullover, das dunkle Haar hochgesteckt, Brille, Perlenohrringe, immer wachsam; Grosew in einem schwarzen Pullover mit roten und blauen Bordüren an den Ärmeln, seine Haltung ist die eines Bluthunds, der mit der Nase in der Luft schnüffelt, beunruhigt, die Beute könnte entkommen.

Es scheinen fünf leicht voneinander abweichende Übersetzungen von Nawalnys Telefongesprächen mit dem Gift-Trupp in Umlauf zu sein, von *Bellingcat, The Insider,* CNN, *Der Spiegel* und der Doku *Nawalny*; inhaltlich sind sie alle gleich. Die letztgenannte Version ist am ausführlichsten und bei Weitem die beste, aber – vielleicht habe ich tatsächlich zu penible Ohren – wo der echte Geschmack des russischen Originals nicht ganz in britisches Englisch gebracht wurde, habe ich, an einigen Stellen, meine eigene Übersetzung angefertigt.

Was Roher auf Film gebannt hat, ist der unumstößliche Beweis für ein Verbrechen. Nawalny liefert eine Glanzleistung ab, seine Schlagfertigkeit und seine List offensichtlich, und entlockt eine Zeugenaussage zum Vorgehen der Giftmörder. Es ist wichtig, jede Wendung dieser Ereignisse zu verfolgen, will man Nawalnys Geschichte verstehen.

Die ersten Anrufe gehen an das Team, das nach Sibirien flog, um Nawalny zu beschatten. Diese Leute, darüber ist das Team sich klar, kennen Nawalnys Stimme sehr gut, deshalb versucht er nicht, sie hereinzulegen, sondern sagt: »Ich rufe an, um zu fragen, warum Sie mich töten wollten.«

Diese Anrufe müssen ihm persönlich große Befriedigung verschafft haben, aber journalistisch gesehen funktionieren sie nicht; die Mitglieder des sibirischen Gift-Trupps legen auf.

»Versuch es doch einmal mit einer Finte«, schlägt Pevchikh vor. Sie hat natürlich absolut recht, und Nawalny ist ein wenig albern.

»Okay.«

...

Für die vorgetäuschten Anrufe spielt Nawalny »Maxim Ustinow«, einen hochrangigen Berater von Nikolai Patruschew, ehemaliger Boss des FSB, jetzt Sekretär des russischen Sicherheitsrates, ein Faschist und Kriegstreiber. Patruschew malt die Wolken für Putins Schloss in den Himmel. Nawalnys Auftreten ist schroff, anmaßend, hartnäckig, der perfekte Ton für »Ustinow«, den falschen Kreml-Insider.

Er ruft Schwez an, der Nawalnys Stimme erkennt und sagt: »Ich bin fertig mit deinem Spiel. Ich weiß, wer du bist. Auf Wiederhören«, und legt auf.

Grosew: »Der Bursche war verdammt eingeschüchtert.«

Pevchikh: »Er hat deine Stimme erkannt?«

Nawalny: »Ja, ja. Michail ist nicht dumm.«

Grosew: »Ich denke tatsächlich, dass ein Wissenschaftler eher mit dir spricht. Eine Ein-Prozent-Chance.«

Nawalny ruft Kudrjawzew an, den Chemiker, der fünf Tage nach dem Giftanschlag nach Omsk geflogen ist. Kudrjawzew wirkt verdattert, seine Stimme nasal, dick. Das Märchen, das Nawalny ihm auftischt, ist, dass Patruschews Berater »Ustinow« - also Nawalny - einen Bericht darüber schreiben muss, was bei der Operation falsch gelaufen ist. Er erklärt dem Experten für Chemiewaffen, dass er seine Nummer von Bogdanow habe. Die beiden Stimmen sind auffallend unterschiedlich. Wenn ich die beiden für einen Film casten würde, dann würde Nawalny den arroganten Patrizier spielen und Kudrjawzew einen Diener mit verstopfter Nase.

Nawalny: »Verzeihen Sie, dass ich so früh anrufe, aber ich brauche zehn Minuten Ihrer Zeit.«

Kudrjawzew: »Ja, ja, ich höre.«

Nawalny: »Ich brauche von jedem Mitglied der Einheit eine Aussage darüber, was in Tomsk schiefgelaufen ist. Warum ist die Operation Nawalny gescheitert?«

Kudrjawzew: »Ich bin gern behilflich, aber ich habe Corona und sitze zu Hause.«

Nawalny, der Herr zum Knecht: »Deshalb rufe ich Sie ja an.«

Kudrjawzew: »Und was ist mit Makschakow [Mr. Potato Head]? Haben Sie überlegt, ihn anzurufen?«

Nawalny: »Selbstverständlich rufe ich Makschakow an. Das Verfahren ist einfach. Ich rufe Alexandrow an, Makschakow, Tajakin, und ich werde jeden bitten, kurz zu erklären, was falsch gelaufen ist. Und was das nächste Mal getan werden muss, damit es klappt.«

Kudrjawzew: »Diese Frage habe ich mir selbst schon gestellt.«

Pevchikh, die den ganzen Schwindel mit der Kamera ihres Handys aufnimmt, hält sich eine Hand vor den Mund; ihre Augen leuchten vor Entzücken.

Kudrjawzew fährt fort: »Meiner Meinung nach war der Job gut ausgeführt. Wir haben alles nach Plan gemacht, so wie wir es mehrfach geprobt hatten. Doch in unserem Beruf gibt es, wie Sie wissen, viele Unwägbarkeiten und Nuancen. Wir versuchen, möglichst alles zu berücksichtigen. Doch als das Flugzeug notlandete, veränderte sich die Situation, und zwar nicht zu unseren Gunsten. Hätte der Flug länger gedauert, dann, denke ich, wäre alles in unserem Sinne gelaufen.«

Grosew wendet den Kopf in seinen Händen, er kann seinen Ohren kaum trauen.

Nawalny: »Wäre er länger in der Luft gewesen?«

Kudrjawzew: »Die Notärzte am Boden haben sofort gehandelt. Sie haben ihm irgendein Gegenmittel injiziert. Wären sie länger in der Luft geblieben, wäre alles nach Plan verlaufen.«

Nawalny hebt nach Art von »We Are The Champions« schweigend seine Arme in die Luft, während Grosew sein Gesicht mit seinen Händen bedeckt. Aber es kommt noch mehr, viel mehr.

Nawalny: »Offensichtlich war also die Dosis zu gering berechnet. Warum?«

Kudrjawzew: »Unsere Berechnungen waren schon richtig. Wir haben sogar etwas höher dosiert.«

Nawalny: »Gut. Erzählen Sie mir jetzt bitte von den spezifischen Mechanismen. Wie wurde das Gift verabreicht?«

Kudrjawzew: »Also, das sollte über eine sichere Leitung kommuniziert werden.«

Nawalny, bestimmt: »Nein, das ist nicht nötig. Sie müssen verstehen, für wen dieser Bericht ist. Auf dieser Ebene bedarf es keiner gesicherten Leitungen. Das ist hoch oben, die wollen keine technischen Details. Wie kann ich den Übergabemechanismus erklären? Sagen Sie es mir mit möglichst einfachen Worten.«

Kudrjawzew, etwas überrascht: »Sie wissen das nicht?«

Nawalny, der prompt nachlegt: »Ich weiß einiges darüber,

aber nicht alles. Trotzdem muss ich Sie fragen. Das sind die Fragen, die ich stellen muss, deshalb tue ich das.«

Kudrjawzew: »Also, ich kann Ihnen das am Telefon nicht sagen.«

Nawalny: »Okay. Was ist mit seinen Sachen passiert?«

Kudrjawzew: »Ich habe sie das letzte Mal in Omsk gesehen. Wir haben sie, nachdem wir sie behandelt haben, dort gelassen.« Grosews Gesicht ist hinter seinen Händen wiederaufgetaucht und pumpt seine Daumen in die Luft, wiederholt. »Ich habe keine Ahnung, wo sie am Ende abgeblieben sind. Bei unserer Ankunft jedenfalls haben die Jungs von der örtlichen Polizei in Omsk sie uns übergeben. Wie heißen die noch mal?«

Nawalny, geräuschlos lachend: »Transportpolizei?«

Kudrjawzew: »Ja, ja.«

Nawalny: »Die Kleider wurden also in Ordnung gebracht? Damit ist alles okay?«

Kudrjawzew: »Nachdem wir sie fertig behandelt hatten, war alles sauber.«

Nawalny, aufspringend: »Auf welches Kleidungsstück hatten Sie sich konzentriert? Welches hatte den höchsten Risikofaktor?«

Kudrjawzew: »Die Unterhose. Die Innenseite, wo der Schritt ist.«

Nawalny: »Der Schritt der Unterhose?«

Kudrjawzew: »Am Eingriff sozusagen. An den Nähten.«

Nawalny: »Okay, das ist wichtig. Wer hat Sie angewiesen, den Schritt der Unterhose zu behandeln? Makschakow?«

Kudrjawzew gibt Mr. Potato Head preis: »Ja.«

Nawalny: »Erinnern Sie sich an die Farbe der Unterhose?«

Kudrjawzew: »Blau.«

Nawalny, mit einer Stimme, als mache er Notizen: »Blau, blau. Und die Hose?«

Kudrjawzew: »Da bestand die Möglichkeit von Rückständen, deshalb haben wir die auch gereinigt, damit keine Spuren bleiben.«

Pevchikh hält sich wieder eine Hand vor den Mund, wohl wissend, dass der Giftmörder sich gerade sein eigenes Grab geschaufelt hat. Grosew, der digitale Bluthund, zuckt mit dem Schwanz.

Nawalny: »Wie haben die Deutschen das rausgefunden?«

Kudrjawzew: »Vielleicht haben sie spezielle Nachweismethoden.«

Nawalny: »An welchen Stellen seines Körpers konnten sie Spuren finden?«

Kudrjawzew: »Am Körper war nichts. Es war im Blut. Wir haben seinen Körper im Krankenhaus gereinigt.« Woraufhin Grosew, der kein besonders ausdrucksstarker Typ ist, seinen Kopf mit seinen Händen festhält, damit er nicht herunterfällt, und dabei die ganze Zeit von einem Ohr bis zum anderen grinst.

Nawalny: »Ich habe noch eine ziemlich merkwürdige Frage. Sie sind mehrmals mit Nawalny gereist, zum Beispiel 2017 nach Kirow. Wie schätzen Sie ihn als Person ein?«

Kudrjawzew: »Er macht, meiner Meinung nach, nie irgendwelche unnötigen Schritte. Ist jederzeit vorsichtig und sorgfältig. Vielleicht hat er geahnt, dass unsere Jungs ihn beschatten. Sind Sie noch dran?«

Nawalny: »Ja, ich bin ganz Ohr. Ich schreibe. Gibt es noch etwas, was ich in meinen Bericht aufnehmen soll?«

Kudrjawzew: »Nein, ich habe alles gesagt. Wahrscheinlich zu viel. Ehrlich gesagt, bin ich über die Fragen schockiert. Ich hoffe, Sie verstehen, warum.«

Nawalny: »Konstantin, wir sind alle schockiert. Stellen Sie sich vor, wie schockiert ich bin.«

Kudrjawzew: »Okay.«

Nawalny: »Danke. Wiederhören.«

...

An dem Punkt springt Grosew auf und gibt Nawalny High Five, dem Ausführenden des besten journalistischen Streichs dieses Jahrtausends. Das Kind in Nawalny bricht in Freude aus. Pevchikh vergräbt ihr Gesicht in ihrem riesengroßen Pulli und versucht, mit dem beruflichen Selbstmord des Giftmischers und dem, was für ihn jetzt folgen wird, klarzukommen.

»Wie hast du das nur gemacht?«, sagt Grosew.

»So, jetzt haben wir alles. Moskau4«, sagt Nawalny.

»Verdammt noch mal, der hat die ganze Geschichte ausgespuckt. Das ist unfassbar.« Grosew ist von Ehrfurcht ergriffen.

»Der arme Kerl«, sagt Nawalny. »Die werden ihn umbringen. Die werden ihn umbringen.«

»Buchstäblich«, sagt Grosew. »Ich glaube, nach der Sache wirst du Präsident, im Ernst«, sagt Grosew.

»Nach der Sache ...« Nawalny kann gar nicht aufhören, in sich hineinzulachen. »Die werden mich auf jeden Fall umbringen.« In diesem Moment scherzt er, aber seine Prophezeiung wird sich im Lauf der Zeit bewahrheiten.

»Armer Kudrjawzew«, sagt Pevchikh.

»Ja, armer Kudrjawzew«, wiederholen die Männer.

»Er ist ein toter Mann«, sagt Grosew. »Bieten wir ihm doch an überzulaufen. Wir arrangieren das Ganze für ihn.«

»Im Ernst«, sagt Pevchikh.

»Aus humanitären Gründen.«

»Er wird schon morgen in einem Graben liegen«, sagt Pevchikh.

»Die werden ihn umbringen. Die werden ihn umbringen«, sagt Grosew.

Kudrjawzew wurde nie wieder gesehen.

Das Team stimmt dem Vorschlag von Pevchikh zu, ihren Scoop bis zu Putins jährlichem Telefon-Marathon, der in ein paar Tagen stattfinden soll, zurückzuhalten.

Am 16. Dezember überträgt CNN, wie seine internationale Chefkorrespondentin Clarissa Ward in irgendeinem altmodischen Vorort Moskaus die Treppen zu einer schäbigen Wohnung mit einer grünen Tür hinaufsteigt und anklopft. Für dieses Buch erklärt Ward, was passierte, als CNN auf Onkel Fester von *The Addams Family* oder, besser gesagt, Oleg Tajakin, den Sergeant-Major des Gift-Trupps, losging: »Das Gebäude war ein klassischer Wohnblock aus der Sowjetzeit. Ich war davor ein Nervenbündel, nicht unbedingt wegen der Tatsache, dass ich einen FSB-Agenten an der Türschwelle überraschen und mit seiner Rolle in dem versuchten Mordanschlag auf Alexej Nawalny konfrontieren sollte, sondern eher, weil bei einem solchen Impromptu-Interview, wie Sie wissen, 800 Dinge richtig laufen müssen. Und wenn irgendetwas schiefläuft, fallen alle Dominosteine auf einmal um. Deshalb verbringt man Ewigkeiten damit durchzuspielen, was schiefgehen könnte: ›Okay, was ist, wenn er sich die Kamera schnappt? Nun gut, vielleicht streamen wir direkt nach Atlanta, sodass das Material, selbst wenn er sich die Kamera schnappt, bereits im Haus ist. Oder wir benutzen gar keine Kamera, sondern ein Mobiltelefon. Und wo steht Jeff, der Kameramann? Steht er hinter mir? Wann gibt er sich zu erkennen? Wann gehe ich hinauf? Wer läutet das erste Mal und was sagen wir? Und um wie viel Uhr gehen wir?‹ Schließlich klopften wir vor sieben Uhr morgens an die Tür, was verrückt war. Aber er lebte am Stadtrand von Moskau, und mir fiel ein, dass der Typ möglicherweise um 7:30 Uhr morgens ins Büro fährt, ich weiß nicht. Oder vielleicht hat er COVID und ist den ganzen Tag zu Hause. Es gibt so viele Variablen! Er war einer von drei Leuten, die wir an dem Tag an der Türschwelle überraschen wollten. Meine Kollegin Dascha läutete als Erste, am Eingang zu dem Wohnhaus, drei Mal, und dann antwortete er, und sie faselte so etwas wie ›Hi! Können wir raufkommen und mit Ihnen sprechen?‹ Und ich glaube, er war so verwirrt, dass wir vor sieben Uhr an seiner Wohnungstür klingelten, dass er die Tür unten öffnete, nur um uns oben gehörig die Meinung zu sagen: ›Was zum Teufel denken Sie sich dabei, an einem Montagmorgen um 6:45 Uhr wie verrückt an meiner Tür zu läuten?‹«

Onkel Fester trägt einen zweiteiligen Camouflage-Pyjama. »Nie in seinen wildesten Träumen dachte er, dass die internationale Chefkorrespondentin von CNN ihn in gebrochenem Russisch fragen würde: ›Bitte, war es Ihr Team, das Nawalny vergiftete?‹«

Ward fährt fort: »Das war schon ein bemerkenswerter Augenblick, denn als er mich sah, war er kurz davor, mir gründlich die Meinung zu sagen. Dann sah er die Kamera und machte die Tür zu, aber nicht ganz. Er machte sie nur so weit zu, um sich vor der Kamera zu verstecken. Erst in dem Moment, als er das Wort ›Nawalny‹ hörte, fiel die Tür krachend ins Schloss. Es ist kaum zu glauben, was da passiert ist, besonders, weil ich über einen Monat lang Fotos von ihm studiert hatte, jeden Tag auf seine Visage geschaut habe, und dann sehe ich ihn plötzlich in seinem zweiteiligen Camouflage-Pyjama.«

Es ist ein klassisches Impromptu-Interview an der Haustür, schön gemacht, und superdreist wegen des Timings und des Orts.

Am nächsten Tag spottet Putin über die gemeinsame Recherche von Team Nawalny mit *Bellingcat, The Insider, Der Spiegel* und CNN und erzählt seinen Zuschauern, was Zombie-Journalismus ist: eine Art von »Informationskrieg ... eine Müllkippe, wo alles abgekippt, abgekippt, abgekippt wird in der Hoffnung, dass es bei den Bürgern Eindruck machen und Misstrauen in unsere politische Führung säen werde.« Putin hat die komische Eigenart, dass er es nicht ertragen kann, Nawalny beim Namen zu nennen. Stattdessen bezeichnet er ihn als »Berliner Patienten«, der »die Unterstützung des amerikanischen Geheimdienstes genießt«.

Putin spottet auch über die Methoden des Teams: »Denken Sie, wir wissen nicht, dass sie Geo-Standorte verfolgen? Unsere Geheimdienste wissen das. Mitarbeiter des FSB und anderer Spezialeinheiten wissen das. Und sie benutzen ihre Telefone, wo sie es für nötig halten, ohne ihren Standort zu verbergen.«

Das Erbärmliche an Putins Weltbild ist, dass alles, was ihn schwach erscheinen lässt, nur das Werk der CIA sein kann. Die Möglichkeit, dass russische Bürger, die mit freigeistigen westlichen Journalisten und einem bulgarischen Sherlock Holmes zusammenarbeiten, ihn und seine Handlanger überlisten könnten, lässt er nicht zu. Das rührt daher, dass er einen geschlossenen Geist hat, in einer geschlossenen Welt. Putin kapiert Open-Source-Recherchen nicht, bei denen Grosew & Co. ihre Hausaufgaben gegenüber allen offenlegen. Er kapiert nicht, dass das eine neue Herangehensweise ist, dass es der CIA zum Beispiel nie im Traum einfallen würde, so wie Grosew im Film *Nawalny* der Welt zu erklären, wie er die Namen und die Zahlen und die Flüge des Gift-Trupps geknackt hat. Putin versteht das 21. Jahrhundert nicht. Er fragt die Zombies: »Wer hat es nötig, ihn zu vergiften?«, und fügt hinzu: Wenn Russland gewollt hätte, dass Nawalny tot ist, »dann wäre das vermutlich längst erledigt«.

Nawalnys Team stellt Wladimir Putin eine Falle. Sie veröffentlichten die Ermittlungen zum Giftanschlag – die Namen des Giftkommandos und die Telefon-Metadaten, die zeigen, dass es Nawalny quer durch Russland bis nach Tomsk verfolgte –, hielten aber den entscheidenden Punkt zurück: das Geständnis von Kudrjawzew.

Nachdem Putin ihre Beweise während des Telefon-Marathons des Kreml spöttisch abtut, kommen sie mit der Story heraus, wie der Giftmörder detailliert erklärt, wie das Giftkommando das Nowitschok auf Nawalnys blaue Unterhosen brachte und so weiter. Sie lassen Putin wie einen gemeinen Mörder dastehen.

Und wie einen Narren.

Kapitel dreizehn

Der Tempel des schlechten Geschmacks

Nawalnys große und schreckliche Entscheidung, im Januar 2021 nach Russland zurückzukehren, war gewissermaßen eine Aufforderung an Putin, ihn nicht umbringen zu lassen. Groß war die Entscheidung, weil sie vor aller Welt Nawalnys nackten Mut demonstrierte: dass er bereit war, für seine Vorstellung »vom schönen Russland der Zukunft« sein Leben zu riskieren, dass die Vorstellung eines demokratischen Russlands es wert sei, dafür zu sterben. Schrecklich war die Entscheidung, weil Putin 2024, durch seinen großen Krieg gegen die Ukraine innenpolitisch unermesslich gestärkt, ihn schließlich tatsächlich töten ließ, nach drei Jahren Vorlaufzeit.

Unmittelbar nach dem Bekenntnis des Giftattentäters sprang die russische Nebelmaschine wieder an und tat ihr Möglichstes, um Putins Vorgabe zu entsprechen, wonach die Giftschwadron Nawalny schon längst hätte töten können, wenn sie es denn gewollt hätte. Diese Darstellung aus dem Kreml schließt jegliche Erwägung eines politischen Risikos für Putin aus. Selbst die Möglichkeit, dass er den Kopf der russischen Opposition nur deshalb nicht schon vor 2020 vergiften ließ, weil er sich ernsthaft Sorgen um die Folgen machte, die das für seinen Griff nach der Macht haben könnte. Nawalny war es gelungen, mehr Menschen im Protest gegen die Fortsetzung von Putins Herrschaft auf die Straßen Moskaus zu locken, als dort seit dem Ende der Sowjetunion je gesichtet wurden.

In Wirklichkeit war es lange Zeit so, dass Putin, konfrontiert mit dem Phänomen Nawalny, Furcht empfand. Viele Leute vergessen, dass es vor dem »stolzierenden ... höhnischen ... abschätzigen« starken Mann, wie Alastair Campbell ihn zu Zeiten des Irakkriegs erlebt hatte, einen schwachen Putin gegeben hatte, der Anatoli Sobtschak, dem Bürgermeister von St. Petersburg, die Taschen hinterhertrug; der gefügig »ja, Chef, nein, Chef« zu Boris Beresowski sagte, als der Oligarch auf der Suche nach einem Ersatz für Boris Jelzin war; der auch die Familie Jelzin mit seiner unterwürfigen Art hinters Licht führte und die gleiche Nummer später mit Blair und George W. Bush vollführte. Das Knifflige an der Sache ist – das sollte man sich klarmachen –, dass die Schwäche Putins zwar vorgespielt war, aber nicht nur, teilweise entsprach sie auch der Wahrheit: Wenn er mit einem unerschrockenen Feind konfrontiert war, ist er oft zurückgewichen, hat er sich sehr viel furchtsamer gezeigt, als die ungleich besser bekannte höhnische Seite seines Wesens glauben machen konnte. Nawalny hatte sich letzten Endes getäuscht, aber die Entwicklung bis zu seiner Ermordung war keine zwangsläufige.

Von Anfang an war klar, dass er nach Russland zurückkehren würde. Sein enger Vertrauter Wolkow erklärte in der Doku *Nawalny*, sie hätten Sorge gehabt, dass er gleich nach dem Erwachen würde zurückkehren wollen: »Unsere Erwartung war, dass er, sobald er aus der Intensivstation raus wäre, den Wunsch haben würde, sofort wieder nach Russland zu fliegen. Zu unserer großen Erleichterung sagte er mir aber: ›Ich sollte lieber einige Monate hierbleiben. Ich will stark und vollständig erholt sein, wenn ich nach Russland zurückkehre.‹« Von Ende September 2020 bis Mitte Januar 2021 hielt sich Nawalny in einem Dorf im Schwarzwald auf und kam mit jedem Tag mehr zu Kräften.

Kurz vor seiner Rückkehr legte er seine Überlegungen in einem Video dar, das von zwei Millionen Instagram-Nutzern aufgerufen wurde. »Und jetzt schreit Putin, der den Befehl für meine Ermordung gab, in seinem Bunker herum und befiehlt seinen Dienern, alles zu tun, um meine Rückkehr zu verhindern. Und seine Diener tun das, was sie immer tun: neue Straftaten von mir erfinden.« Aber er kehre jetzt nach Hause zurück. »Russland ist mein Land, Moskau ist meine Stadt, ich vermisse sie.«

Der Rückflug am 17. Januar 2021 von Berlin aus war ein Medienspektakel, Reporter filmten alles mit ihren Handykameras. Nawalny und Julija waren Musterpassagiere, die Gesichter halb verdeckt vom Mund-Nasen-Schutz. Nawalny schaute sich seine Lieblingszeichentrickserie *Rick and Morty* an, eine US-amerikanische Science-Fiction-Tollerei, die von Rick, dem klassischen verrückten Wissenschaftler mit Loch in der Seele und seinem ängstlichen, aber menschenfreundlichen Enkel Morty handelt. Sie reisen durch Raum und Zeit in ihrem Raumschiff, das einem UFO im Stil der 1950er-Jahre ähnelt, und erleben alberne Abenteuer. In einem der Handlungsstränge mixt Rick für Morty einen Liebestrank, der abscheuliche Nebenwirkungen hat. Das Gegenmittel macht aus Menschen Monster mit zweierlei Genen, halb Dinosaurier, halb Gottesanbeterin: keine schlechte Metapher für die Giftschwadron. Julija machte ein ernstes Gesicht unter ihrer Coronamaske, ihr Gemütszustand war doppelt schwer zu lesen. Man konnte allenfalls spekulieren, wie schwer ihr ums Herz war, aber sie war jetzt 21 Jahre mit diesem Mann verheiratet. Furcht zu zeigen, war nicht ihre Art, genauso wenig wie seine.

Nawalny sagte zu den Reportern im Flugzeug, er sei »sehr glücklich, wieder zurückzukommen«, und fügte hinzu: »Das ist heute der beste Tag der letzten fünf Monate. Ich bin zu Hause.« Er scherzte, er mache sich mehr Gedanken über das eiskalte Wetter, das ihn in Moskau erwarte, als darüber, was die Behörden im Schilde führen mochten. »Was soll mir Schlimmes passieren, wenn ich in Russland bin? Ich habe jedes Recht der Welt, hier zu sein.«

Hunderte von Nawalny-Anhängern hatten sich am Moskauer Flughafen Wnukowo versammelt, um seine Rückkehr zu bejubeln, doch in letzter Minute wurde der Flughafen plötzlich geschlossen, Dutzende von käferartigen Bereitschaftspolizisten der dem Innenministerium unterstehenden OMON stürmten den Terminal und nahmen die Anhänger fest, darunter auch Nawalnys jüngeren Bruder Oleg. »Faschisten«-Rufe ertönten, während die Festgenommenen abgeführt wurden. Nawalnys Flug wurde zum gut 50 Kilometer entfernten Flughafen Scheremetjewo umgeleitet: gleich einer Erinnerung an die Schließung des Omsker Flughafens wegen einer »Bombendrohung«. Seine Sprecherin Kira Jarmysch twitterte, dass die Umleitung Beweis für die Furcht des Kreml sei. »Bis vor Kurzem konnte man unmöglich glauben, dass sie [die Machthaber] solche Angst hätten. Aber hier haben wir die Bestätigung.«

Sobald er vor der Passkontrolle auftauchte, stürmten die Polizisten auf ihn zu. Er gab Julija einen Abschiedskuss, eine letzte Umarmung, dann griffen die Polizisten zu, und das war das Ende seiner Zeit als freier Mann, denn nun verschwand er in der kafkaesken Hölle des Putin'schen Strafjustizsystems. Haftgrund war ein Verstoß gegen Bewährungsauflagen - er war, während er aufgrund der Nowitschok-Vergiftung im Koma lag, nicht zu einer angesetzten Anhörung erschienen.

Willkommen in Absurdistan!

Warum kehrte er zurück, wenn er doch sicher sein konnte, für lange Zeit ins Gefängnis zu wandern? Die beste Erklärung stammt von Wladimir Kara-Mursa, einem der wenigen anderen überlebenden Mitglieder der wahren russischen Opposition: »Russischer Politiker kannst du nur innerhalb des Landes sein. Draußen verlierst du an Relevanz.«

Nawalnys seit dem Jahr 2000 verfolgtes Ziel war es, Putin aus dem Amt zu jagen. Im Exil zu leben hieß, dieses Ziel aufzugeben, sich der rohen Gewalt des Regimes zu beugen, und das ließ sein Charakter nicht zu. Es liegt auch etwas Spezielles im Wesen von Menschen, die nach politischer Macht streben. Der ehemalige britische Tory-Abgeordnete Matthew Parris gab sich in einer *Times*-Kolumne vom April 2024 alle Mühe, eine psychologische Erklärung für die Umtriebe des Tory-Abgeordneten Mark Menzies zu liefern, der von seiner Partei geschasst wurde, nachdem er beschuldigt worden war, eine ältere Mitarbeiterin um Hilfe angebettelt zu haben, nachdem er von »schlechten Menschen« in seiner Wohnung eingeschlossen worden war, die ihn nur gegen Geld herauslassen wollten. Menzies bestreitet die Vorwürfe. Parris schrieb: »Die Personen, die Abgeordnete werden wollen, sind nicht normal. Nicht repräsentativ für die Gesamtbevölkerung. Sie stellen einen sehr eigenen, eher seltenen Persönlichkeitstyp dar, dessen Wesen sie dazu veranlasst, dumme Risiken einzugehen. Der Schlüssel ist das Wort ›Risiko‹, und genau hier - in ihren Abwägungen, nicht ihren Neigungen - sind sie nicht normal. Sie glauben, sie können sich durchmogeln. Und oft genug tun sie es auch. Seit eh und je.«

Nawalny ging das Risiko ein, weil er glaubte, er könne damit durchkommen. Er war natürlich ein weitaus bedeutenderer Mann, als Menzies je sein wird. Ich möchte keineswegs sein Andenken beschmutzen, indem ich einen direkten Vergleich zwischen den beiden anstelle, aber der Hunger nach Macht geht mit einer außergewöhnlichen Neigung zum Risiko einher. Wer in Russland nach Macht strebt, betritt ein ganz anderes Universum des Risikos als jenes eines britischen Unterhausabgeordneten. Gerechterweise muss man allerdings sagen, dass Nawalny durchaus einen Trumpf in der Hinterhand hatte, etwas, von dem er wusste, dass es dem Krokodil im Kreml wehtun würde. Zwei Tage nach seiner Festnahme erschien ein neuer Film der Anti-Korruptionsstiftung auf YouTube, der längste, frechste und lustigste bis dato: *Ein Palast für Putin. Die Geschichte der größten Bestechung*. Er war umwerfend gut, großartig anzuschauen, witzig und gruselig faszinierend in der Darstellung der Scheußlichkeit von Putins Inneneinrichtung - eine milliardenschwere Geschmacklosigkeit.

Der Film wird eingeleitet von Nawalny selbst - »Hi, hier ist Nawalny« -, der in irgendeiner unscheinbaren Gegend in Deutschland auf einer Bank sitzt und sofort zur Sache kommt. So manche seiner Worte sind im Netz wieder einmal unterschiedlich übersetzt worden. Wo immer nötig, habe ich das eine oder andere umgemodelt, um die Eigenart des russischen Originals einzufangen.

»Diese Recherche haben wir beschlossen, als ich noch auf der Intensivstation lag«, sagt Nawalny, »aber wir waren uns sofort einig, dass wir sie erst veröffentlichen, wenn ich wieder in Russland bin, weil wir nicht wollen, dass die Hauptfigur dieses Films denkt, wir hätten Angst vor ihr und ich würde die Geschichte ihres dunkelsten Geheimnisses nur aus dem sicheren Ausland heraus erzählen. Er ist einer unserer Zuschauer, der ergebenste Bewunderer unserer Arbeit. Auf seinen Befehl hin wurde ich vergiftet. Es ist Wladimir Putin.« Nawalny blickt sich wie besorgt um, als könne Putin sich irgendwo im Gebüsch verstecken. »Ganz bestimmt guckt er uns jetzt zu, und zwar mit großer Nostalgie im Herzen. Dies ist nicht nur eine Recherche, sondern in gewisser Weise auch ein psychologisches Porträt. Ich möchte wirklich verstehen, wie ein gewöhnlicher sowjetischer Offizier sich in einen Wahnsinnigen verwandeln konnte, der besessen ist von der Gier nach Geld und Luxus und buchstäblich bereit, um seiner Schatzkisten willen zu töten und das Land zu zerstören.«

Nawalny erklärt, wo genau er ist. »Ich befinde mich in Dresden, und dieses unauffällige Wohngebäude ist der Ort, an dem erste Korruptionsprojekte entworfen wurden von der Bande, die später den größten Raub in der Geschichte Russlands durchziehen sollte ... Ihr Anführer, der damals 33-jährige Wolodja Putin, zukünftig reichster Mann der Welt, wohnte hier.«

Nawalnys Team nimmt Putins KGB-Laufbahn in Dresden, damals noch DDR, unter die Lupe, mit besonderem Augenmerk darauf, wie der offizielle Leninismus und die geheimpolizeiliche Hinterlist auf typisch sowjetische Weise dazu dienten, korrupte Strukturen epischen Ausmaßes zu tarnen: »Weder seine Methoden noch der Kreis seiner Spießgesellen haben sich verändert. Nur dass sie damals auf Tonbänder abgefahren sind, und heute fahren sie auf staatliche Großunternehmen ab. Sie nahmen an allen Feiern teil, lasen die entsprechenden Reden ab. Damals priesen sie Großvater Lenin und legten ihr Treuebekenntnis zum Kommunismus ab, aber heute bekreuzigen sie sich in der Kirche und predigen den heiligen Konservativismus ... Wir werden dorthin gehen, wo niemand Zutritt hat. Wir werden Putin einen Besuch abstatten und mit eigenen Augen sehen, dass dieser Mann, getrieben von seiner Gier nach Reichtum und Luxus, komplett durchgedreht ist.«

Zunächst berichtet Nawalny, wie Putin 1985 als kleiner KGB-Offizier nach Dresden kam. Er verspottet die Kreml-Legende: »Er will uns glauben machen, er wäre ein gewiefter Macher gewesen. In Wirklichkeit war er ein ganz gewöhnlicher Angestellter.«

Ein Foto, aufgenommen am 21. November 1987, wird eingeblendet, es zeigt Putin in Anzug und Stiefeln bei einer Feier zu Ehren der Freundschaft zwischen dem KGB und der Stasi, der ostdeutschen Geheimpolizei. Die Schärfe von Nawalnys Kommentar gerade an dieser Stelle mag ein wenig verwundern, aber man bedenke, dass diese Party anderthalb Jahre nach der Tschernobyl-Katastrophe stattfand, in deren Folge der jugendliche Nawalny aufgrund der gemeingefährlichen sowjetischen Geheimhaltung für immer aus seinem ukrainischen Kindheitsidyll vertrieben wurde. Noch der erwachsene Nawalny kann sich darüber kaum beruhigen: »Den ganzen Abend lang halten Putin und seine Kollegen unendlich lange Reden, trinken sowjetischen Brandy, gucken sich Dias an und beben vor Stolz über die Großartigkeit des Marxismus-Leninismus. Keine zwei Jahre später wird davon nichts mehr übrig sein. Die Berliner Mauer wird fallen. Die DDR wird aufhören zu existieren, und mit ihr die Stasi und die KGB-Büros. Das auf Lügen und Repression gegründete System bricht zusammen, aber eine wichtige Hinterlassenschaft bleibt erhalten: die Archive.«

Nawalny zieht weiße Handschuhe über und nimmt sich, an der Seite eines deutschen Archivars, die Akte über Wladimir Wladimirowitsch Putin vor. Auf einem Foto, das Putin mit einem vergoldeten sowjetischen Gong zeigt, ist KGB-Kollege Sergej Tschemesow zu sehen, heute Geschäftsführer des russischen Rüstungskonzerns Rostec und, Recherchen der Pandora Papers zufolge, Besitzer einer 600-Millionen-Dollar-Hochseejacht. Nawalnys bissiger Ton wird noch mal eine Spur schärfer: »Also, auf diesem Foto sehen wir zwei der reichsten Personen in Russland. Putin ist wahrscheinlich der reichste Mann der Welt, und Tschemesow gehört definitiv zu den fünf Reichsten in unserem Land.« Nawalny macht sich darüber lustig, wie sorgfältig die Deutschen alles festgehalten haben – »Typisch deutsch ...« –, bevor er auf einen zweiten KGB-Mann deutet, Nikolai Tokarew, heute Chef von Transneft, der bislang seine Karriere in der sowjetischen Gestapo hatte geheim halten können. Aufmerksame Leser werden sich erinnern, dass 2010, während seiner Zeit an der Yale University, Nawalnys erste Recherche aufdeckte, wie durch Mauscheleien bei Transneft 2,5 Milliarden Britische Pfund verschwunden waren. Die Moral der Geschichte, so Nawalny mit Blick in die Kamera: »Hier in Dresden war es, wo Putin seine wesentlichen Prinzipien fürs Leben definiert hat, die später die Grundlagen des russischen Staates bilden sollten. Erstens, sag das eine und tu dann das andere. Lüge und Heuchelei sind die effektivsten Methoden. Zweitens, Korruption sichert Vertrauen. Deine besten Freunde sind diejenigen, die viele Jahre lang mit dir zusammen gestohlen und betrogen haben. Drittens, und am wichtigsten: Zu viel Geld? So etwas gibt es nicht!«

Die Erzählung wendet sich St. Petersburg in den 1990er-Jahren zu, wo Putin, tief erschüttert vom Zusammenbruch der Sowjetunion, zum u. a. fürs Nachtleben zuständigen Vizebürgermeister unter dem eigentlichen Amtsinhaber, dem verstorbenen (wahrscheinlich von Putin vergifteten) Anatoli Sobtschak wurde. Nawalny führt aus, wie Putin Exportlizenzen für Öl, Holz, Aluminium, Kupfer und Baumwolle genehmigte, im Austausch für dringend benötigte Lebensmittel. Die Nutznießer waren Offshore-Firmen, die teilweise von Putin und seinen Freunden im Geheimen kontrolliert wurden. Der Haken daran war, dass die Lebensmittel nie geliefert wurden. Kurz gesagt läuft Nawalnys Anschuldigung darauf hinaus, dass Putin in Russlands zweitgrößter Stadt einem kriminellen Netzwerk vorstand, das den natürlichen Reichtum des Landes in großen Mengen mit gewaltigem Profit an ausländische Käufer verschob. Putins entscheidende Rolle bestand darin, den Papierkram abzuzeichnen, damit alles offiziell aussah, und die Polizei einzubinden. Falls schnüffelnde Journalisten oder Politiker Ärger machten, konnte Putin entweder die Polizei oder die Gangster oder auch beide mobilisieren, und das Problem landete im Leichenschauhaus.

Nawalny gibt dann einen Überblick über einige von Putins Kumpanen in St. Petersburg, die später zu Titanen des russischen Kapitalismus wurden. Beispielsweise habe Putin, sagt er, ein Riesengeschäft mit der kriminellen Kontrolle über den Petersburger Hafen gemacht. Ilja »Der Antiquitätenhändler« Traber war zu der Zeit ein führender Gangsterboss, der die Kais beherrschte, zusammen mit Gennadi Petrow, Kopf der Tambow-

Bande, und Putin. Laut Nawalny war Alexander Djukow seinerzeit Leiter des Hafenterminals; heute ist er der milliardenschwere Chef von Gazprom Neft, eines der größten Mineralölunternehmen der Welt. Einer der größten im Hafen tätigen Ölhändler war Gennadi Timtschenko, inzwischen ebenfalls Milliardär und einer der bekanntesten von »Putins Freunden«, so Nawalny augenzwinkernd.

All diese Ausführungen münden in eine entscheidende These: dass nämlich Putin es geschafft hat, das Petersburger Hafenmafiageschäft quasi eins zu eins auf Russland im Ganzen zu übertragen: Als Präsident kann er den Papierkram abzeichnen, damit alles offiziell aussieht, und das schmutzige Geld fließt auf geheime, von seinen Kumpanen kontrollierte Konten. Falls schnüffelnde Journalisten oder Politiker Ärger machen, kann Putin entweder die Polizei oder die Gangster oder auch beide mobilisieren, und das Problem landet im Leichenschauhaus. (Der Leser möge beachten, dass die teilweise wortwörtliche Wiederholung von Formulierungen aus dem vorletzten Absatz keinem stilistischen Ungeschick geschuldet ist.)

In *Ein Palast für Putin* geht Nawalny noch weiter ins Detail. »Als Putin Präsident wurde, verkauften vier von fünf unserer großen Mineralölunternehmen ihr Öl nicht direkt ins Ausland, sondern über den Schweizer Zwischenhändler Gunvor. Dadurch verdiente Timtschenko, ohne einen Finger zu krümmen, unfassbar viel Geld. Seit Langem wird vermutet, dass Putin im Geheimen Miteigentümer von Gunvor ist, sogar das US-amerikanische Finanzministerium behauptete offiziell, Putin habe Zugriff auf das Geld des Unternehmens. Es war aber lange nicht klar, auf wen seine Anteile eingetragen waren. Dann fand man es heraus. All die Jahre gab es einen geheimen Anteilseigner bei Gunvor, Pjotr Kolbin. Niemand konnte begreifen, wo dieser erstaunliche Anteilseigner herkam, und wie jemand, der von sich selbst sagt, er sei geschäftlich nicht engagiert, Millionen von Dollar in die Firma Gunvor investieren kann. Bis im Jahr 2016 Journalisten aufdeckten, dass Pjotr Kolbin ein Sandkastenfreund Putins war - sie sind im selben Dorf aufgewachsen, gemeinsam in die Disco gegangen, und ihre Familien waren seit Langem befreundet. Und es wurde jetzt deutlich, dass Kolbin die ganze Zeit der Inhaber von Putins Aktien war. Sie denken jetzt wahrscheinlich: ›Moment mal, heißt das, dass Putin direkt Bestechungsgeld erhielt? In Briefumschlägen?‹ Ja, genau!«

Wie funktionierte das? Nawalny zitiert einen der Akteure aus der Petersburger Gangsterszene der 1990er-Jahre, Maxim Freidson, der in einem Interview erklärte: »Wenn es nötig war, etwas formal zu machen, musste man zum städtischen Komitee für Außenbeziehungen [von Putin geleitet] und sich eine feierliche Rede über die Bedeutung wirtschaftlicher Partnerschaft anhören, bevor Putin dann einfach auf einem Blatt Papier die benötigte Summe Schmiergeld notierte, kleine Summen, 10 000 oder 20 000 Dollar zusätzlich zum eigentlichen Betrag, und erklärte, dass das Geld ›registriert‹, das heißt, zu seinem Assistenten Alexej Miller weitergeleitet werden müsse.« Dieser Assistent ist heute der Boss von Gazprom und Multi-Multi-Milliardär.

Anschließend nimmt Nawalny sich noch ein weiteres russisches Mega-Unternehmen vor, nämlich die Bank Rossija, gegründet 1990 auf Initiative des Leningrader Regionalkomitees der KPdSU. Auf Anweisung von Bürgermeister Sobtschak sollte Putin die Bank im Jahr darauf umstrukturieren, um sie für die nun anbrechende postsowjetische Zeit fitzumachen. Putin setzte seine Platzhalter auf Schlüsselpositionen. Nawalnys Ausführungen laufen, zugespitzt, darauf hinaus, dass Putins damalige Kumpane aus dem Petersburger Rathaus inzwischen expandiert und die Führung der »Russland KG« übernommen hätten: Alexej Miller führt Gazprom; Medwedew wurde Ministerpräsident und

Präsident; Wiktor Zubkow, ehemals Ministerpräsident, heute bei Gazprom; Igor Setschin, heute Vorstandsvorsitzender von Rosneft. »Liest sich wie eine inoffizielle Forbes-Liste [der Milliardäre]«, witzelt Nawalny. Und da sind noch mehr: Wladimir Tschurow wurde zum Vorsitzenden der Zentralen Wahlkommission der Russischen Föderation, »mit dem Auftrag, Wahlen so zu fälschen, dass unerwünschte Kandidaten nicht gewählt wurden und nicht gegen den Stimmenraub vorgehen konnten«; Marina Jentalzewa wurde Putins Protokollchefin; Herman Gref ist Chef der Sberbank und so weiter, und so fort.

Alle Beteiligten bestreiten bis heute jegliches Fehlverhalten.

Nawalny greift Putins Masche auf und kehrt sie gegen ihn: »Seit über dreißig Jahren sind sie an der Macht und erzählen uns mit Vorliebe, wie sehr sie gegen all das stehen, was die verfluchten 1990er gebracht haben. In Wirklichkeit sind sie die Personifikation der übelsten Entwicklungen in den 1990er-Jahren.«

Das ist nur der Auftakt. Nawalnys Botschaft lautet, dass Putins alte Kumpane ihren unrechtmäßig erworbenen Reichtum so lange genießen können, wie sie ihrem Herrn und Meister treu ergeben sind und ihm Tribut zollen. Von diesen Befehlsempfängern wird erwartet, dass sie blechen. Auch sie müssen also ihren Beitrag leisten zu einem in Gold und Marmor gemeißelten Denkmal der Bestechung: »Das größte Bauprojekt der Welt, die geheimste und bestbewachte Anlage in Russland, ohne Übertreibung. Das hier ist kein Landhaus, keine Datscha, keine Residenz, sondern eine ganze Stadt, oder besser: ein Königreich. Es hat undurchdringliche Zäune, einen eigenen Hafen, Wachen, Kirche, Flugverbotszone und Grenzkontrollpunkt. Es ist ein Staat im Staate. Und in diesem Staat herrscht immer nur ein und derselbe Zar: Putin.« Er fügt hinzu, das ganze Palastgelände sei 39-mal so groß wie das Fürstentum Monaco. »Ein Blick ins Innere wird Sie davon überzeugen, dass der russische Präsident psychisch krank ist. Er ist besessen von der Gier nach Gold.«

Putins Palast war, um den verstorbenen Fernseh-Entertainer Kenny Everett in seiner Rolle als Dragqueen Cupid Stunt zu zitieren, »so geschmackvoll wie irgend möglich« gestaltet. Na ja. Nawalnys Doku ist gerade darin überzeugend, dass sie nicht nur den unermesslichen äußeren Reichtum des Zaren enthüllt, sondern auch seine innere Armseligkeit.

Diktatoren begehen Verbrechen an Wohnkultur wie an Menschen. Idi Amins elender Bungalow, Saddams vorgefertigte Zementpaläste im Nordirak, Kim Il Sungs Wachsfigurenkabinett, ich habe sie alle gesehen, und sie erinnern mich alle - wie kann ich das diplomatisch ausdrücken? - an Cupid Stunt. Nicolae Ceauşescus große Zementscheune in Bukarest bleibt unvergessen unter anderem dafür, dass keine Toiletten eingerichtet worden waren für die 15 000 Arbeiter, die das »Haus des Volkes« bauten, sodass sie sich zum Scheißen in die umliegende Landschaft schlagen mussten. Eines sommerlichen Tages verließ der angereiste Conducator (Führer) die mit weißem Band sorgfältig markierten Wege, um sich irgendetwas genauer anzusehen, und war, als er zurückkehrte, in einen gewaltigen Haufen getreten. Ein Baumeister erzählte mir: »Die Arbeiter fingen an zu lachen, aber die Securitate-Leute (rumänische Sicherheitspolizei) brachten sie mit strengen Blicken zum Schweigen. Ein Securitate-Mann kam herbeigeeilt, um den Schuh zu reinigen, aber der war so stark verschmiert, dass es aussichtslos war. Normalerweise guckte Ceauşescu sich alles an und gab Befehle, aber diesmal sagte er gar nichts, sondern ging einfach zurück zu seinem Auto. Mit jedem Schritt hinterließ er weitere Scheißespuren auf dem Boden. Niemand sprach. Niemand traute sich zu lachen. Es war, als wäre eine Atombombe explodiert.« Den Baumeister, der mir diese Episode für mein Buch *The Life And Evil Times Of*

Nicolae Ceaușescu erzählte, schauderte es noch immer bei der Erinnerung an die von der Securitate angestrengte Suche nach den Urhebern dieser staatsgefährdenden Sabotage. Ein Kollege von ihm, der die Aufsicht über das Gebiet führte, das von der Scheißerei betroffen war, bekam von der Securitate die Anweisung, auf keinen Fall jemals den Vorfall zu erwähnen und am besten überhaupt nicht mit Ceaușescu zu sprechen. Eines Tages kam aber der Diktator wieder zu Besuch und richtete, in Unkenntnis des geheimpolizeilichen Befehls, eine Reihe von Fragen an den Mann, der sich darauf gezwungen sah, unter einem Vorwand zu flüchten. Später kam er zu meinem Freund in die Wohnung, stützte den Kopf in die Hände und seufzte: »Diese Scheiße, sie bringt mich noch um.«

Derlei Geschichten werden erzählt, wenn Diktatoren sterben. Außergewöhnlich an Nawalny war, dass er sich herausnahm, den Diktator schon zu verspotten, während er in dessen Terrormaschinerie gefangen war, und obwohl der Diktator nicht nur noch quicklebendig, sondern ihm gegenüber auch bösartig und rachsüchtig war. Die Recherche von Nawalnys Team über den neuen Palast des Zaren am Schwarzen Meer gelang nur dank russischer Arbeiter, die, im selben Geist wie mein rumänischer Freund, Pläne, Fotos und außerordentliche Drohnenaufnahmen herausrückten. Putins Palast war allerdings super gesichert. Wie um Himmels willen sind sie an die Drohnenaufnahmen gekommen?

Schnitt auf einen korpulenten Mann in einem Schlauchboot auf See: »Hallo zusammen, hier ist Georgi Alburow.« Die Doku *Ein Palast für Putin* zeigt Alburow, den Bruder Tuck in Nawalnys Team, schaukelnd auf dem Schwarzen Meer, nicht weit vom russischen Kurort Krasnodar. (Ich habe wieder ein paar Änderungen an der Übersetzung vorgenommen). Alburow erklärt, er sei »buchstäblich drei Kilometer von Putins berühmtem Palast entfernt. Wir sind auf großen Umwegen hergekommen. Wir haben Tickets gewechselt, sind an falschen Haltestellen ausgestiegen, haben SIM-Karten und Telefone ausgetauscht. Wir haben eine richtige Spezialoperation durchgeführt, um hierherzugelangen. Das alles war nötig, damit wir nicht von der Polizei, von FSB-Leuten und Agenten vom Centre-E« - die Antiterror-Polizei, von der das Attentat ausging, bei dem Nawalny halb geblendet wurde - verfolgt werden.

»Wir haben es geschafft«, fährt Alburow fort. »Im Moment sind wir einige Hundert Meter von der Küste entfernt, und kein einziger Polizist im Umkreis von zehn Kilometern weiß, was wir vorhaben. Das ist großartig, weil wir jetzt eine Drohne aufsteigen lassen und legendäre Bilder von Putins Palast erhalten werden, der noch nie von einer Drohne aus eingesehen wurde.«

Alburows Kamera folgt einer winzigen Drohne, die sich über den Wellen erhebt, ihre Mission in Angriff nehmend. Die Gegend, sagt Alburow, »ist als Sicherheitsgebiet eingestuft und wird vom Föderalen Dienst für Sicherheit (dem FSB) bewacht«.

Die Drohne nähert sich einem riesigen, blendend weißen Palazzo auf einem malerischen baumbestandenen Felsenplateau mit Blick aufs Schwarze Meer. Nawalny übernimmt die Übersetzung von Alburows Ausführungen: »Alle sagten, es sei unmöglich, das zu filmen. Ja, wir dachten das sogar selbst, aber dann haben wir uns einfach gesagt, wir versuchen es. Es hat nicht funktioniert, also haben wir's noch mal versucht, insgesamt vier Mal. Und dann haben wir's geschafft. Wir präsentieren Ihnen den geheimsten Palast in ganz Russland, Putins Palast bei Gelendschik. Da ist er, direkt vor Ihren Augen. Er ist das größte private Wohngebäude in Russland, mit seinen durch Dokumente offiziell bestätigten 17 691 Quadratmetern … Dies ist das neue Versailles oder der neue Winterpalast, eine wahrhaft königliche Angelegenheit.«

Dann ändert sich die Stimmung, es folgen Nahaufnahmen einer Plane, verrammelte Fenster, ein abgedeckter Swimmingpool, hier und da Haufen von Bauschutt, sogar winzige Gestalten, Bauarbeiter, die herumwuseln. »Hä? Was ist denn hier los?«, fragt Nawalny. »Was passiert da, warum ist da eine große Baustelle, wo doch sechs Jahre alte Satellitenbilder zeigen, dass der Palast fertiggestellt ist? Die Bauleute haben es uns erklärt. Alles war schon vor langer Zeit fertig, aber dann schlug das Verhängnis zu. Seine Name ist Schimmel. Und Schlamperei. Der Palast war von Anfang an schlecht geplant. Die Belüftung funktionierte nicht, die Decken waren undicht, Feuchtigkeit sickerte ein. Man beschloss, einfach alles neu zu machen, riss Wände ein, demontierte den Marmor, warf buchstäblich Milliarden auf die Müllhalde und fing noch mal von vorn an. Was für eine Verschwendung! Aber was Putin Kopfweh bereitet, ist für uns eine Chance, mehr über diesen Palast zu erfahren. Schließlich waren eine Menge Leute an dem Wiederaufbau beteiligt und so manche von ihnen nur allzu bereit, uns davon - von buchstäblich jedem einzelnen Quadratmeter dieses pompösen Objekts - zu erzählen. Da wäre zum Beispiel der botanische Garten, wo sie seltene Baumarten sammeln. Und für Pflanzen, denen das hiesige Klima nicht behagt, gibt es ein 2500 Quadratmeter großes Gewächshaus. Bäume und Pflanzen werden von einer kleinen Armee von etwa vierzig Gärtnern gepflegt.«

Solipsismus plus eine Milliarde Dollar, das macht keinen guten Eindruck.

Die Drohne bewegt sich weiter, erfasst stillose, von allerlei Strauchwerk umgebene Skulpturen. Sie fliegt in zu großer Höhe, als dass man erkennen könnte, wen die Skulpturen darstellen, aber Nawalny könnte sich vorstellen, dass die Göttin des Diebstahls bestimmt dabei ist. Es gibt eine Kirche, einen Hubschrauberlandeplatz, eine Eisbahn, eine Austernfarm, ein Teehaus und ein unterirdisches Eishockeyspielfeld: »Der Besitzer liebt Bunker. Er entspannt sich gern unterirdisch. Wahrscheinlich ist er in seiner Fantasie ein Zwerg aus den *Herr der Ringe*-Filmen, der sein Gold bewacht.«

Das Palastgelände erstreckt sich über 70 Millionen Quadratmeter, gehört dem FSB, der es bis 2068 für »Forschungs- und Bildungszwecke« gepachtet hat, weist hochmoderne Kommunikationstürme, eine eigene Tankstelle und Heißwasserspeicher auf. Ein unüberwindbarer Zaun hält jegliches Gesindel fern, und dann gibt es noch ein Amphitheater, einen geheimen Tunnel, der vom Palast zum Strand führt, und ein in den Felsen gehauenes Fenster, damit der Diktator den Blick aufs Meer genießen kann, so wie ein Bond-Schurke aus seinem Unterschlupf.

Auf See ist eine zwei Kilometer breite Sperrzone gezogen, sodass Fischer große Umwege fahren müssen, um keinen Ärger zu bekommen, und außerdem gibt es eine Flugverbotszone, offiziell als »URP116« ausgewiesen, wie für Atomkraftwerke oder geheime Militäranlagen. »Warum sollte der FSB eine Flugverbotszone über einem Privatpalast einrichten?«, fragt Nawalny. »Darauf kann es nur eine Antwort geben. Dies ist der Palast eben derjenigen Person, für deren Sicherheit der FSB verantwortlich ist.«

Die ursprüngliche Bauvereinbarung, so Nawalny, sah vor, ein Kindererholungscamp auf dem Gelände zu errichten. Den ganzen Film über werden immer wieder Aufnahmen von Putin selbst eingeblendet, die Nawalnys Botschaft zu bekräftigen scheinen. Da sagt Putin zum Beispiel: »Sie sagen das eine und tun dann das andere.« Es ist wirklich hochkomisch, und einmal mehr kann man sich nur vorstellen, wie wütend Putin über diesen Spott gewesen sein muss, wie sehr er Nawalny gehasst hat, wie dringend er ihm für immer den Mund stopfen wollte.

»Niemand kann den geringsten Zweifel daran haben, dass dies Putins Palast ist«, fährt Nawalny fort. Tatsächlich verkündete aber nach Veröffentlichung des Films Arkadi Rotenberg, einer von Putins engsten Kumpeln, dass ihm der Schuppen gehöre, was weithin als Ablenkungsmanöver interpretiert wurde, um die blamable Bloßstellung des Zaren der Vulgarität zu verhindern.

Den Drohnenaufnahmen von oben folgen nun Einblendungen von Architektenplänen und heimlich geschossenen Fotos, Nawalnys Leuten zur Verfügung gestellt von Tausenden von Bauleuten, die angewidert waren von all dem protzigen Übermaß und der ihnen aufgezwungenen Geheimhaltung. Wir bekommen Gold und Marmor zu sehen, Barockmöbel, Mosaike, Fresken, Buntglasfenster, ein Heimkino und eine Aquadisco. Im Keller befindet sich ein riesiger Swimmingpool, ein Wellnessbereich, ein Massageraum, ein Schönheitssalon, eine Art Spa-Kapsel, Saunen, Hamams, Tauchwannen und Badebecken.

Oberirdisch findet das Rechercheteam fabelhaft teure italienische Sofas und andere Möbel, ein Fitnessstudio, eine Schauspielbühne, Bars, einen Shisharaum, Sofas, Tische, gedämpfte Beleuchtung: »Die perfekte Atmosphäre, um Haushaltsfragen zu erörtern.« In Nawalnys Stimme schwingt Hohn und Verachtung mit. »Zwischen weichen Kissen liegend können der Präsident und seine Gäste sich auch eine hübsche Show ansehen. Dieser Raum bietet nämlich auch eine kleine Bühne und darauf überraschenderweise ein spezieller Sockel, aus dem eine senkrechte Stange ragt. Wir können uns einfach keinen Reim darauf machen, wozu auf der Bühne so eine Stange gebraucht wird. Vielleicht für einen Weihnachtsbaum? Oder einen riesigen Kebab? Oder vielleicht für Darstellungen, die ein Bekenntnis zur Verfassung ablegen?«

Ein Casino mit allem Drum und Dran wird gezeigt, und dann führt Nawalny uns auf Zehenspitzen ins Boudoir, das persönliche

Schlafzimmer des »wahnsinnigen Herrschers: Gold, Samt, Baldachine, aber auch das obligatorische Fernsehgerät gegenüber vom Bett, um nur ja keine wichtigen Meldungen auf Russlands Kanal Eins zu verpassen«.

Immer weiter und weiter geht es, der russische Ökologe, der untersuchen wollte, wer da den geschützten Wald rodete, und dafür grün und blau geprügelt wurde, der exquisite Weinberg, die Spielzeugautos, die echten Autos, die goldene italienische Toilettenbürste für 700 Euro.

Sehen Sie sich *Ein Palast für Putin* an. Über 100 Millionen haben es schon getan. Vergegenwärtigen Sie sich all das Geld, das für Schund verschleudert wird, während einfache Russen in Armut leben. Machen Sie sich auch Gedanken über Putins Geschmack. Versetzen Sie sich in Alexej Nawalny hinein. Warum ist er nach Russland zurückgekehrt, wo ihn der fast sichere Tod erwartete? Weil er die Nase voll hatte von Putin, dem Dieb, von seinem großen Raub am russischen Reichtum und dem noch verderbteren Raub an der russischen Seele. Nawalny kehrte nach Moskau zurück, weil der andere Zar, der den womöglich größten privaten Reichtum in der Menschheitsgeschichte zusammengerafft hatte, sich einen Tempel des schlechten Geschmacks baute.

Kapitel vierzehn
Ein mutiger, aber verhängnisvoller Fehler

Es war Nawalnys Patriotismus, der ihn nach Russland zurückzog. Das und seine abgrundtiefe Verachtung für Wladimir Putin und seine diebischen Komplizen. Sein Hass - oder eher seine Verachtung - triumphierte über seine Angst. Davon abgesehen, sollten wir uns an seine zu Beginn dieses Buches zitierte Aussage erinnern, der zufolge ein Einknicken vor der Macht und Korruption des Kreml nicht sein Ding war, weil das »vor allem langweilig« wäre.

Im Februar 2021 erging ein Strafurteil gegen Nawalny. Sein Vergehen: Er hatte die mit seiner Freilassung auf Kaution verbundenen Auflagen nicht eingehalten - weil er infolge seiner Vergiftung durch die russische Geheimpolizei im Koma lag. Der Prozess gegen ihn war eine schwarze Farce mit einem Schuss Nowitschok.

2014 hatte die russische Justiz das Korruptionsverfahren in Sachen Yves Rocher durchgezogen. Putin hatte, subtil wie er war, erkannt, dass die Beweislage gegen Nawalny dürftig war; das Urteil gegen ihn wurde daher ausgesetzt, nur sein Bruder Oleg musste hinter Gitter. Nawalny nannte das Ganze ein »abgekartetes Spiel«, auf so wackligen Beinen stehend, dass er und Oleg den Europäischen Gerichtshof für Menschenrechte (EGMR) in Straßburg anriefen, der von Russland anerkannt wird. Der EGMR kam zu der Erkenntnis, die Verurteilung der Brüder Nawalny sei »willkürlich und unbillig ... und augenscheinlich unbegründet« gewesen. Was den russischen Staat nicht daran hinderte, mit diesen und anderen juristischen Winkelzügen dafür zu sorgen, dass Nawalny ein Vorstrafenregister hatte, das gute Dienste leistete, wenn es darum ging, ihn etwa aus dem Bewerberfeld für die Präsidentenwahl von 2018 auszuschließen.

Jetzt, da er nach Russland zurückgekehrt war, holten die Behörden den Fall Yves Rocher aus der Versenkung, um daraus Rechtsmittel zu destillieren, mit denen sie ihn auch an öffentlichen Auftritten hindern konnten.

Parallel dazu nahm sich der Kreml die üblichen Verdächtigen vor. Am 1. Februar traf es die Pressesprecherin von Nawalnys Anti-Korruptionsstiftung, Kira Jarmysch: Sie wurde unter Hausarrest gestellt, mit der Folge, dass sie über die Gerichtsverhandlung gegen Nawalny am Folgetag nicht aus erster Hand berichten konnte. Nawalny schrieb auf seinem Blog einmal über Frau Jarmysch: »Es ist wichtig für uns, dass unsere Pressesprecherin einen ausgefallenen Nachnamen hat.« Noch wichtiger war es natürlich, dass sie eine tapfere und gute Soldatin für das Team Nawalny war. Im zeitlichen Vorfeld der Präsidentenwahl - korrigiere: der Wiederauferstehung - von 2018 hatte Frau Jarmysch einen spöttischen Blogpost über Putin retweetet, eine Ungehörigkeit, deretwegen sie verhaftet und fünf Tage lang eingesperrt wurde - mit der offiziellen Begründung, sie habe mit ihrem Handeln »eine negative Meinung zu einem anderen Kandidaten« verbreitet. Im Mai, zwei Tage vor der Krönung des Auferstandenen, tweetete sie: »Er ist nicht unser Zar.« Dafür bekam sie 25 Tage Knast aufgebrummt. Sie verarbeitete diese Erfahrung zu einem Roman mit dem ursprünglichen Titel *Die unglaublichen Vorgänge in der Frauenzelle Nr. 3*.* Er beginnt mit den Sätzen: »Hätte man Anja gefragt, welcher Tag im Gefängnis der schwierigste sei, sie

---

* Der Roman ist in deutscher Übersetzung von Olaf Kühl 2023 unter dem Titel DAFUQ im Rowohlt-Verlag erschienen.

hätte gesagt: der erste. Seine Hauptschwierigkeit bestand darin, dass er nicht enden wollte und irgendwie unstetig war - mal dehnte sich die Zeit wie Gummi, dann raste sie pfeilschnell.«

Lesen Sie den Roman. Und wenn Sie einen verblödeten Angehörigen haben, der glaubt, Putin sei doch ein ganz patenter Kerl, schenken Sie ihm das Buch zu Weihnachten.

Als Nawalny bei seiner Rückkehr nach Moskau im Januar 2021 verhaftet wurde, verfasste Kira Jarmysch zusammen mit anderen Mitgliedern des Teams Nawalny - Georgi Alburow (der rundliche Draufgänger im Schlauchboot, der vom Wasser aus mit Drohnenhilfe Luftaufnahmen von Putins Palast an der Schwarzmeerküste machte), der Anwältin Ljubow Sobol und Nawalnys Ärztin Anastasia Wassiljewa - einen Protestaufruf an die Bevölkerung. Jarmysch, Wassiljewa und Alburow wurden länger als eine Woche eingesperrt, Sobol zu einer Geldstrafe von knapp 3000 Euro verurteilt, aber, weil sie alleinerziehende Mutter ist, nicht in Haft gesetzt. Ljubow Sobol las, während sie auf ihr Urteil wartete, Aldous Huxleys *Brave New World*. Wassiljewa spielte, während ein Polizeikommando ihr Haus auf den Kopf stellte, auf ihrem Klavier Beethovens »Für Elise«. Das Video ging auf den sozialen Medien viral. Als donnerndes Exempel für den Gegensatz zwischen den zivilisierten Bestrebungen des Teams Nawalny und der uniformierten Rohheit des Putin-Staates war es kaum zu übertreffen. Schon früher hatte der Kreml Mitglieder des Teams Nawalny drangsaliert, aber mit einer gewissen Diskretion; jetzt ging es mit voller Kraft und Bösartigkeit zur Sache.

Die nachfolgende Schilderung von Nawalnys Rede während des Gerichtsverfahrens beruht hauptsächlich auf der Vorarbeit von *The Insider*, einer Website, die einen mutigen und guten Journalismus lieferte, mit ungeschminkten Reportagen aus dem Inneren Russlands. Sie wurde später vom Kreml verboten und arbeitet heute vom lettischen Riga aus, ähnlich wie unter der Herrschaft Stalins vor dem Zweiten Weltkrieg die damalige unabhängige russische Presse.

Alles wie gehabt.

...

Am 2. Februar 2021 tritt in Moskau das Simonowskij-Bezirksgericht zur ersten Anhörung der Klage der russischen Strafvollzugsbehörde FSIN gegen Nawalny wegen »Verstoßes gegen Bewährungsauflagen« zusammen. Vor dem Gerichtsgebäude drängen sich Massen von TV-Kameras, die den ersten dramatischen Moment des beginnenden Tages festhalten, als eine junge Frau mit Bommelmütze ein Plakat mit der Aufschrift »Free Nawalny« hochstreckt und fast im Handumdrehen von zwei Polizisten abgeführt und zu einem Kleinbus der Polizei gebracht wird. Es ist bitterkalt, minus 20 Grad: ein Wetter, das den Aufruf von Nawalnys Team zu massenhaften Protesten zum Scheitern verurteilt.

Nawalny erscheint in der gläsernen Version der Anklagebank, die die Russen »Fischtank« nennen. Er trägt einen blauen Kapuzenpulli, hat seine blonde Mähne nach hinten gekämmt und strahlt jede Menge Elan aus. Wenn jemand ein Drehbuch für einen Film über einen Widerstandskämpfer schriebe, der gegen einen niederträchtigen Tyrannen aufsteht, bekäme Nawalny die Rolle.

Nawalny hält am Nachmittag eine Rede »aus dem Fischtank«, über die Köpfe des Richters, des Staatsanwalts und des Inspektors von der Strafvollzugsbehörde hinweg. Man wundert sich, dass der Richter ihn reden lässt. Bis man sich daran erinnert, dass russische Richter, die mit politischen Fällen betraut werden, wenig mehr sind als Sprechpuppen. Der Strippenzieher im Kreml ist derjenige, der die Puppen tanzen lässt, und er hat eine eigenwillige Wertschätzung für die Wahrung eines rechtsstaatlichen Anscheins, aber natürlich nicht für praktizierte Rechtsstaatlichkeit.

Nach praktischen Maßstäben ist Nawalny ein großer Fisch im Teich und nach seiner Reha im Schwarzwald auch wieder gesund und munter; hätte der Richter die Büttel in den »Fischtank« geschickt, um Nawalnys Rede abzuwürgen, dann hätte der sich wahrscheinlich mit Händen und Füßen gewehrt, und das hätte nicht gut ausgesehen. Da lässt man ihn doch lieber reden. Denn während die kremlnahen Medien kein Wort darüber verlieren würden, neigen die westlichen Medien und die Anhänger Nawalnys eher dazu, ihm jedes Wort von den Lippen abzulesen. Wie auch immer: Es ist eine gute Rede und ein Antitoxin gegen die Lügen, mit denen Putin die russische Seele vergiftet.

»All das ist paradox«, leitet Nawalny seine Ansprache ein. »Da setzen sich also zwei Leute [ein Strafvollzugsinspektor und ein Staatsanwalt] zusammen und beschließen: Lass uns diesen Nawalny hinter Gitter bringen, wobei der Erste sagt: ›Er hat sich immer montags auf dem Polizeirevier gemeldet, nicht donnerstags.‹ Und der Zweite sagt: ›Lass uns den Nawalny einsperren, denn als er aus seinem Koma erwacht ist, hat er uns nichts Schriftliches zukommen lassen.‹ Ich möchte, dass alle sich mit der Tatsache auseinandersetzen, dass man mich ins Gefängnis stecken will nach einem Prozess, der bereits als illegal und aufgebauscht anerkannt ist. Der Europäische Gerichtshof für Menschenrechte ist Teil des russischen Justizwesens, und damit sind seine Entscheidungen bindend. Nachdem ich hier durch alle Instanzen gezogen bin, habe ich mich an den EGMR gewandt, und er hat ein Urteil gesprochen, demzufolge kein Verbrechen begangen worden ist. Der Prozess, der mich hier festnagelt, in diesem seltsamen Käfig ...« Er beäugt schalkhaft den »Fischtank«. »... ist eine Inszenierung. Die russische Regierung hat das sogar anerkannt und bezahlt mir eine Entschädigung. Das ändert aber nichts daran, dass mein Bruder dreieinhalb Jahre Gefängnis abgesessen hat und ich ein Jahr unter Hausarrest stand. Als meine Bewährungsfrist ablief, wurde ich verhaftet, vor Gericht gestellt und meine Strafe um ein weiteres Jahr verlängert ... Meine Unschuld ist bereits festgestellt. Es liegen keine Beweise für eine strafbare Handlung vor. Aber mit der Halsstarrigkeit eines Besessenen betreibt der Staat meine Verurteilung. Auf jeden Fall herrscht kein Mangel an Strafverfahren gegen mich.«

Nawalny legt dem Gericht dann einige Zahlen vor: »Ein kleines bisschen Mathematik«, wie er es ausdrückt.

Im Dezember 2014 hatte er sich eine Freiheitsstrafe von dreieinhalb Jahren eingehandelt. Die hing als Damoklesschwert bis zum Sommer 2018 über ihm.

Mit einer schneidenden Logik, die sich wie Zähne einer Kettensäge in den von der Anklage vorgetragenen Unsinn frisst, fährt Nawalny fort: »Jetzt schreiben wir 2021. Jemand wollte offensichtlich verhindern, dass ich in unserem Land auch nur einen einzigen Schritt als freier Mensch tue. Und wir wissen, warum. Der Grund ist der Hass und die Angst einer Person, die in einem Bunker haust. Nicht nur, dass ich überlebt habe. Nicht nur, dass ich es nicht mit der Angst zu tun bekommen und mich davongemacht habe, sondern ich habe bei der Aufklärung meiner eigenen Vergiftung mitgeholfen. Und wir haben bewiesen, dass es Putin war, der mich zu töten versuchte. Und das treibt den kleinen Dieb in seinem Bunker zum Wahnsinn. Sein Vergehen besteht darin, dass er als Wladimir der Giftmischer in die Geschichte eingehen wird.«

Wohlgemerkt: Nawalny hält diese Philippika aus seinem »Fischtank« heraus, in einer Lage, in der sein Leben vom Wohlwollen von Gefängniswärtern abhängt, die Teil eines notorisch brutalen Strafvollzugssystems sind. Eines Systems, das letztlich von dem Mann kontrolliert wird, den er so gnadenlos anprangert.

Einsam sind die Mutigen.

Der Richter erklärt, dies alles tue nichts zur Sache.

Nawalny: »Euer Ehren, es steht sehr wohl in direkter Verbindung mit diesem Fall. Die wollen alle und jeden einschüchtern. Das Land ist verarmt, die Menschen müssen Verzicht üben. Der Staat versucht mit Schauprozessen wie diesem, die Leute zum Verstummen zu bringen. Millionen Menschen Angst einzujagen. Aber das Wichtige, was ich sagen will, ist dass die Menschen diesen Prozess nicht akzeptieren werden ... Er ist keine Demonstration der Stärke, sondern eine Demonstration der Schwäche. Ihr könnt nicht Millionen Menschen einsperren. Und wenn sie das erkennen - und dieser Moment wird kommen -, dass ihr nicht das ganze Land einsperren könnt ... Ich sage allen Leuten: ›Habt keine Angst!‹«

Bevor Nawalny abgeführt wird, zeichnet er ein Herz auf das Glas des »Fischtanks«, wirft Julija einen Blick zu, wendet sich ab und sich danach gleich wieder ihr zu, mit einem verlegenen Lächeln im Gesicht, »wie als der junge Vogelfänger mit Schwung seinen hohen Hut vor der Tochter des Gutsherren zog, // sodann die eingefangenen Lerchen entfleuchen ließ // auf dass sie singend um ihr Haupt schwirrten, als sie vorüber ritt.«

Das hier zitierte Gedicht von Robert Graves heißt »Liebe ohne Hoffnung«.

Nawalny bekommt zweieinhalb Jahre. Und alle Welt weiß, das ist erst der Anfang. Die Schauprozess-Akteure werden bald wieder die Bühne betreten, mit Fischtank und allen Schikanen und mit dem Auftrag, ihn nachhaltig wegzusperren.

Putins Rache an seinem Peiniger war ebenso grausam wie ganz und gar voraussehbar. Nawalny wurde in die für ihre Gnadenlosigkeit berüchtigte Strafkolonie Nr. 2 (IK-2) in der Kleinstadt Pokrow im Oblast Wladimir verlegt, rund 100 Kilometer östlich von Moskau gelegen. Eine Zeit lang teilte er sich die Zelle mit einem Mann, der sich die mitternächtlichen Stunden mit Masturbation vertrieb.

Auf makabre Art komisch, ich weiß, aber mit einem sexuellen Perversling eingesperrt zu sein, ist eine Geschichte, die ich schon mal gehört habe. In der geht es um einen der bekanntesten Bewunderer von Putin. 2016 interviewte ich Wayne Barrett, 37 Jahre Investigativjournalist der New Yorker Wochenzeitung *The Village Voice* und einer meiner großen Helden, für einen Beitrag über Donald Trump und die Mafia bei BBC Newsnight. Hinsichtlich Trumps Verbindungen zur mordlüsternen Mafia von New Jersey erzählte mir Wayne, dass es ihm 1984 gelang, sich in die Eröffnungsgala eines Trump-Casinos in Atlantic City einzuschleusen. Viele von Trumps Sicherheitskräften waren Beamte des Atlantic City Police Department, die sich so etwas nebenbei verdienten. Barrett berichtete mir hinter vorgehaltener Hand, dass er als sehr unerwünschter Gast von Trumps Sicherheitsleuten festgenommen und abgeführt wurde, um dann dem Atlantic City Police Department übergeben zu werden, das ihn über Nacht einsperrte und ihn an einen Heizkörper kettete, gemeinsam mit einem weiteren Festgenommenen, der die ganze Zeit masturbierte. Kann sein, dass diese Geschichte nicht auf Trump zurückzuführen war. Kann sein, Nawalnys Tortur mit den masturbierenden Mann in IK-2 war nicht auf den Kreml zurückzuführen. Alle Beteiligten streiten jegliches Fehlverhalten ab.

Nach weniger als einem Monat kamen Beschwerden von Nawalny: dass seine Wärter ihn unter dem Vorwand, er sei ein Ausbruchskandidat, nachts im Stundentakt aufweckten, indem sie ihm eine Kamera ins Gesicht drückten – Folter durch Schlafentzug. Sein Körper reagierte auf den Stress mit Lähmungserscheinungen: »Er hat furchtbare Rückenschmerzen, und sein rechtes Bein ist in einem entsetzlichen Zustand«, sagte seine treue Anwältin Olga Michailowa im Gespräch mit dem unabhängigen TV-Sender *Doschd*. »Er verliert das Gefühl darin. Er kann das Bein nicht benutzen ... Alle machen sich Sorgen um sein Leben und seine Gesundheit.« Nawalny selbst vermutete, seine chronischen Schmerzen rührten von einem eingeklemmten Nerv her als Folge dessen, dass er bei seinen Transportfahrten zu Gerichtsterminen immer in »verkrümmter« Haltung in einem Käfig hatte stehen müssen.

Anfang April wurden sechs Mediziner, darunter Nawalnys Hausärztin Anastasia Wassiljewa, und zwei CNN-Korrespondenten vor den Toren des Straflagers IK-2 festgenommen. Sie hatten versucht den Häftling Nawalny, dessen Gesundheitszustand besorgniserregend war, zu besuchen. Sich selbst treu bleibend, kündigte Nawalny einen Hungerstreik an, mit dem er eine angemessene ärztliche Behandlung erzwingen wollte. Die Gipsköpfe von der russischen Strafvollzugsbehörde wiesen seine Beschwerden zurück. Dem Häftling stehe im Lager »jede notwendige medizinische Fürsorge in Übereinstimmung mit seinen medizinischen Symptomen« zur Verfügung. Sogar Kreml-Sprecher Dmitri Peskow gab seinen Senf dazu: Nawalny sei »für seine Taten nach Recht und Gesetz verantwortlich«, nicht anders als jeder andere Russe - eine interessante Mär mit wenig Realitätsgehalt.

Wie immer forderte Nawalny von den russischen Behörden einfach nur, sie sollten sich an russisches Recht und Gesetz halten: »Ich bin in einen Hungerstreik getreten und verlange, dass ich im Einklang mit dem Gesetz einen Arzt meiner Wahl einladen darf, mich aufzusuchen. Ich habe das Recht, einen Arzt einzuladen und Medikamente zu bekommen. Aber sie erlauben mir einfach keines von beidem. Die Rückenschmerzen haben auf mein Bein übergegriffen. Ich habe das Gefühl in Teilen meines rechten Beines verloren und jetzt auch im linken Bein. Ohne Witz, das wird langsam brenzlig.« Die Antwort der Gefängnisverwaltung bestand darin, dass sie ihm zwei Ibuprofen-Tabletten zukommen ließ.

Nawalny nutzte seinen Instagram-Account, um seine Botschaften in die Welt zu senden. Ein Telefon durfte er als Gefangener natürlich nicht besitzen, aber seine Anwälte durften ihn nach russischem Recht besuchen, und wenn sie es taten, schob er ihnen handschriftliche Notizen über den Tisch, in denen er festhielt, was mit ihm passierte. Es mag verwunderlich erscheinen, dass diese Anwaltsbesuche gestattet wurden, aber wie bereits erwähnt, hat Putin tatsächlich eine Schwäche für formalrechtlich korrekte Abläufe, und da auf Nawalny eine neue Runde von Strafverfahren zukam, musste man ihm der Form halber eine anwaltliche Vertretung zugestehen. Ich vermute außerdem, dass der Kreml wissen wollte, was in Nawalnys Kopf vor sich ging, und dass vieles von dem, was Nawalny und seine Anwälte besprachen, belauscht und ausgespäht wurde. Hätte man seinen Anwälten den Zugang zu ihm verwehrt, dann hätte man sich dieser Lauschmöglichkeit beraubt.

Die Lähmungserscheinungen begannen auf seine Hände überzugreifen. Wie die Anwälte mitteilten, hatte er zwei Bandscheibenvorfälle erlitten und klagte über Gefühllosigkeit in den Händen. Agnès Callamard, Generalsekretärin von Amnesty International, warf Putin vor, er wolle Alexej Nawalny einem »langsamen Tod durch Folter und unmenschliche Behandlung im Gefängnis« ausliefern.

Irgendwie gelangten Nawalnys Ärzte in den Besitz einer Blutprobe von ihm. Sie erzählte eine besorgniserregende Geschichte. Mitte April schwebte der Mann, der im Januar noch fit wie ein Turnschuh gewesen war, nach Aussage seiner Hausärztin Anastasia Wassiljewa und dreier weiterer Mediziner, darunter der Kardiologe Jaroslaw Aschikmin, in akuter Lebensgefahr: »Unser Patient kann jede Minute sterben.« Es bestünde das erhöhte Risiko eines plötzlichen tödlichen Herzstillstands oder eines Nierenversagens. Die Analyse der Blutprobe zeige einen überhöhten Kaliumspiegel, was zu Herzattacken führen könne, und stark erhöhte Kreatininwerte, ein Hinweis auf Nierenprobleme. Eine Gruppe mutiger liberaler Politiker schrieb in einem offenen Brief an Putin: »Wir betrachten das, was in Bezug auf Nawalny geschieht, als Anschlag auf das Leben eines Politikers, begangen aus persönlichem und politischem Hass. Sie, der Präsident der Russischen Föderation, tragen persönlich die Verantwortung für das Leben von Alexej Nawalny auf dem Territorium der Russischen Föderation.«

US-Präsident Joe Biden, sein Nationaler Sicherheitsberater Jake Sullivan, die Präsidentin der Europäischen Kommission Ursula von der Leyen und Prominente wie J. K. Rowling oder Jude Law riefen den Kreml auf, einzugreifen und Nawalnys Leben zu retten. Peskow rümpfte die Nase, doch Ende April wurde Nawalny tatsächlich in ein Gefängniskrankenhaus verlegt. Er empfand das als einen Erfolg und beendete seinen Hungerstreik. Doch sein Todeskampf im Gulag sollte weitergehen und sich mehr und mehr verschlimmern. Er baute ab und wirkte deutlich älter, als er war. Bis er ans Ende des Alterns kam.

Es kann nicht den geringsten Zweifel daran geben, dass Nawalny ein mutiger Mann war. Die große Frage lautet indes: War es nicht töricht hoch drei, dass er im Januar 2021 nach Russland zurückkehrte? Die Leute aus seinem Umfeld waren superkluge Köpfe. Warum machten sie ihm nicht klar, dass in Russland höchstwahrscheinlich Straflager und der fast sichere Tod auf ihn warteten? Ich vermute, dass sie genau das versucht haben. Diejenigen, die ihm am nächsten standen - Julija, Leonid Wolkow, Maria Pevchikh und zuletzt Christo Grosew -, machten sich keine Illusionen darüber, wie grausam und gnadenlos Wladimir Putin sein kann. Dies öffentlich zu machen, die aus dem Kreml gesteuerte Maschinerie des Sadismus bis ins Detail zu durchleuchten, gehörte zum Lebenswerk aller vier Genannten. Wenn sie Nawalny warnten, warum hörte er nicht auf sie?

Über diese Frage und über das Verhältnis des Teams Nawalny zu seinem Vordenker und Schrittmacher konnte ich einen Gedankenaustausch mit Clarissa Ward führen. Sie hatte für die CNN-Reportage über Giftanschlag-Ermittlungen in Deutschland im November 2020 ein Interview mit Nawalny gemacht. »Mein erster Eindruck von ihm war der, dass er eine enorme persönliche Präsenz hatte. Wenn er einen Raum betrat, konnte man seine Anwesenheit förmlich spüren. Man konnte spüren, dass er einer war, der so viel Klarheit und Überzeugung und Sendungsbewusstsein besaß, wie man sie relativ selten zu sehen bekommt. Vor allem hat er sehr viel Charisma, ist hochgradig entwaffnend, hat aber auch bemerkenswert viel Bodenhaftung. Er vermittelt dir fast vom ersten Moment an das Gefühl, dass du ziemlich leger sein, dass du mit ihm herumalbern kannst. Und es ist ja auch sehr ungewöhnlich, dass einer es fertigbringt, diesen Grad an Zielsicherheit, Sendungsbewusstsein und Selbstgewissheit in Einklang zu bringen mit einer relativ ausgeprägten Bodenständigkeit, Menschlichkeit und Kontaktfreude. In Russland verströmt man das Fluidum der Macht und Autorität durch Gewalt und Förmlichkeit, nicht durch Humor.«

Bei Nawalny war das, wenn man ihn von Angesicht zu Angesicht erlebte, ganz anders: »Er strahlte nicht eine so große Selbstsicherheit aus, dass man Hemmungen gehabt hätte, erst mal einen Scherz zu machen und locker zu sein. Ich bin vielen Menschen begegnet, die charmant, charismatisch, witzig, überzeugend, eloquent oder überwältigend waren, aber nur die wenigsten von ihnen hätten wohl den Mut gehabt, in ein Flugzeug zu steigen und in ein Land zurückzufliegen, wo mit Sicherheit eine Gefängnishaft auf sie wartete, wenn nicht der Tod. Und das mit Stil und Würde durchzustehen. Und mit Optimismus. Das schafft nur jemand mit einer ganz einzigartigen Mentalität.« Genau wie Clarissa Ward, erlebte ich Nawalny als einen Ausbund an Einzigartigkeit. Was mich betrifft, so haben mich mein stolzes Berufsethos und meine naturgegebene tiefe Abneigung gegen Schleimerei immer quasi dazu gezwungen, meine Lümmelhaftigkeit demokratisch auszuleben, also mich vor allem mit Inhabern von Macht und Geld anzulegen, wo auch immer sie angesiedelt sein mögen. Doch in Nawalnys Präsenz verwandelte ich mich in ein Groupie.

Wie verhielt sich Clarissa Ward zu dem in vielen Kreisen anzutreffenden Unbehagen über Nawalnys Liebäugeln mit dem Rechtsextremismus in früheren Zeiten? »Alexej Nawalny hatte nicht das Ziel, den Davos-Jetset auf seine Seite zu ziehen, oder? Ihm ging es darum, Unterstützung aus dem Inneren Russlands zu mobilisieren und aufzurütteln. Man hat innerhalb des Spektrums der russischen Opposition eine begrenzte Zahl von Optionen. Ich denke nicht, dass es der reine Opportunismus war, aber er sah dort einen offenen Türspalt. Und stellte seinen Fuß rein. Er hat sich weiterentwickelt und sich später davon distanziert. Es läuft immer wieder darauf hinaus, dass wir andere nur durch das Prisma unserer eigenen Werte sehen. Man muss Menschen aber im Kontext des Systems sehen, in dem sie ihr Ding machen. Am Ende des Tages hat er nie versucht, sich davonzuschleichen. Er hat offen darüber gesprochen. Und er hat sich klar dazu bekannt, dass er das russische Volk als seinen Auftraggeber sieht. Ich fände es fast lächerlich, wenn wir versuchen würden, ein Urteil über ihn zu fällen oder seinen Mut, seine Kühnheit oder seine Opferbereitschaft herunterzuspielen, nur wegen ein paar Dummheiten, die er vor fünfzehn Jahren gemacht hat, um ... sich Unterstützung in Russland zu verschaffen. Das ist eine durch und durch rassistische Gesellschaft. Und wenn Nawalny auf die Straße gegangen wäre und angefangen hätte, über Mikroaggressionen und weiße Fragilität zu reden, hätten wir, das kann ich Ihnen versichern, nie etwas von Alexej Nawalny gehört.«

Clarissa Ward trifft damit ins Schwarze. Nawalny könnte heute quicklebendig sein, könnte die Pilgerstätten des westlichen Linksliberalismus abklappern, Meinungsartikel für den *Guardian* schreiben, nach Yale zurückkehren, in Aspen Beziehungen pflegen: »Wenn Sie darauf gewartet haben, einen politisch korrekten Nawalny zu erleben, der Positionen vertreten hätte, wie wir sie von unseren westlichen Politikern hören, dann haben Sie eine Kurve verpasst und nicht verstanden, was seine Raison d'Être war. Und ich habe davor jede Menge Respekt. Er hatte kein Interesse daran, sich im Westen beliebt zu machen. Er hätte viel Karrierekapital akkumulieren können, wenn er die Davos-Tournee absolviert hätte: Einladungen zu hochkarätigen Kongressen und Partys angenommen, sich in Privatjets hierhin und dorthin fliegen lassen und die Reichen und Schönen darauf einschwören, wie furchtbar Putin ist und wie großartig Nawalny. Stattdessen entschied er sich dafür, einen billigen Linienflieger zu nehmen, sich festnehmen zu lassen und Jahre in einer Strafkolonie zu verbringen, bevor man ihn umbrachte. Er ist einer der wenigen, die aus anderem Holz geschnitzt sind.«

Wäre ich in Russland geboren worden, dann hätte ich, so hoffe ich wenigstens, den Wunsch gehabt, für die Anti-Korruptionsstiftung zu arbeiten und Teil des Teams Nawalny zu werden. Dass ich ihn mit Argumenten dazu hätte bringen können, nicht nach Russland zurückzukehren - für ihn eine wichtige Etappe auf dem Weg zu seinem Lebensziel, die russische Bevölkerung für den Sturz des Putin-Regimes zu mobilisieren -, wäre sicher ein Ding der Unmöglichkeit gewesen.

Wenn ich mich gedanklich in die Zeit zurückversetze, die ich 2018 im Hauptquartier des Teams Nawalny verbringen durfte, erinnere ich mich an eine Hochachtung vor dem Anführer, die an Ehrfurcht grenzte. Hat Clarissa Ward den Eindruck gewonnen, dass das Team Nawalny etwas von einer Sekte an sich hatte?

»Sekte ist ein heftiges Wort. Es fühlte sich nicht so an wie bei deinen Freunden in der Scientology-Gemeinde« - ein Scherz - »oder irgendwas in der Art. Aber sie schauten absolut zu ihm auf. Sie beteten ihn an. Nawalny konnte übrigens arrogant sein, eigensinnig. Wenn man miterlebte, wie er in seiner Gruppe arbeitete, wie er mit seinen engsten Leuten umging ... Er war der Chef im Ring. Aber andererseits: Im vertrauten Kreis ließen ihn die Leute, die ihm am nächsten standen, durchaus wissen, was sie dachten.«

Ein Drehbuchautor für ein »auf einer wahren Geschichte beruhendes« Hollywood-Biopic hätte sich vielleicht eine Szene ausgedacht, in der eine der Frauen im Team, nennen wir sie Dascha, sich den Chef unter vier Augen bei heruntergelassenen Jalousien vorgeknöpft hätte, während jeder in dem großen Büro so getan hätte, als lausche er nicht angestrengt:

Teammitglied: »Du bist so was von wahnsinnig! Du willst denen servieren, was sie in all diesen Jahren haben wollten: deinen Kopf auf einem Silbertablett. Lass dir nicht einfallen, in dieses Flugzeug zu steigen. Dafür ist es viel zu früh. Falls oder wenn sie dich wegsperren, sollen wir dann zu Straßenprotesten aufrufen? In Moskau hat es gerade minus 20 Grad. Denk nicht mal darüber nach.«

Nawalny (angespannt, missmutig): »Nein, Dascha, ich werde es tun. Akzeptier es einfach.«

Die Frau verlässt das Büro und schließt hinter sich sorgsam die Tür. Ein anderes Teammitglied sucht ihren Blick. Sie schüttelt den Kopf.

Viele im Team Nawalny wussten wohl, so vermute ich, dass ihr Held, der Vorkämpfer für ein anderes Russland, dabei war, einen mutigen, aber verhängnisvollen Fehler zu begehen.

Nawalnys Kalkül war, dass Putin es nicht riskieren würde, ihn umbringen zu lassen. Aber als er dann in Russland zurück war und im Gulag gefangen saß, änderten sich zwei Faktoren, die sein Kalkül über den Haufen warfen: 1. Der westliche Liberalismus rekalibrierte seine Haltung zu Nawalny, verkaufte seine Nawalny-Aktien und machte es damit dem Kreml leichter, ihn auszulöschen, 2. Putin startete Russlands großen Krieg gegen die Ukraine. Der drängte die Geschicke des individuellen politischen Gefangenen Nawalny zunehmend in den Hintergrund - so sehr, dass man ihn im Westen zu vergessen begann. Er steckte in einem tiefen Kerker fest, aus dem es keine Auferstehung geben konnte.

Kapitel fünfzehn
»Der Koch hat's gern scharf«

Zwei Tage nachdem ein komatöser Alexej Nawalny im August 2020 in Deutschland angekommen war, versprach Jewgeni Prigoschin, seine Anti-Korruptionsstiftung und ihn persönlich zu ruinieren, und erzwang die Anerkenntnis einer Verleumdungsklage vor einem Moskauer Gericht in Höhe von 1,2 Millionen US-Dollar: »Ich habe die Absicht, diese Gruppe von skrupellosen Menschen nackt auszuziehen«, erklärte er und fügte noch hinzu: »Wenn Genosse Nawalny ins Gras beißt, habe ich persönlich nicht die Absicht, ihn in dieser Welt zu verfolgen.« Doch wenn er überlebe, warnte Prigoschin, würde er »mit der vollen Härte des russischen Gesetzes« zur Verantwortung gezogen.

Prigoschin wusste über alles Bescheid. Er war kahl wie ein hart gekochtes Ei, ein Ex-Sträfling, der 1981 wegen eines bösen Straßenraubs für zehn Jahre in den Knast gekommen war. Sein Russisch war roh und volkstümlich und manchmal auf eine düstere Weise komisch. Wie er einmal sagte: »Der Krieg erwischt dich hart wie ein Schwanz in deinem Arsch.«

Im Kreml wurde er zum Hofnarren, doch abgesehen von seiner Art, Späße zu reißen, war er im Grunde genommen der psychopathischste aller Psychopathen: Putins persönlicher Koch und persönlicher Sadist, ein Killer, Folterknecht und Hotdog-Verkäufer, der zum Multimilliardär, Troll-Farm-Boss und Söldnerheerführer wurde. Es überraschte also nicht, dass er für die normalen menschlichen Respektsbezeugungen gegenüber einem schwer kranken Komapatienten keine Zeit hatte. Prigoschin war in der Tat genau die Art von Person, die das Team Nawalny mit einem scharfen Stock in die Augen stechen würde. Die Anti-Korruptionsstiftung hat eine Reihe von höchst schädigenden und belastenden Recherchen darüber veröffentlicht, wie Prigoschin, als er Moskaus Schulkinder und dann die russische Armee fütterte, so viele Bücher frisiert hatte, dass er am Ende einen Palast, einen Privatjet, eine Jacht und eine ganze Stange von staatlichen Aufträgen in Höhe von vielen Milliarden Rubel besaß. Der Ex-Sträfling erwarb diesen immensen Reichtum, während er die russischen Gesetze verhöhnte, die Monopole und die Vergabe von staatlichen Aufträgen ohne ordnungsgemäße Verfahren verbieten, um offene und wettbewerbsorientierte Ausschreibungen zu gewährleisten. Stattdessen verschlangen die von Prigoschin oder seiner Mutter kontrollierten Unternehmen staatliche Aufträge, als gäbe es kein Morgen. Eine von diesen Firmen erhielt einen milliardenschweren Auftrag, obwohl als Vermögenswerte nur ein Tisch und ein Stuhl eingetragen waren.

2023 bedrohte Prigoschin zeitweise sogar Putin, der den Kreml wie ein Vampirkrake umklammerte. Die bittere Wahrheit ist, dass Prigoschin mit Gewalt dem Ziel, Putin zu vertreiben, viel, viel näher kam als Nawalny jemals über die Wahlurne. Die Tatsache, dass ein Psycho wie Prigoschin um so viel besser abschnitt als Nawalny, ist ein denkbar düsterer Kommentar zu dem Zustand - oder dem Fehlen - der russischen Demokratie und Zivilisation im 21. Jahrhundert.

Wie so viele Höflinge an Putins Hof kam Prigoschin aus St. Petersburg. Er stammte aus einer guten jüdisch-sowjetischen Familie, geriet aber schnell auf die schiefe Bahn. 1981, er war noch ein Teenager, überfiel er mit seiner Gang eine Frau, wobei er sie halb erdrosselte, bis sie das Bewusstsein verlor. Die Diebe machten sich mit der Handtasche, den Ohrringen und den Schuhen davon, die sie von ihrem hingestreckten Körper raubten. Prigoschin wurde zu dreizehn Jahren Gefängnis verurteilt und feierte seinen 19. Geburtstag und viele weitere hinter Gittern. In der Strafkolonie verlor er irgendwann die Spitze seines linken Ringfingers, vielleicht bei einer Schlägerei, aber wahrscheinlich bei einem Arbeitsunfall. Die Verletzung machte die Aufgabe seines Doppelgängers später umso kniffliger.

Übrigens stammt dieses Detail und noch anderes in diesem Kapitel aus Berichten von *Proekt*, einem unabhängigen russischen Onlinenachrichtenmagazin unter der Leitung von Roman Badanin, einem der brillantesten russischen Journalisten seiner Generation. 2021 hatte ich einen Zoom-Termin für meinen Podcast *Taking On Putin* mit ihm vereinbart, doch er nahm nicht ab. Erst bei einem Blick auf X/Twitter sah ich den Grund für sein Fernbleiben: Er war auf eine Polizeistation verschleppt worden. Schließlich kamen wir doch noch in Kontakt, sodass er mir von seiner großartigen Recherche zu Putins beiden Geliebten: Swetlana Kriwonogich (ihr Nachname bedeutet grob übersetzt »Lady Krummbein«) und der Olympiaturnerin Alina Kabajewa erzählen konnte. Aus Sorge um seine Sicherheit floh Badanin aus Russland und lebt jetzt in den Vereinigten Staaten im Exil.

Prigoschin sagt, er habe nach dem Knast Hotdogs auf dem Apraksin-Markt in St. Petersburg verkauft und später fragwürdige Autos verhökert. Einer seiner unglücklichen Kunden war ein Offizier der Sowjetarmee, Andrej Bakonin, der gerade aus Libyen zurückgekehrt war. Mit seinen ausländischen Einkünften kaufte er von Prigoschin ein gebrauchtes Auto, nur um dann festzustellen, dass der ihm einen Haufen Schrott auf Rädern angedreht hatte. Bakonin und seine hartgesottenen Armeekumpane spürten Prigoschin in seiner Wohnung auf, wo der junge Autohändler aus der Schublade seines Schreibtischs ein Bündel Scheine holte, um den Streit beizulegen.

Prigoschin wird dann von zwei mittelschweren Gangstern aufgenommen, die eine Supermarktkette betreiben und mit deren Hilfe er sein erstes richtiges Geschäft auf die Beine stellt, das Restaurant *Altes Zollhaus.* Gänseleberpastete, Austern, Stripperinnen, die nicht strippen - es ist eine piekfeine Bude -, was soll man daran nicht mögen? Bald ist Bürgermeister Sobtschak Stammgast, dann kommt der Nachtbürgermeister dazu, und der Rest ist schlechte Geschichte.

Prigoschin wird Putins Koch. Der neue Präsident bringt Spitzenpolitiker aus der ganzen Welt ins *New Island,* das Restaurant des ehemaligen Sträflings auf dem ausgedienten Vergnügungsschiff Moskva-177, etwa den japanischen Premierminister Yoshiro Mori, den französischen Präsidenten Jacques Chirac und den amerikanischen Präsidenten George W. Bush. Das ist alles schön und gut, doch Prigoschin muss Putin und seinem Kreis noch andere Dienste erwiesen haben, denn als es zum Streit zwischen dem Ex-Sträfling und seinen alten Gangster-Hintermännern kam, entdeckten sie, dass er unantastbar war. Und sie waren pleite.

Welche anderen Dienste mag Prigoschin Putin wohl anzubieten haben? Intellektuelle Aufregung? Eine der Quellen von *Proekt* vermutet, dass sich hinter Prigoschins rabiater Sensibilität ein wahrer Appetit nach geistigem Leben verbarg. »Was? Machiavelli? Schwanz-a-velli«, sagte er einmal, indem er einen Riff auf ein unfeines russisches Wortspiel und den Nachnamen des berühmten italienischen Zynikers improvisierte. Aber er schrieb den Namen des Philosophen auf. Die Quelle fand auch heraus, dass ein Buch von Antonio Gramsci auf Prigoschins Computer auftauchte, was einen früheren Vorfall erklärte, als Prigoschin die Gedanken des italienischen Marxisten darüber zitierte, wie der Westen die kulturelle Hegemonie als Waffe gebrauche. Die Quelle sagte: »Er verwandelte sich unmittelbar vor unseren Augen von einem Wilden in einen intellektuellen Wilden.«

Eine weitere Dienstleistung war, dass er seine erlesenen Gäste ausspähte, und zu diesen gehörte, wie amüsant, auch Putin selbst. Anonymous International kam an E-Mails von Prigoschins Unternehmen Concord heran, aus denen sich ein Verhaltensmuster seiner Kellner ablesen lässt, die beim Servieren von Krabbencocktails und Schwarzwälder Kirschtorte Spionage betrieben. 2010 zum Beispiel wurde Prigoschins Restaurantpersonal mit Bussen zu Putins Anwesen Nowo-Ogarjowo in der Nähe von Moskau gebracht, als dieser zu einem Pow-Wow mit dem singenden Salonlöwen und italienischen Ministerpräsidenten, dem verstorbenen Silvio Berlusconi, zusammenkam. Die Kellner berichteten, wie Putin Berlusconi erzählte, dass US-Präsidenten aufgrund der Beschränkung ihrer Amtszeit auf acht Jahre Konformisten sein müssten. 2011 machte Prigoschin selbst Notizen von einem Plausch mit Putin und hielt fest, wie der russische Präsident den Moskauer Bürgermeister Sergej Sobjanin und den Verteidigungsminister Anatoli Serdjukow anwies, die Packungen mit den Fertigmenüs des Kochs bei dessen Fabrik vor den Toren von St. Petersburg zu bestellen. Wieder einmal habe ich an der Übersetzung herumgetüftelt.

Putin: »Ich habe mit Sergej [Sobjanin, Bürgermeister von Moskau] gesprochen. Er ist guter Dinge. Er meint, die Hauptsache ist, dass du weitermachst.«

Prigoschin: »Das tue ich. Er tut wirklich alles, und nächstes Jahr gibt er mir sämtliche 300 Schulen.«

Putin: »Was für Probleme gibt es dann dort?«

Prigoschin: »Wladimir Wladimirowitsch, das ganze System basiert auf Schmiergeldern, und viele Leute stecken bis zum Hals mit drin, es gibt also jede Menge Schmu.«

Putin: »Und du hast der Schiebung ein Ende gesetzt. Braver Junge.« *Prigoschin merkt an: Putin lacht und tätschelt mir den Arm.*

Prigoschin: »Ja, zuerst habe ich der Schiebung ein Ende gesetzt, aber jetzt gebe ich ihnen ein wenig von der Aktion, nur zeitweilig. Wissen Sie, ich dachte, ich hätte alles kalkuliert, aber das Wichtigste habe ich nicht berücksichtigt. Es ist bloß, wie viel Widerstand das System dir leistet.«

Es gibt einen ähnlichen Wortwechsel, wo Prigoschin über Schmiergelder im Verteidigungsministerium klagt und Putin ihn ermutigt. Ein anderes Mal lieferte Prigoschin Torte und Champagner in den Kreml für die vom »Boss« ausgerichtete Geburtstagsparty für Dmitri »Dima« Peskow, Putins Pressemann mit der Vokuhilafrisur.

Prigoschin notiert: »Ich brachte den Champagner und schnitt die Torte an.«

Putin: »Schmeckt sie gut?«

Prigoschin: »Ja, ich denke schon«.

Putin: »Und wer hat sie gebacken, du?«

Prigoschin: »Ja, meine Köche.«

Putin: »Du gehst auf Nummer sicher, hä?« Prigoschin notiert: *Er lachte.*

Putin zu allen: »Ich habe ihn nach der Torte gefragt, war es deine? Und er hat geantwortet, es sei die seiner Köche. Braver Junge, er ist auf Nummer sicher gegangen.«

Was für ein fröhlicher kleiner Tyrann Putin doch ist, der Witze über eine Torte reißt, die nicht vergiftet ist!

In Wahrheit geben uns die gehackten Concord-E-Mails keinen tiefen Einblick in die Beziehung zwischen Putin und Prigoschin. Der Chefkoch ist viel zu schlau, um in einer E-Mail aufzuschreiben, was er wirklich denkt.

Doch im Vergleich zu dem, was am Schluss passiert ist, waren das tatsächlich die glücklicheren Zeiten. Die wichtigste Botschaft darin ist, dass Putin seine Maschinerie der Angst am Laufen hält, indem er eine Reihe von Fahrzeugen krachend zusammenstoßen lässt, um zu sehen, wer am Ende übrig bleibt. Das ist Regieren im

Stil von *Robot Wars*, der britischen, zuerst von Jeremy Clarkson und dann von Craig Charles moderierten TV-Show, wo Spielzeugroboter als Gladiatoren gegeneinander antreten.

Der herausragende Dienst, den Prigoschin Wladimir Putin erwies, war die Bereitstellung von Gewalt. Durch die Veröffentlichung einer gerahmten Fotografie, die man in seinem Haus fand, gibt uns *Proekt* einen Hinweis auf Prigoschins wahren Charakter. Rissige, knochentrockene Erde, und darauf liegen die frisch abgetrennten Köpfe von sieben Afrikanern. Das Blut auf dem Boden ist noch hellrot, das Abschlagen der Köpfe geschah also kurz bevor das Foto aufgenommen wurde. Die Tatsache, dass Prigoschin dieses Foto rahmen und in seinem Haus aufstellen ließ, ist ein klarer Beweis dafür, dass er ein Psychopath war. Im Laufe der Zeit arbeitete er sich nach oben und wurde Herr über die St. Petersburger Bot-Farmen und Anführer der Söldnerarmee Wagner. Letztere ist mit ziemlicher Sicherheit für das Foto mit den abgetrennten Köpfen verantwortlich. Doch eine Sache ist konsistent: Prigoschin liebte es, Menschen zu verletzen.

In den frühen 2000er-Jahren begann Prigoschin mit dem Bau seines eigenen stillosen Palastes, den er bescheiden »Nördliches Versailles« nannte. *Proekt* berichtete, dass zwei Arbeiter, die Fensterbänke einbauten, um ihren Lohn gebracht wurden, etwa 200 000 Rubel, und sich bei Prigoschin beschwerten. Er hörte sich ihre Geschichte an, »dann rief er seine Sicherheitsleute und ließ die Scheiße aus ihnen herausprügeln. Anschließend wurden sie aus dem Büro geschafft und in den Keller gezerrt, wo sie nochmals zusammengeschlagen wurden«, erfuhr *Proekt* von einer Quelle.

Prigoschin regierte durch »Furcht und Geld«, so eine andere Quelle. Leute, die für ihn arbeiteten, wussten: Wenn du einen Fehler machst, würde man dir buchstäblich »die Eier abschneiden« oder »dich die Treppen hinunterstoßen«. Einmal soll ein

Chauffeur, der zu langsam fuhr, Prigoschin derart verärgert haben, dass er ihm gegen den Kopf trat, was in einem Auto, selbst in einer geräumigen Limousine, eine beachtliche Leistung ist. 2004 fand Prigoschin heraus, dass ein 25-jähriger Mann, Dmitri Sokolow, nach einer Firmenfeier in sein nahe gelegenes schwimmendes Restaurant eingedrungen war. »Der Chef« - Prigoschin - verprügelte den Eindringling so brutal, dass dieser ins Wasser stürzte und ertrank.

Oftmals wurde die Gewalt an Lakaien delegiert. Ein Angestellter von Prigoschin benahm sich bei einem Geschäftstermin »daneben«, woraufhin er verschwand. Zwei Wochen später tauchte er wieder auf, sein Körper mit abklingenden, vergilbenden Blutergüssen übersät. Seine Geschichte war die, dass er in den Keller gebracht und dort mehrere Tage lang von einem anderen Angestellten, bekannt als »Der Lehrer«, heftig verprügelt worden war.

Ende Oktober 2018 kamen außerordentliche Beweise für Prigoschins Methoden ans Licht, und zwar in einem Musterbeispiel für brillanten investigativen Journalismus mit dem Titel »Der Koch hat's gern scharf« von Denis Korotkow in *Nowaja Gaseta*. Ein schielender 61-jähriger Auftragsmörder von Prigoschin, Waleri Ameltschenko, kam herein und plauderte alles aus. Er war dünn, ältlich, schlürfte Apfelsaft und beschrieb detailliert seine Rolle in einer Serie von Entführungen, Folterungen und Morden im Auftrag der Organisation Prigoschin, von denen einige auf Personen abzielten, die zum Team Nawalny gehörten oder ihm nahestanden. Ameltschenko arbeitete nicht direkt für Prigoschin, sondern für einen Unterauftragnehmer namens Andrej Michailow, der wiederum an Jewgeni Gulajew berichtete, einen ehemaligen Funktionär im Innenministerium, der inzwischen Prigoschins Sicherheitschef war.

Eines Tages rief Ameltschenko an und sagte, er werde von mysteriösen Gestalten verfolgt, einer davon mit einem Panamahut.

Und als das Telefon das nächste Mal klingelte, nahm ein Passant das Gespräch an und erklärte, dass er es soeben vom Boden aufgehoben habe. Die Journalisten eilten zu der Stelle und fanden dort auf dem Boden ein zweites Telefon und einen einzelnen Schuh, der genauso aussah wie das Paar, das Ameltschenko bei ihrem letzten Treffen getragen hatte. Wo war der fehlende Schuh? Und wo war sein Besitzer?

Als Korotkow von *Nowaja Gaseta* anfing Fragen zu Prigoschins Sicherheitsleuten zu stellen, erhielt er zwei ungewöhnliche Antworten: erstens einen Trauerkranz, der mit einem Foto des Journalisten geschmückt war; zweitens einen Korb, in dem ein abgetrennter Schafskopf lag.

Korotkow hatte Ameltschenkos Geschichten überprüft und festgestellt, dass er nie gelogen hatte. *Nowaja Gaseta* zog das Ganze also durch und veröffentlichte, ohne zu wissen, was mit ihrer Quelle geschehen war oder warum genau er ausgepackt hatte oder wo sein zweiter Schuh war.

Der Auftragsmörder sagte, er sei 2013 nach Sotschi am Schwarzen Meer geschickt worden, um dort einen Blogger namens Anton Grischtschenko aufzumischen, der »Schlechtes über Putin schrieb«. Er lebte davon, Secondhand-Autoteile zu verhökern. Ameltschenko erzählte, dass er den Blogger unter dem Vorwand, eine Dichtung für einen Mercedes, oder was auch immer, kaufen zu wollen, aufgesucht und ihn mit einem gebrochenen Schlüsselbein zurückgelassen habe, woraufhin der Blog starb. Korotkow überprüfte die Story und fand heraus, dass Grischtschenko tatsächlich eine geschmacklose Karikatur Putins von einer französischen Satirezeitung getweetet hatte und dass kurz darauf die Social-Media-Konten des Bloggers gelöscht worden waren.

Als Nächstes tauchte Ameltschenko Ende 2013 und Anfang 2014 in Kiew auf. »Wie kam es dazu?«, fragte der Reporter. »Ich bin nicht reich genug, um auf eigene Faust dorthin zu reisen«, lautete die rätselhafte Antwort. Sein Boss Michailow deutete der Zeitung gegenüber an, dass Ameltschenko fingierte »Demonstrationen« zugunsten des korrupten und mörderischen Regimes von Janukowytsch finanziere. Von 2014 bis 2016 arbeitete Ameltschenko hauptsächlich in der Ukraine, einschließlich der von Russland besetzen »Volksrepublik Luhansk«. Uns gegenüber ließ er durchblicken, dass er im Treppenhaus eines neunstöckigen Wohnblocks bei einem »Gespräch« mit einem Mann, den er als »Plotnizkis rechte Hand« kannte, eine Neun-Millimeter PB »Schalldämpfer-Pistole« benutzt hatte. Dmitri Karagajew, ein persönlicher Berater von Igor Plotnizki, damals Führer der Volksrepublik Luhansk, wurde am 16. März 2016 im zweiten Stock eines Treppenhauses eines Wohnblocks in Luhansk gefunden. Er war erschossen worden.

In jenem Sommer fuhr Ameltschenkos Gruppe nach Pskow, einer Stadt in Russlands äußerstem Westen, an der Grenze zu Estland. Einer von Ameltschenkos Partnern und Freunden war Oleg Simonow, der ursprünglich aus dem Amur-Gebiet im äußersten Osten Russlands stammte, direkt nördlich von China. Simonow war studierter Apotheker und, wie sich herausstellte, ein fähiger Giftmörder. Zielperson war ein Blogger, an dessen Namen Ameltschenko sich nicht erinnerte. Doch er erzählte Korotkow, dass es an der Adresse der Zielperson, in der Fomina-Straße in Pskow, eine Autowerkstatt gebe; an der Werkstattwand sei eine Reklametafel für eine Glaserei mit Telefonnummer. Ameltschenko blieb vage in Bezug darauf, wer den Giftanschlag tatsächlich ausgeführt hatte. Seine Aufgabe war es, den Schauplatz zu überwachen; Simonow sollte »den Fluchtwagen fahren«. Dem Blogger wurde etwas injiziert und er erkrankte.

Als Beweis, dass der Job erledigt war, rief Ameltschenko ein paar Tage später in der Werkstatt an. Der Sohn des Bloggers nahm das Telefon ab und sagte: »Papa ist tot.«

Doch damit nicht genug. Ameltschenko rief ein zweites Mal an und fand heraus, wo der Blogger beerdigt worden war. Daraufhin ging er zum Friedhof und fotografierte den Grabstein.

Reporter fanden das Haus in der Fomina-Straße in Pskow mit dem Schriftzug »Glaserei« und einer Telefonnummer an der Wand. Sie fanden heraus, dass ein Blogger namens Sergej Tikhonow, der unter dem Pseudonym »Skobars« schrieb, am 29. Juni 2016 »an einem Herzinfarkt« gestorben war. Sein Tod war nicht als verdächtig eingestuft worden, deshalb gab es keine Untersuchung.

In jenem November wurde Sergej Mokhow überfallen. Er war damals der Ehemann von Ljubow Sobol, Anwältin der Anti-Korruptionsstiftung und deren federführende Ermittlerin in Sachen Prigoschins Machenschaften. An jenem Abend war Mokhow, Verleger eines Magazins namens *Die Archäologie des russischen Todes*, auf dem Nachhauseweg, als er am Eingang seines Moskauer Wohnblocks an einem jungen bärtigen Mann vorbeiging, der einen Blumenstrauß in Händen hielt. Mokhow spürte einen scharfen Stich im Bein, danach bekam er einen Anfall. Er wurde eilig ins Krankenhaus gebracht und erholte sich schließlich wieder.

Mokhow und Sobol waren sich über die Motive des Angreifers zunächst nicht sicher. Mokhow vermutete, dass der Überfall etwas mit seiner Arbeit zu tun haben könnte, da er früher Storys über bandenmäßige Betrüger geschrieben hatte, die von trauernden Hinterbliebenen überzogene Preise für Beerdigungen verlangten. Sobol dachte, der Giftanschlag sei Prigoschins Rache gewesen. Nawalny hielt das damals für die allerwahrscheinlichste Erklärung, fügte aber hinzu, dass er »nicht zu hundert Prozent sicher sein kann, dass Prigoschin und seine Leute hinter dem Angriff stecken«.

Das Bild des Giftmischers mit den Blumen wurde von einer Überwachungskamera aufgenommen, doch seine Identität blieb zwei Jahre lang ein Rätsel, bis eine anonyme Quelle Reporter zu dem vermutlichen Giftmischer von Pskow führten, also zu Oleg Simonow.

Simonow war im Sommer 2017 unter zweifelhaften Umständen gestorben: sechs Monate nach dem Giftmordversuch auf Sobols Ehemann. Simonow nahm keine Drogen, doch er wurde tot in einer Badewanne gefunden. Todesursache: eine Überdosis Drogen.

Über die Verfolgung von Simonows Kontakten stieß Korotkow auf Ameltschenko. Der Auftragsmörder war alles andere als glücklich mit der offiziellen Geschichte darüber, wie Simonow, ein guter Freund, gestorben war und unterzeichnete einen Deal mit dem Reporter, gemäß dem sie seine Geschichten veröffentlichen könnten, falls ihm etwas Unvorhergesehenes passierte. Als er verschwunden war und nur einen Schuh und zwei Telefone zurückgelassen hatte, drückte Korotkow auf den Knopf und ließ sie veröffentlichen.

Im Zusammenhang mit dem Giftanschlag auf Mokhow erklärte Ameltschenko, dass eines der Instrumente bei Simonows Geschäft ein Betäubungsblasrohr aus der Tiermedizin sei. Ameltschenko erzählte Korotkow, wie Simonow sein Ziel aufspürte: »[Mokhow] ging abends für gewöhnlich in ein Fitnessstudio ... [Simonow] beschattete ihn ein paar Tage lang ... er sagte, er habe einen Blumenstrauß gekauft und warte auf ihn vor seinem Haus. Seine Aufgabe ... bestand einfach darin, dem Mann einen gehörigen Schrecken einzujagen. Er pikste ihn mit einem Medikament ... [Mokhow] kam auf ihn zu und fragte [Simonow] ›warten Sie [auf jemanden]‹ ... [Simonow antwortete] ›Ja. Ich warte. Nichts Persönliches.‹ Dann pikste er ihn, warf die Blumen weg und lief fort.«

Ameltschenko bestätigte, dass er selbst bei der Sache gegen Mokhow keine Rolle gespielt und die Geschichte nur aus zweiter

Hand von Simonow gehört hatte. Das Ziel? Sowohl Mokhow als auch seine Frau, die Anwältin der Anti-Korruptionsstiftung, einzuschüchtern.

Im Februar 2017 flog Ameltschenko, gemäß Korotkows Bericht, mit Simonow und vier weiteren Männern der Organisation Prigoschin nach Syrien, wo sie Gifte an ahnungslosen Gefangenen testen sollten. Sie flogen nach Beirut, wo sie vom libanesischen Muchabarat-Militärgeheimdienst empfangen wurden, der sie nach Damaskus brachte. Dort traten sie mit den Soldaten von Prigoschins Wagner-Armee in Verbindung, die dem syrischen Diktator Baschar al-Assad dabei halfen, die Demokratie im Land zu vernichten. Die Mission ihrer Gruppe bestand Ameltschenko zufolge darin, verschiedene giftige Substanzen an »Kriegsgefangenen« der Syrer, vermutlich IS-Kämpfer oder andere Militante, zu testen.

Doch die Sache lief von Anfang an schief. »Die haben uns einfach nach Syrien hineingeworfen«, sagte Ameltschenko. »Die haben uns gesagt: ›Die Gefangenen warten auf euch. Geht nur.‹ Dann, als sich herausstellte, dass es keine Gefangenen gab, riefen sie uns an ... und sagten ›Tut, was ihr wollt ... Es ist einfacher, euch dort zu lassen, als euch wieder hinauszuschaffen ... Wenn dort keine Gefangenen sind, dann probiert es an X-Beliebigen aus.‹«

»Am Ende wurden wir als Militärstaatsanwälte getarnt. Und es gab dort eine Miliz ... Kerle, die überhaupt nicht kämpfen wollten. Freaks. Wir verhörten sie mithilfe eines Dolmetschers. Oder vielmehr, wir taten so, als verhörten wir sie ... und fragten sie [wirklich bloß], warum sie sich weigerten [zu kämpfen]«, erinnert sich Ameltschenko.

In Homs verteilte Simonow lokalen syrischen Obstsaft in versiegelten Glasflaschen an die Wehrdienstverweigerer. Ameltschenko wusste nicht, was mit den Männern geschah, doch nachdem der Gift-Trupp Homs verlassen hatte, wurde ein hochrangiger Beamter des syrischen Muchabarat tödlich vergiftet; das kam ihm jedenfalls zu Ohren. Hatte der Spion den Giftsaft aus Versehen getrunken, weil er nicht wusste, was wirklich in der Flasche war? Ein weiterer russischer Wagner-Offizier wurde ebenfalls krank, erlitt Kotz- und Durchfallattacken, aber er erholte sich.

Schattierungen von Moskau4, Moskau4. Die Geschichte, wie Prigoschins Giftmischer einen syrischen Geheimdienstchef aus Versehen vergifteten, ist ein Klassiker dieses Genres und beweist einmal mehr, wie schwachsinnig einige der Funktionäre von Russlands Dunkelstaat sind oder waren.

Korotkow spürte Simonows Witwe auf, die bestätigte, dass der Mann mit dem Gift-Blumenstrauß auf der Überwachungskamera ihr verstorbener Mann sei und dass er wohl wahrlich nichts Gutes im Schilde geführt hatte. Zweimal hatte er St. Petersburg verlassen, ohne zu erklären, was er vorhatte. Das erste Mal war kurz nachdem sie sich kennengelernt hatten, das zweite Mal, als Ameltschenko sagte, er sei mit ihm in Syrien gewesen.

Simonows Witwe sagte, sie habe erst nach seinem Tod angefangen zu begreifen, dass sie »die Person, mit der sie gelebt hatte, nicht verstand«. Die Journalisten zeigten ihr ein paar Fotos. Auf einem war Ameltschenko. »Ah ja«, sagte sie, »der Mann kam zur Beerdigung.«

Drei Tage nachdem Ameltschenkos Geschichte veröffentlicht war, tauchte er wieder auf, um alles zu leugnen, was er Korotkow erzählt hatte, und den Reporter zu beschuldigen, er habe alles erfunden. Dann verschwand er wieder, und seither ward von ihm nichts mehr gehört oder gesehen.

Es gibt noch einen Namen, den ich bei dem Appell der Personen, die mit Putins Koch in Konflikt geraten waren, aufrufen möchte: Max Borodin, ein 32 Jahre alter Reporter in Jekaterinburg, der im April 2018 einen Kumpel anrief und ihm sagte: »Da war jemand mit einer Waffe auf meinem Balkon und Leute in

Tarnkleidung und Masken auf dem Treppenabsatz.« Später erhielt sein Kumpel eine Textnachricht, die besagte, Max habe sich geirrt. Einen Tag später wurde seine Leiche auf dem Boden gefunden. Er war aus dem Fenster seiner Wohnung im 15. Stock gestürzt, betrunken.

War er das?

Prigoschins Wagner-Armee, benannt nach Hitlers Lieblingskomponisten, schlug nicht nur Afrikanern die Köpfe ab. Prigoschin wählte Dmitri Utkin, der Tattoos von SS-Blitzen auf dem Schlüsselbein trug, als ihren Anführer. Sie kämpften in der Ukraine und operierten auch in Syrien, wo sie versuchten, Ölquellen von der Anti-Assad- und antirussischen Freien Syrischen Armee zu erobern.

Im Februar 2018 wurden etwa 200 russische Söldner von amerikanischen Bomben getötet, nachdem sie vor einem weiteren Vormarsch gewarnt worden waren. Einige der toten Wagner-Söldner kamen aus der Nähe von Jekaterinburg, Borodins Revier. Die Wagner-Witwe Elena Matwejewa rief den Kommandeur der Einheit ihres verstorbenen Mannes per Telefon an: »In einem Bataillon wurden auf einen Schlag 200 Menschen getötet. Wir hatten nur AK-47, nichts in der Art von Flugabwehrwaffen. Sie haben uns geschlagen, sie haben uns die Hölle heiß gemacht. Die Amis haben gerufen, ›Russen, wir kommen.‹«

Der Wagner-Kommandeur wusste nicht, dass Borodin das Gespräch auf Video aufzeichnete. Borodins Story legte Beweise vor, dass die für die Söldner verantwortlichen Generäle kriminell inkompetent waren, als sie die Warnung der Amerikaner, nicht weiter vorzurücken, in den Wind schlugen. Ich glaube, dass Borodin nicht aus dem Fenster fiel, sondern von Angehörigen der Wagner-Armee gestoßen wurde. Und ich habe meinen Roman über Stalins große Hungersnot im Jahr 1933, *The Useful Idiot,* seinem Andenken gewidmet.

Ameltschenko ist jetzt wahrscheinlich tot. Dennoch vermittelte er einen Einblick in das wahre Russland, gegen das das Team Nawalny kämpfte: schlecht bezahlte und oft inkompetente Halunken, die Menschen wegen Kränkungen verstümmeln oder ermorden, die politische Akteure im Westen einfach als Teil des Tohuwabohu im Alltag demokratischer Politik verbuchen würden. Und er zeigte auch, wie kleinlich Prigoschin und Putin sein konnten, wenn es darum ging, sich an denen zu rächen, die sie verspotteten. Sergej Tikhonow, der Blogger in Pskow, war so unbedeutend, dass niemand, soweit ich weiß, öffentlich behauptete, er könne ermordet worden sein. Einzig der Komplize des Giftmörders, Ameltschenko, machte die Welt nachträglich auf den Giftanschlag aufmerksam. Wie viele andere Russen gibt es da draußen, die gesagt haben: »Papa ist tot«, ohne die Wahrheit zu kennen?

Erinnern Sie sich an Wladimir Iwanjutenko, den Straßenkehrer aus St. Petersburg, der mit einem Elektroschocker traktiert und dann niedergestochen wurde, weil er mit einer Wladimir-Putin-Maske zu Demonstrationen ging? Anfang 2018 erzählte er mir, dass er wisse, warum er angegriffen wurde: »Ich kann es nur mit meinen oppositionellen Aktivitäten in Verbindung bringen.«

Als Korotkows Artikel in der *Nowaja Gaseta* erschien, erkannte Iwanjutenko einen der zwei Männer, die ihn überfallen hatten: Ameltschenko. Als er begann sich darüber vernehmlich zu äußern, wurde Iwanjutenko wegen eines geplanten Bombenattentats auf Prigoschin, bei dem ein ferngesteuerter sprengstoffgeladener Wagen unter der Limousine des Kochs zum Einsatz kommen sollte, angeklagt und zu drei Jahren Gefängnis verurteilt. Iwanjutenko sagte, er sei von einem Agent Provocateur der Polizei verleumdet worden. Wenn dem so ist, dann geschah das alles – das Niederstechen, der Angriff mit dem Elektroschocker, die

Gefängnisstrafe - nur, weil er die Frechheit besaß, eine Wladimir-Putin-Maske zu tragen.

Man blickt in Ehrfurcht auf Alexej Nawalny, Ljubow Sobol, Denis Korotkow, Roman Badanin, Max Borodin, Wladimir Iwanjutenko, Sergej Tikhonow, Anton Grischtschenko und all die anderen, die es wagten, den Koch und seinen Herrn herauszufordern. Es gibt ein anderes Russland, und zu viele der Namen seiner Helden sind mit Blut geschrieben.

Kapitel sechzehn
Im Schatten des großen Krieges

Im Sommer 2021 veröffentlichten Russlands Zaren zwei Traktate grundverschiedener Art. Der Zar im Kreml hatte unter dem Titel »Über die historische Einheit von Russen und Ukrainern« einen ebenso langen wie langweiligen und lausigen Aufsatz historischen Inhalts heruntergeklopft, in dem er die russische Variante des faschistischen Imperialismus für völlig in Ordnung erklärt. Der Zar im Gulag begnügte sich mit einer weit kürzeren und witzigeren Schrift. Auf Papierfetzen gekritzelt, von seinen Anwälten aus dem Gefängnis geschmuggelt, ging es darin um das Versagen der freien Welt beim Kampf gegen die Korruption und wozu dieses Versagen führen könnte. Das Tragische daran war, dass Putin seinen Vier-minus-Hausaufsatz als Rechtfertigung seines blutigen Kriegs gegen die Ukraine nutzte, der im folgenden Februar begann. Und dass der Westen, der spürte, dass Nawalnys Bugwelle von Tag zu Tag schwächer wurde, seine Eins-mit Stern-Botschaft ignorierte, so weise und wahr sie auch war.

Das Leben ist zu kurz, um Putins legalistischen Quatsch durchzugehen, aber für intellektuelle Masochisten, Schlafgestörte und andere, die es ganz genau wissen wollen, habe ich hinten in den Anmerkungen einen Link dazu eingefügt. Im Wesentlichen sagt er, dass der 1945 geschlossene Vertrag, demzufolge Nationen es tunlichst vermeiden sollten, in andere Länder einzufallen, um sie zu erobern, hintanzustehen habe hinter der Bruderliebe, die Russland der Ukraine aufzwingt. Und dass der russische Faschismus über alles obsiege. Mein Rat: Falls Sie nicht schlafen können, lesen Sie *Ehrensache, Jeeves!* von P. G. Wodehouse. Tante Dahlia, die Papa Bassetts Milchkännchen mopst, ist wirklich komisch; liest man dagegen, wie 1918 »die Zentralna Rada gestürzt und Hetman Pawlo Skoropadskyj an die Macht gebracht« wurde, »der anstelle der Ukrainischen Volksrepublik den ukrainischen Staat ausrief, der im Wesentlichen unter deutschem Protektorat stand«, könnte einem schlecht werden.

Nawalnys Essay ist von ganz anderem Holz. Schon mal, weil er ziemlich gut ist. An der Übersetzung habe ich um der Lesbarkeit willen etwas gedreht. Wie immer beginnt er kraftvoll und lässt auch nicht einen Augenblick nach: »Vor genau einem Jahr bin ich an einer Chemiewaffenvergiftung nicht gestorben, und wie es scheint, hat Korruption eine nicht geringe Rolle bei meinem Überleben gespielt. Sie hat das gesamte russische Staatssystem infiziert, einschließlich der Sicherheitsdienste. Wenn die oberste Führung des Landes mit Schutzgeld und der Erpressung von Unternehmen beschäftigt ist, leidet zwangsläufig die Qualität verdeckter Operationen. Eine Gruppe von Agenten des FSB hat das Nervengift auf meine Unterwäsche ebenso schlampig aufgetragen, wie sie mich - unter Verstoß gegen alle Anweisungen von oben - über dreieinhalb Jahre inkompetent beschattet hat. Was es Aktivisten und Rechercheuren erlaubt hat, jeden ihrer Schritte zu entlarven.«

Nicht schlecht.

Ferner beklagt Nawalny, dass der Kampf gegen die Korruption im Vergleich zu den »großen« Themen, mit denen sich die führenden Köpfe der Welt so publikumswirksam herumschlagen - »Krieg, Armut, Migration, Klimawandel, Massenvernichtungswaffen« - nie Priorität auf der globalen Agenda erlangt hat. Und dann holt er zum K.-o.-Schlag aus: »Erstaunlicherweise jedoch findet die Korruption fast immer dann Erwähnung, wenn Staatsführer Fiaskos beschreiben - ihre eigenen oder, häufiger, die ihrer

Vorgänger. Wir haben Jahre, Hunderte von Milliarden Dollar und Tausende von Menschenleben in den Irak (Afghanistan/Mali/etc.) investiert - aber die korrupte Regierung von al-Maliki (Karzai/Keïta/etc.) hat das Volk durch ihre Diebstähle gegen sich aufgebracht und Radikalen den Weg zum Sieg geebnet, die mit Parolen über ehrliche, faire Macht und Panzerfäusten bewaffnet sind. Da drängt sich eine offensichtliche Frage auf: Leute, wenn Korruption uns daran hindert, Lösungen für die Probleme der ›großen Agenda‹ zu finden, ist es dann nicht vielleicht an der Zeit, ihr Priorität auf dieser Agenda einzuräumen?«

Dann nimmt Nawalny Bezug auf eine Auseinandersetzung mit Putin zum Thema Korruption: »Der reichste Staatschef der Welt, der sein eigenes Land schröpft, ist eingeladen, den Umgang mit seinem eigenen Problem zu diskutieren. Sehr heikel, sehr peinlich.«

Von seiner Gefängniszelle im IK-2 aus konnte Nawalny russisches Staatsfernsehen verfolgen, und in dem Sommer war der Rückzug des Westens aus Afghanistan und die Rückkehr der Taliban das große Thema des Kreml: »Dass der Westen die absolute Korruptheit der afghanischen Führung ›nicht bemerkt‹ hat, dass die westlichen Staatsoberhäupter es vorzogen, ein Thema auszuklammern, das ihnen peinlich war, gerade das war (neben der Unterstützung durch die Bevölkerung) der entscheidende Faktor für den Sieg der Taliban. Der Westen wollte nicht über die Plünderung des Haushalts sprechen; es war viel einfacher, sich auf zu Tode Gesteinigte oder Enthauptete zu konzentrieren.«

Nach dem Fall der Berliner Mauer und der Implosion der UdSSR, so Nawalnys Argumentation, wurde die Korruption im klassischen Sinne - »die Ausnutzung einer offiziellen Position zum persönlichen Vorteil« - zur universellen, ideologiefreien Basis »für das Gedeihen einer neuen autoritären Internationalen, von Russland bis Eritrea, von Myanmar bis Venezuela«.

Seine Argumentation läuft letztlich auf Folgendes hinaus: Dunkles Geld ist der Treibstoff dunkler Politik. »Religiöse Extremisten jeglicher Couleur bringen ihre Propaganda leichter unter die Leute, wenn ihre Gegner im Rolls-Royce durch die Straßen ihrer verarmten Länder fahren. Flüchtlingskrisen werden durch Armut verursacht und Armut fast immer durch Korruption.«

Worauf der Westen achten müsse, das sei der Umstand, dass der Tsunami der Korruption nicht aus den armen Ländern in die reichen Länder überschwappt und dort Schaden anrichtet: »Ein wichtiger Aspekt der Korruption in autoritären Staaten ist die Nutzung westlicher Finanzinfrastruktur - und in 90 Prozent der Fälle landet das, was gestohlen wurde, auf einer westlichen Bank.«

Wohl wahr. In fünf Schritten weist Nawalny dem Westen den Weg: Erstens gelte es, Gruppen von Ländern zu identifizieren, die für Korruption besonders anfällig sind.

Zweitens gelte es, Transparenz zu erzwingen: »Da arbeitet einer für ein Staatsunternehmen in einem Land mit hohem Korruptionsrisiko und möchte eine Villa an der französischen Riviera kaufen? Schön, nur zu, aber er sollte sich darüber im Klaren sein, dass alle Informationen über das Geschäft öffentlich zugänglich sein werden.«

Drittens brauche es Sanktionen gegen Oligarchen: »In der Anti-Korruptions-Rhetorik des Westens sieht man nichts weiter als Spielchen und heiße Luft ... Das westliche Establishment verhält sich derzeit leider wie Pawlows Hund: Zeigt man ihm einen Oberst der Geheimdienste, heißt es sofort: ›Sanktioniert ihn!‹ Zeigt man ihm den Oligarchen, der den Oberst bezahlt, heißt es: ›Ladet ihn ein nach Davos!‹«

Viertens gehörten Korrupte eingesperrt: »Raten Sie mal, wie viele Prozesse auf Anzeigen unserer Anti-Korruptionsstiftung hin eingeleitet wurden?«, fragt er. »Richtig: null. Die bittere Wahrheit ist: Selbst westliche Strafverfolgungsbehörden fassen korrupte ausländische Beamte mit Samthandschuhen an. Mit ein bisschen politischem Willen von staatlicher Seite (und dem Druck der öffentlichen Meinung) lässt sich diese Situation durchaus korrigieren.«

Fünftens empfiehlt er die Einrichtung einer internationalen Anti-Korruptions-Kommission: »Mit relativ kleinen Summen kauft Putin rechts- und linksextreme Bewegungen in ganz Europa auf und macht deren Politiker zu seinen Kreaturen. Die legalisierte Bestechung, oft in Form von Aufsichtsratssitzen in Staatsunternehmen, floriert. Ein früherer deutscher Kanzler (Gerhard Schröder), ein früherer italienischer Ministerpräsident (Silvio Berlusconi) oder eine frühere österreichische Außenministerin (Karin Kneissl) tanzen im Reigen des russischen Diktators mit und werden korrupte Praktiken auf diese Weise normalisieren. Alle Verträge, die ehemalige oder aktive westliche Politiker mit Geschäftspartnern aus korrupten autoritären Ländern verbinden, müssen der Öffentlichkeit zugänglich gemacht werden.«

Zusammenfassend sagt er, es brauche »weder Geld noch Soldaten noch eine Umgestaltung von Industrie oder Weltpolitik, um da was zu tun«.

Das Problem war nur: Nawalny war im IK-2 weggesperrt, und sein Aufruf stieß auf taube Ohren. Inzwischen hatte der Kreml die Anti-Korruptionsstiftung zu einer extremistischen Vereinigung im Range von al-Qaida erklärt. Team Nawalny ging stiften, genauer gesagt nach Litauen, in die USA und nach Großbritannien. Nawalnys Licht war zwar nicht völlig erloschen, aber die Flamme begann zu flackern.

Bereits im Februar 2021, einen Monat nach seiner Rückkehr nach Russland und der sofortigen Verhaftung, sprach Amnesty International Nawalny den Status eines »politischen Häftlings« ab, nachdem die Organisation sich eigenen Angaben zufolge mit Beschwerden über alte, nie widerrufene fremdenfeindliche Äußerungen »bombardiert« sah, in denen Nawalny als »abscheulicher weißer Rassist« bezeichnet wurde. Da die Londoner Zentrale nach Ansicht des russischen Zweigs von Amnesty den Bot-Farmen des Kreml aufgesessen war, kam es darüber zu einem heftigen Streit.

Eine der Personen, die die Aufhebung von Nawalnys Status als politischer Häftling gefordert hatten, war eine »Feministin, LGBT-Forscherin und Weltbürgerin«, die unter dem Pseudonym Katja Kasbek firmiert. Kurioserweise hatte sie in einigen ihrer früheren Posts Stalin gelobt. Sieh einer an. Andere plapperten die Märchen des Kreml nach. Die Amnesty-Zentrale, die nie Verdacht geschöpft hatte, sah ihre Dummheit kurz darauf ein und kehrte zur Anerkennung als politischer Häftling zurück.

Im Oktober 2021 traf Nawalny ein noch härterer Schlag, als sein Team den erhofften Friedensnobelpreis an die ebenso brillante wie verdienstvolle philippinische Menschenrechtsaktivistin Maria Ressa und Dmitri Muratow, den Chefredakteur der *Nowaja Gaseta*, gehen sah. Muratow war ein großartiger Zeitungsmann, dem man sieben seiner Reporter ermordet hatte, aber vielen Russland-Kennern schien die *Nowaja Gaseta* ein wenig zu kremlfreundlich geworden zu sein. Nawalny war taffer und mutiger, er hatte einen Giftanschlag überlebt und Putin durch seine Rückkehr nach Russland geradezu herausgefordert, ihn zu liquidieren. Nach Amnestys Aberkennung seines Status als politischer Häftling und der Brüskierung durch das Nobelpreiskomitee hätte man fast meinen können, es machten sich bei ihrem Cappuccino im Pausenbereich zu viele bequeme Zeitgenossen Sorgen darüber, eins aufs Dach zu bekommen, wenn man sie zu dicht neben einem Unruhestifter wie Nawalny sah. Besser, ihn elend leiden zu lassen, als sich Übergriffen im Web auszusetzen. Genau so, dachte ich nach der Bekanntgabe der Nobelpreisträger, hätten die Waschlappen aus der Führungsetage der BBC gehandelt. Es war die denkbar größte Beleidigung für den Mann.

Der Fairness Muratow gegenüber sei hier erwähnt, dass er auf einer Pressekonferenz in Moskau sagte, dass Nawalny hätte gewinnen sollen: »Hätte ich über den Friedensnobelpreis zu entscheiden gehabt, ich hätte für die Person gestimmt, auf die die Buchmacher gesetzt hatten. Und ich meine damit Alexej Nawalny.« Aber der Schaden war angerichtet. Putin, so nehme ich an, wusste das moralische Versagen von Amnesty und dem Nobelpreiskomitee zu schätzen - es machte ihm die Entscheidung, Nawalny liquidieren zu lassen, umso leichter.

Was er zu gegebener Zeit denn auch tat.

Am 24. Februar 2022 fuhr Russland schweres Geschütz zur Eroberung der Ukraine auf, und das Schicksal des anderen Zaren verschwand aus den Schlagzeilen.

Am selben Tag, als er sich wegen weiterer aus den Fingern gesogener Vorwürfe angeklagt sah, nämlich Gelder seiner eigenen Anti-Korruptionsstiftung veruntreut und die Würde einer Richterin beleidigt zu haben, gelang es Nawalny, seine Ansichten über den großen Krieg in die Prozessunterlagen einzubringen: »Ich bin gegen den Krieg«, sagte er und bezeichnete Putin und seine kriegslüsternen Anhänger als »Gangster und Diebe ... Der Krieg zwischen Russland und der Ukraine soll den Diebstahl am russischen Volk vertuschen und seine Aufmerksamkeit von den wirklichen Problemen im Land ablenken.« Er werde »zu einer ungeheuren Zahl von Opfern führen, die Zukunft vieler Menschen zunichtemachen und zur weiteren Verarmung des russischen Volkes führen«.

Kritiker Nawalnys in der Ukraine befanden seine Reaktion auf den großen Krieg für gut, ach was, ausgezeichnet, aber inmitten des ukrainischen Überlebenskampfs blieb die Berichterstattung darüber weit hinter der über seine alte Bemerkung zurück, laut der die Krim doch kein »Wurstbrot« sei, das man hin und her reichen könne. Wann immer er im Unrecht war, stand er im Rampenlicht, wann immer er recht hatte, blieb er in den Kulissen, in Dunkel gehüllt, die Aufmerksamkeit des Publikums entsetzt auf das gerichtet, was auf der Bühne geschah.

Unaufhörlich erhöhte der Kreml den Druck. Im Fall der Veruntreuungsklage drohten Nawalny weitere zehn bis fünfzehn Jahre Gefängnis. Man warf ihm vor, 4,7 Millionen Dollar veruntreut und obendrein eine Richterin beleidigt zu haben. Nur dass die Beweise gegen ihn - wie soll ich das diplomatisch ausdrücken? - ein Haufen Schwachsinn waren. Einer der Hauptbelastungszeugen war Fjodor Goroschanko, ein jüngeres Mitglied im Team Nawalny, der die Aussage gegen seinen Boss im entscheidenden Moment mit der Begründung verweigerte, die Staatsanwaltschaft habe ihn »unter Druck gesetzt«, damit er sage, was sie hören wollte. Seiner Ansicht nach habe Nawalny sich an das Gesetz gehalten, die gegen ihn erhobenen Anschuldigungen seien absurd: »Auch wenn ich Zeuge der Anklage bin, ich trete hier als Zeuge der Verteidigung auf. Meiner Ansicht nach handelte Nawalny in Übereinstimmung mit geltendem Recht.«

Vor dem Prozess hatte Goroschanko, eine Liste mit Anhängern Nawalnys weitergegeben, die sich auf seiner Website registriert hatten. Durch den dummen Streit mit dem Team war er ins Visier der Staatsanwaltschaft geraten. Nur hatte Goroschanko, unter erheblicher Gefahr für sich selbst, seinen moralischen Kompass entdeckt, bevor es zu spät war. Aber das Komplott stand; an Nawalnys Schuldspruch gab es nie einen Zweifel. Frappierend ist, dass seine charismatische Persönlichkeit selbst zu diesem späten Zeitpunkt noch einen Belastungszeugen umzustimmen vermochte.

Im März 2022, während des Höhepunkts der Schlacht um Kiew, verurteilte man Nawalny wegen Veruntreuung und Missachtung des Gerichts zu neun Jahren Haft. Amnesty International bezeichnete das Verfahren als »Farce«. Eine erneute Anklage im Mai warf Nawalny »Extremismus« vor; damit drohten ihm weitere fünfzehn Jahre. Im folgenden Monat verlegte man ihn vom IK-2 ins IK-6, ein weiteres strenges Straflager in der Oblast Wladimir, etwa 100 Meilen weiter östlich von Moskau in der Nähe von Melechowo.

Warum die Verlegung? Das Merkwürdige an Gefängnissen ist, dass mit den Häftlingen auch die Wärter eingesperrt sind, Stunde für Stunde, Tag für Tag. Größtenteils haben diese was gegen die Häftlinge, lernen jedoch andere im Lauf der Zeit zu bewundern, wenn nicht gar zu lieben. So etwa erging es William Joyce alias Lord Haw-Haw während der letzten Wochen vor seiner Hinrichtung 1946 in Wandsworth; so erging es Nelson Mandela auf Robben Island und Saddam Hussein in amerikanischer Gefangenschaft im Irak. Wenn Nawalnys Charisma auf einen alten Kämpen wie mich oder eine kesse Star-Journalistin wie Clarissa Ward wirken kann, wieso nicht auch auf die Gefängniswärter im IK-2? Der ganze Überwachungsapparat des Kreml, die Kameras, die Bandmaschinen, die in der Dunkelheit mitliefen, konnten nichts daran ändern, dass der Mensch Nawalny witzig, heiter und mutig war. Natürlich habe ich keinen Beweis dafür, aber meiner Vermutung nach verlegte man ihn, weil man dahintergekommen war, dass seine Gefängniswärter ihm zugetan waren. Eines Tages kommt vielleicht die Wahrheit ans Licht.

Das IK-6 ist eine trostlose Anlage. Nawalny beschrieb den Hundezwinger von einer Isolationszelle, in der er die meiste Zeit verbrachte, als klein, kalt, stickig, kaum belüftet, mit einer Pfütze auf dem Boden: »Die eiserne Pritsche ist an die Wand gebolzt. Der Griff, mit dem sie herunterzulassen ist, befindet sich draußen. Um fünf Uhr morgens nehmen sie dir Matratze und Kopfkissen weg und klappen die Pritsche hoch. Um 21 Uhr lassen sie die Pritsche wieder herunter und geben dir die Matratze zurück. Eisentisch, Eisenbank, Waschbecken, Loch im Boden. An der Decke zwei Kameras.«

Vier Jahre zuvor hatte die *Nowaja Gaseta* einen langen Artikel über das grausame Schicksal Gor Howakimjans, 33, gebracht. Er war, allen Unschuldsbeteuerungen zum Trotz, wegen »Drogenhandels« zu acht Jahren Haft verurteilt worden; noch im Gefängnis legte er immer wieder Beschwerde gegen das Urteil ein. Die Leitung des IK-6 hatte ihn dafür auf dem Kieker. Seine Schwester Anja Simonjan schrieb in einem Brief, dass er normalerweise einmal im Monat von einem Münztelefon im Gefängnis aus seine Mutter anrief, irgendwann aber ungewöhnlich still blieb: »Wir hatten lange Zeit keine Nachricht von ihm. Wir machten uns große Sorgen. Meine Mutter hatte eine Vorahnung und geriet in Panik. Am Abend des 11. Juli riefen wir im Gefängnis an, und man sagte uns, dass er am Leben sei und wohlauf. Man sagte uns: ›Was kann ihm schon passieren?‹ Aber meine Mutter machte sich große Sorgen, und am nächsten Morgen gingen sie und mein Bruder zum Gefängnis und baten, ihn sehen zu dürfen. Und da erfuhren sie, dass er am 6. Juli, also sechs Tage zuvor, gestorben war. Die Kolonie hatte uns, seine Familie, nicht über seinen Tod informiert. Der Tag, an dem wir im Gefängnis ankamen, erwies sich als der letzte Tag, an dem die Leiche abzuholen war. Sie wollten den Tod meines Bruders vertuschen. Nach sieben Tagen können sie den Leichnam als nicht beansprucht erklären und ihn einfach verscharren. So hatten sie das geplant. Wären wir einen Tag später gekommen, hätten sie uns gesagt: ›Tut mir leid, Ihr Sohn ist tot und begraben.‹«

Wie die Gefängnisleitung erklärte, sei ein Staatsanwalt bei der Leichenschau zugegen gewesen; ein Verbrechen sei auszuschließen.

Die Leiche war schon in Wladimir, in der städtischen Leichenhalle. Die Familie hat ein Video von der Leiche gemacht: »In der Achselhöhle befinden sich Einstiche von einem Elektroschocker, Finger und Zehen sind gebrochen, die Genitalien sind übel zugerichtet, er hat einen riesigen Bluterguss am Oberschenkel, eine riesige schwarze Narbe am Rücken, das ganze Gesäß ist mit Einstichwunden von dem Elektroschocker übersät ... Nur das Gesicht ist unversehrt. Im Leichenschauhaus haben wir nach dem Obduktionsbericht gefragt, aber den hat man uns nicht gegeben. Es hieß allerdings, der Staatsanwalt und der Pathologe hätten ihn unterschrieben. Die Todesursache war eine doppelseitige Lungenentzündung.« Aber Anjas Bruder war ein gesunder junger Mann gewesen.

Die Familie hat ein Gespräch mit dem Pathologen auf Video aufgezeichnet.

Georg Howakimjan, Bruder: »Er starb an einer Lungenentzündung?«

Pathologe: »Er starb an einer Lungenentzündung.«

Georg Howakimjan: »Und diese Wunden, die blauen Flecken, die Narben?«

Pathologe: »Nun, das weiß ich nicht, aber er starb an einer doppelseitigen Lungenentzündung.«

Georg Howakimjan: »Ach was. Diese Wunden sind doch nicht von selbst entstanden. Sehen Sie sich das an.«

Laut Georg Howakimjan habe sein Bruder ihm vor seinem Tod erzählt, die Behörden hätten ihn ins Visier genommen, weil er sich nicht anpassen wollte: »Mein Bruder war vier Jahre in dem Gefängnis, von einer achtjährigen Strafe. Uns hätte alle vier Monate ein langer Besuch und auch kürzere Besuche zugestanden, aber in vier Jahren erlaubte man uns nur einen einzigen Besuch. Auf die Frage, warum sie ihm nicht mehr Besuche gestatteten, sagte er: ›Die gestatten sie nur denjenigen, die für die

Verwaltung arbeiten und mithelfen. Aber ich kooperiere nicht mit ihnen, also schlagen sie mich und lassen keinen zu mir.‹ Ständig steckten sie ihn ins Loch, in die Isolierzelle. Sie verprügelten ihn und steckten ihn ins Loch.«

Einmal erzählte Gor seinem Bruder, man hätte ihn mit einer Koppelschnalle auf die Genitalien geschlagen. Seine Leiche »wies Verletzungen an den Genitalien auf. Der Pathologe hatte was von ›Rötungen und trockener, ausgedörrter Haut an den Genitalien‹ geschrieben. Kein Wort darüber, dass die Genitalien völlig verquollen waren. Gor sagte mir mal, sie hätten ihm einen leeren Blecheimer übergestülpt und von unten einen Lautsprecher in den Eimer geschoben und Musik gespielt, laut und ohrenbetäubend. Außerdem hatten sie ihm CS-Gas in den Eimer gesprüht, sodass er keine Luft mehr bekam. Sie haben ihm auch die Hände auf dem Rücken gefesselt und ihn dann zehn, zwölf Stunden lang aufgehängt, wie auf einer Streckbank. Warum haben sie ihm das alles angetan? Weil er sich weigerte, mit der Verwaltung zusammenzuarbeiten, um jemandem was anzuhängen.«

Offiziell waren Gors Verletzungen auf eine Schlägerei mit einem Mithäftling zurückzuführen, und das, obwohl sein Gesicht völlig unversehrt war. Man habe ihn in die Disziplinarzelle gesteckt, wo er nasse Füße bekommen habe, worauf er an einer Lungenentzündung gestorben sei. Man drohte der Familie, falls sie es wagte, ihre Kampagne fortzusetzen.

Das also war das IK-6, Nawalnys neues Zuhause.

Team Nawalny veröffentlichte damals ein Foto von ihm, das ihn bei einer gerichtlichen Anhörung per Videoschalte zeigt. Zweierlei fällt hier besonders auf: Zum einen ist die Aufnahme aus dem Gefängnis grün: grünes Licht, grüner Schatten, grünes Gesicht. Und zum anderen ist jegliches Fett aus seinem Gesicht verschwunden, er wirkt gefährlich hager, die Haut um seine Wangenknochen ist straff, sein Hals und der Kragen seiner

Gefängnismontur berühren sich nicht. Sie ließen ihn hungern, keine Frage.

Dennoch stieß er auf seinem Twitter-Feed dem Kreml-Krokodil immer wieder einen Stock ins Auge. Am 7. September 2022 twitterte sein Team über seinen Account einige Notizen Nawalnys, die seine Anwälte aus dem IK-6 geschmuggelt hatten:

1/7 Whoa, ich habe eben den Jackpot geknackt. Kaum war ich aus der Absonderung [Disziplinarzelle] raus, steckten sie mich für weitere fünfzehn Tage wieder rein und stuften mich als »hartnäckigen Wiederholungstäter« ein.

2/7 Das bedeutet, dass sie mich jetzt unter STRENGEN Bedingungen in einer Strafkolonie mit STRENGEM Regime unterbringen wollen. Ich frage mich, ob diese Bedingungen eher denen von Hannibal Lecter oder denen von Magneto aus X-Men ähneln werden …

Illustriert war dieser Tweet mit Fotos des erwähnten Kannibalen und des Gestaltwandlers.

3/7 Kurz gesagt, die Reaktion des Kreml darauf, dass ich mich nicht »beruhige« und weiter Sanktionen gegen Putins Elite (die Liste der 6000) fordere und einmal mehr das ihnen so verhasste »Smart Voting« ankündige, war vorhersehbar. Team Nawalny hatte die Bevölkerung dazu aufgerufen, eine andere Partei als Einiges Russland zu wählen.

4/7 Ich hoffe, unser Zar hat geschrien: »Lasst ihn verrotten, lasst ihn verrotten!« und seine Höflinge dabei mit Sachen beworfen.

5/7 Übrigens, man muss die Kleinlichkeit dieser Gauner bewundern. Meine Frau und meine Eltern haben vier Monate lang auf einen Besuch bei mir gewartet, und jetzt ist es so weit, und sie verlegen mich unter strengeren Bedingungen, wo Besuche nur alle sechs Monate erlaubt sind. Pech für mich.

6/7 Also, ich glaube, mein Raumschiff wurde von irgendwelchen fiesen Monstern angegriffen. Es wurde beschädigt, und um zu überleben, muss ich in eine winzige Überlebenskapsel umziehen, wo es weniger Essen und mehr Kälte, aber auch mehr Zeit zum Nachdenken gibt. Vielleicht fällt mir ja was Interessantes ein 😉

7/7 Übrigens, mir ist Folgendes eingefallen. Wie's scheint sind bisher nur zwei der politischen Gefangenen in Putins Russland als »hartnäckige Wiederholungstäter« anerkannt worden. Der zweite bin ich. Und der erste war mein Bruder Oleg. Was sind wir doch für eine Familie.

Tags darauf sah er sich zu noch mehr Zeit im Loch verknackt, weil man ihn für einen gar so schlechten Gefangenen hielt.

Rückblickend sind seine Energie, sein Unternehmungsgeist, sein Maß an Aktivität bewundernswert, bedenkt man die Situation, in der er sich befand. In dem Sommer gründete Nawalny die Anti-Korruptionsstiftung International bewusst als nicht russische Einrichtung, um den »Extremismus«-Stempel zu vermeiden, den der russische Staat ihrer ersten Version aufgedrückt hatte. Zu seinen internationalen Beratern gehörten seine Frau Julija Nawalnaja, der ehemalige belgische Premier Guy Verhofstadt, die Historikerin Anne Applebaum sowie der Futurologe und Schriftsteller Francis Fukuyama. Startkapital der neuen Stiftung sollten die 50 000 Dollar sein, die er für den Sacharow-Preis erhalten hatte.

Die Liste der 6000 war ein noch kräftigerer Stich ins Auge des Krokodils. Team Nawalny nannte die Namen von »6000 Schmiergeldempfängern und Kriegstreibern«, die seiner Ansicht nach den illegalen Einmarsch des russischen Präsidenten Wladimir Putin in die Ukraine ermöglicht haben. Wolkow postete auf Twitter, die Liste der 6000 entlarve all jene, »die den Krieg begonnen … die Putin zur Macht verholfen … die den Krieg finanziert … die gestohlen haben« sowie all jene, die politische Abweichler unterdrückten.

Ferner unterteilt die Liste Putins nützliche Idioten in Russland in Gruppen wie »Kriegstreiber«, »Propagandisten«, »korrupte Beamte« und »Organisatoren politischer Unterdrückung«. Ziel der Liste sei es, so fügte Wolkow hinzu, Putin »toxisch«, mit anderen Worten: zum Unberührbaren zu machen.

Wie Nawalnys Anhänger erkannt hatten, reichte es nicht aus, sich nur auf eine Handvoll bekannter Oligarchen einzuschießen. Für eine echte Kampfansage an die Korruption und den Krieg, so erklärte Wolkow, sei »es wichtig, viele Kriminelle der mittleren Ebene aufzulisten, die stolz auf ihre Fähigkeit sind, unter dem Radar zu operieren. Sie dachten, ihre Rolle bei der Umwandlung des Putinismus in eine faschistische Diktatur würde unbemerkt bleiben. Nun, sie haben sich geirrt.«

Sollten die Leute auf der Liste der Meinung sein, ihnen würde Unrecht getan, bräuchten sie nur dem Satan, pardon, Putin, abzuschwören. Nawalny meldete sich aus seinem Hundezwinger zu Wort: »Mein Weltraumflug dauert etwas länger als erwartet. Das Schiff ist in einer Zeitschleife gefangen.«

Im November 2022 teilte Nawalny der Welt mit, er sitze wegen wiederholter Regelverstöße nun auf Dauer in Einzelhaft. Seine Regelverstöße? »Den Kragen nicht zuzuknöpfen«, »den Gefängnishof nicht richtig zu putzen« und »einen Wärter nicht korrekt anzusprechen« - eine unglaublich harte Bestrafung für unbedeutende Verfehlungen.

Die Hungerdiät, die Beschneidung von Privilegien und die Schäbigkeit seines gemauerten Hundezwingers nahmen kein Ende. Im Januar 2023 kam heraus, dass Nawalny in der Einzelhaft schwer an Grippe erkrankt war und seine Anwälte ihn noch nicht einmal mit den einfachsten Medikamenten versorgen durften. Mehr als 400 Ärzte unterzeichneten einen offenen Brief an Putin, in dem sie den Präsidenten aufforderten, »die Misshandlung« des russischen Oppositionsführers einzustellen. Einige Wochen später wurde Nawalny in eine isolierte Strafzelle verlegt - die Grausamkeit seiner Haftbedingungen nahm von Tag zu Tag zu.

Anfang August 2023 sah sich Nawalny unter Ausschluss der Öffentlichkeit vor Gericht gestellt, für schuldig befunden und zu weiteren neunzehn Jahren Haft in einer »Sonderkolonie« verurteilt, unter anderem wegen öffentlicher Anstiftung zu extremistischen Umtrieben, Finanzierung extremistischer Umtriebe und »Rehabilitierung der Nazi-Ideologie«. Typisch Nawalny, postete er, mit einer »stalinistischen« Strafe gerechnet zu haben und dass er keineswegs bestürzt sei, erst im Dezember 2038 wieder freizukommen.

Doch während all dieser Zeit erregte kaum etwas von dem, was Nawalny da passierte, die Aufmerksamkeit, die es noch vor einigen Jahren erregt hätte. Der Krieg in der Ukraine beherrschte die Schlagzeilen. Und in diesem Sommer gab es, zumindest für das russische Publikum, eine noch größere Story. Die Gruppe Wagner kämpfte erbittert um die »Befreiung« Bachmuts im ukrainischen Osten, ihre Soldaten größtenteils Kanonenfutter aus russischen Gefängnissen, von Prigoschin selbst herausgeholt. Kämpfe sechs Monate an der Front, so versprach man Russlands Mördern, Vergewaltigern und Dieben, und du bist ein freier Mann. Die Häftlings-Soldaten sahen sich größtenteils zu Hackfleisch verarbeitet und nur in die Schlacht geworfen, um die Munitionsvorräte der Ukrainer aufzuzehren; erst wenn die Zeit reif war, rückten altgediente Leute der Gruppe Wagner, ihren Vorteil ausnutzend, nach. Je länger der Krieg anhielt, desto wütender machten Prigoschin die Inkompetenz und Korruption im russischen Verteidigungsministerium, das seinen Leuten nicht die Munition gab, die sie so dringend benötigten. Er begann Verteidigungsminister Sergej Schoigu und den Chef des russischen Generalstabs Waleri Gerassimow öffentlich anzugreifen, und das in den für ihn typischen markig-bodenständigen Vulgarismen. Im Gegensatz zu Putins anderen Kreaturen sprach Prigoschin damit dem Volk aus dem Herzen und wurde so zu einer Art Kultfigur, die sich in ihrer Tarnuniform an die Nationalisten ebenso wandte wie an die Kriegspartei. Im Gegensatz zu Schoigu und Gerassimow und, man sollte es nicht einmal flüstern, Putin selbst, war Prigoschin schließlich an der Front und riskierte dort Kopf und Kragen.

Was Schoigu anbelangte, so hatte Prigoschin eine ganz besondere Art, über ihn herzuziehen. So schrieb er im Februar 2023: »Ich reib dir ja nicht unter die Nase, dass du morgens, mittags und abends von goldenen Tellern isst und deine Töchter und Enkeltöchter mit ihren Hunden in den Urlaub nach Dubai schickst. Du schämst dich ja für nichts. Aber in einer Zeit, in der russische Soldaten an der Front sterben, fordere ich nur: ›Gib mir Munition!‹«

Im Mai 2023 wurde er richtig grob: »Schoigus Schwiegersohn wackelt mit dem Hintern durch die Gegend und seine Tochter eröffnet die Kronstadt-Festungen. Hast du mit den alten Festungen einen Reibach gemacht? Du gibst Geld für Festungen aus? Gib es verdammt noch mal für Munition aus!« Prigoschin beschwerte sich, dass »die Kinder der Eliten sich mit Cremes einschmieren und dies und das auf Instagram, YouTube etc. zeigen, während die Kinder der einfachen Leute zerfetzt in Zinksärgen nach Hause kommen«.

Und noch gröber wurde er, als er ein Video von sich neben einem Haufen toter Wagner-Soldaten postete: »Jetzt hört mir mal zu, ihr Köter, das sind Väter und Söhne von jemandem. Und dieser Abschaum, der die Munition nicht rausrückt, ihr Köter, wird in der Hölle seine Eingeweide fressen. Uns fehlen 70 Prozent Munition. Schoigu, Gerassimow, wo zum Teufel bleibt die Munition? Schaut sie euch an, ihr Köter.«

Der 9. Mai ist der heiligste Tag im putinistischen Kalender Russlands; er erinnert an den Sieg der Sowjets über Nazi-Deutschland 1945. In einem Video lästerte Prigoschin über das russische Oberkommando und fügte hinzu: »Der glückliche Opa, er hält sich für glücklich. Aber was soll das Land machen, wenn sich plötzlich herausstellt, dass Opa ein totales Arschloch ist?« Dem Kreml, so hieß es, schmeckte das mit dem »Opa« ganz und gar nicht. *Meduza*, eine Website der Opposition, sinnierte: »Natürlich kann er dann sagen, dass es um Schoigu oder irgendeinen abstrakten Zivilisten geht, aber die Leute ziehen verständliche Schlüsse.« Und jeder wusste, dass der »Opa in seinem Bunker« ein Code für Wladimir Putin war.

Prigoschin ließ auch dann nicht locker, als Bachmut fiel, sondern zog weiter vom Leder. Sein Kultstatus nahm zu, und das bedeutete Ärger, nicht nur für Schoigu und Gerassimow, sondern auch für ihren Herrn und Meister. Außer sich darüber, dass seine Forderungen nicht erfüllt wurden, kehrte er Ende Juni mit seiner siegreichen Armee der Ukraine den Rücken und überschritt den Rubikon in den Süden Russlands. Rostow am Don, die größte Stadt der Region, ergab sich den Meuterern ohne Murren. Seine Soldaten marschierten gen Norden und holten russische Armeehubschrauber vom Himmel, als die Meuterei plötzlich, 100 Meilen südlich von Moskau, zum Erliegen kam. Zum jetzigen Zeitpunkt gibt es immer noch keine gute Erklärung dafür, warum Prigoschin, der einen so guten Lauf hatte, aufgeben würde. Verrat zu begehen und dann auf halbem Wege abzubrechen, macht sich nicht gut in der Police der Lebensversicherung. Putin scheint durch den Fall von Rostow und den Marsch auf Moskau wirklich verängstigt gewesen zu sein. Er wurde still und verschwand aus dem Blickfeld. Es ist möglich, dass er einen »Stalin-Moment« erlebte, wie damals im Juni 1941, als der sowjetische Diktator vom Einmarsch der Nazis überrascht wurde und seine Hinrichtung fürchtete. Warum also brach Prigoschin plötzlich ab?

Meine Arbeitshypothese ist, dass die Geheimpolizei Prigoschins Familie erwischt hatte. Wären zum Beispiel seine Enkelkinder entführt worden, hätte ihn das durchaus dazu bringen können, die Meuterei abzubrechen. Im Gegenzug, so hieß es, würde man Prigoschin und seinen Leutnants ihrer früheren Heldentaten wegen Immunität gewähren. Aber würde Putin sein Wort halten?

Am 23. August waren Prigoschin und seine Vertrauten in einem Privatjet von Moskau nach St. Petersburg unterwegs, als die Maschine plötzlich zu einem Feuerball wurde und auf die Erde stürzte.

Putins PR-Mann, Dmitri Peskow, war zur Stelle wie ein geölter Blitz: »Es ist offensichtlich, dass man augenblicklich verschiedene Versionen in Betracht zieht, einschließlich der, Sie wissen, wovon die Rede ist, sagen wir mal, der einer absichtlichen Gräueltat.« Dann bestritt er, dass der Kreml etwas damit zu tun hatte. Er nannte das »eine absolute Lüge«. Das ist seine übliche Masche: ironisch die Möglichkeit ansprechen, die Morde könnten etwas mit seinem Chef zu tun haben, das dann bestreiten und beide Versionen davontreiben lassen wie Steppenhexen im Wind.

Auf einem mit den Resten der Gruppe Wagner verlinkten Telegram-Kanal wurde behauptet, russische Flugabwehrraketen hätten die Privatmaschine über der Oblast Twer abgeschossen, doch sie war am helllichten Tag abgestürzt, und von Raketenspuren war auf keinem der einschlägigen Fotos auch nur das Geringste zu sehen. Amerikanische und andere westliche Geheimdienste tippten auf eine Bombe im Flugzeug, eine Theorie, die einige Monate später, im Dezember 2023, untermauert wurde, als das *Wall Street Journal* Quellen in westlichen wie in russischen Geheimdiensten zitierte, denen zufolge bei den Sicherheitskontrollen vor dem Abflug eine Bombe unter der Tragfläche versteckt worden sei. In dem Artikel hieß es, Putins rechte Hand, Nikolai Patruschew, habe den Anschlag auf Putins Geheiß inszeniert.

In seinem Hundezwinger machte Nawalny sich seine Gedanken über den Tod des Mannes, der ihn in den Bankrott zu treiben versuchte, als er im Koma lag: »Angesichts des Terroranschlags, den Putin da inszeniert hat, um seinen Soldaten Prigoschin zu töten, möchte ich ein paar Worte zu Anstand, List und Strategie sagen. Erst vor ein paar Tagen habe ich einer Person geschrieben und ihr das Geheimnis von Prigoschins Überleben erklärt. Wahrscheinlich ist es ganz einfach. Eine persönliche Absprache und das Wort des Typen darauf. Prigoschin versprach Putin, bis zum Ende für ihn und seinen Krieg zu kämpfen. Er würde sein zuverlässigster Befehlshaber sein, bereit, alles zu tun, um zu gewinnen. Putin wusste das angesichts des Mangels an Enthusiasmus im Verteidigungsministerium zu schätzen.«

Nawalny verwies auf Prigoschins Dienste für den Herrn des Kreml, insbesondere darauf, dass er Tausende von Häftlingen an die Front gebracht habe. Er stellte sich ein Gespräch zwischen den beiden Männern vor. Ich bin die Übersetzung wieder etwas freier angegangen, damit es etwas legerer klingt.

Prigoschin: »Ich werde alles für Sie tun, Wladimir Wladimirowitsch. Der Sieg wird unser sein, koste es, was es wolle. Aber bitte, lassen Sie mich nicht im Stich und werfen Sie mich nicht den Wölfen vor.«

Putin: »Schenja« - das ist die Kurzform von Jewgeni - »hier hast du meine Hand und mein Wort. Erledige die Aufgabe und ich werde immer für dich da sein. Die Unterstützung ist garantiert.«

Dann sticht Nawalny zu, bis zum Heft: »Wie dumm von mir, so was zu schreiben. Wie naiv anzunehmen, Putin wäre durch irgendeine Art von Anstand zu charakterisieren: den Anstand eines Offiziers oder eines Kumpels oder eines Gangsters. Es gibt nichts als Lügen ohne den geringsten Grund.

Lügen, stehlen, töten, weglaufen.

Und Gerissenheit. Hier darf über die gelacht werden, die an die überragenden Finessen der Geheimdienste glauben: Wenn sie töten wollen, dann wissen sie das so zu tun, dass es niemand merkt. Hier haben Sie es also, das ach so geniale Werk von Putins Killern. Sie schießen ein Passagierflugzeug ab, in Russland, d. h. sie verüben einen waschechten Terroranschlag, töten den Piloten, den Flugbegleiter und andere, die absolut nichts damit zu tun haben.

Strategie. Es gibt 50 000 bis 60 000 ehemalige Häftlinge und Veteranen in Wagner-Uniformen im Land. Darüber hinaus gibt es mehrere Hunderttausend weitere Anhänger dieser Sekte ... Womit ich sagen will, dass für einige der aggressivsten Befürworter des Krieges gegen die Ukraine die Geschichte dieses Krieges zum Heldenlied über Putins Verrat und die Ermordung seiner treuesten Offiziere geworden ist. Das sind die Zutaten für ein Gericht namens ›Bürgerkrieg‹. Sie schufen eine Bande. Sie bewaffneten die Bande. Dann lösten sie die Bande auf und töteten die Anführer.«

Nawalny schloss mit der Erkenntnis: »Im Zusammenhang mit dem Kreml ist oft die Metapher ›Spinnen im Glas‹ zu hören. Die Metapher ›Affe mit Handgranate‹ würde es wohl besser treffen.«

Kurzfristig hat sich Nawalnys Prophezeiung von einem Bürgerkrieg im Gefolge von Prigoschins Ermordung nicht bewahrheitet. Im Gegenteil: Wladimir Putin schien von Prigoschins gescheiterter Meuterei wie kein anderer zu profitieren. Was nur wenige im Westen damals so recht verstanden und viele bis heute nicht verstehen, ist die extreme Nervosität im Westflügel von Bidens Weißem Haus, Russland würde durch einen ukrainischen Sieg zu einem zweiten Irak. Der schlimmste Albtraum der Leute dort ist, dass ein Sieg der Ukraine zum Sturz Putins und dieser wiederum zum Zerfall Russlands führen könnte, wodurch zwei Drachen befreit würden, vor denen die Amerikaner eine Heidenangst haben. Der erste ist ein islamistisches Tschetschenien, das in den Besitz einer Atombombe gelangen und dann den Westen erpressen könnte, während Donald Trump noch Wahlkampf macht. Der zweite, noch furchterregendere Drache ist die Eroberung Sibiriens durch China, während Russland im Chaos versinkt. Das würde China über Nacht zum größten und rohstoffreichsten Land der Erde machen. Die grandiose Strategie der Vereinigten Staaten wäre so auf *Jim* reduziert, ein so bissig-düsteres wie komisches Gedicht von Hilaire Belloc:

Ein Junge, der Jim Tippet hieß,
der lebte wie im Paradies.
Gefüttert wurde er mit Torten
und Sahneeis der besten Sorten.

Jim jedoch geht in den Zoo, läuft seiner Nanny davon und wird von einem Löwen gefressen:

»Das kommt davon«, der Vater sprach,
»Denkt über diesen Unfall nach!
Entschließt Euch, Kinder, statt zu flennen,
der Nana niemals durchzubrennen,
damit euch nie ein Löwe frißt,
*der schlimmer als das Fräulein ist.«**

Anders gesagt: Das Problem damit, Ängstlichkeit zur Lebensstrategie zu machen, besteht darin, dass die anderen Beteiligten das wittern und aggressiv reagieren, was die Möglichkeit, dass

---

* zitiert nach: Hilaire Belloc, *Klein-Kinder-Bewahr-Anstalt. 15 erbauliche Geschichten zur Warnung vor den schlimmen Folgen jugendlichen Überschwangs*. Sanssouci Verlag, Zürich 1998. (übersetzt und nachgedichtet durch Hans Magnus Enzensberger)

genau das passiert, was man besonders fürchtet, umso wahrscheinlicher macht. Und in unserem Fall gibt es drei ganz spezifische neuralgische Punkte: Erstens wäre ein echter Sieg der Russen über die Ukraine schlimmer als die Möglichkeit eines künftigen Chaos in Russland; zweitens ist der Zerfall des von Peter dem Großen und Katharina gegründeten Russischen Reichs längst überfällig, und der Versuch, die zaristischen, sowjetischen und nun auch putinistischen Risse einfach zu übertünchen, von vorneherein zum Scheitern verurteilt; drittens, das Böse zu belohnen geht nie gut aus.

Foggy Bottom hat rein gar nichts gelernt aus seinem Fehler von 1991, als es sich sämtliche Beine ausriss, um dem Weißen Haus einzureden, der Fortbestand der Sowjetunion sei mit allen Mitteln zu unterstützen, obwohl diese bereits am Implodieren war. Und doch hat Prigoschins Meuterei im Jahr 2023 das Weiße Haus in Angst und Schrecken versetzt. Nachdem sich der Staub gelegt hatte, tat man sich leichter, die reale - im Gegensatz zur offiziell erklärten - Ukraine-Politik des Weißen Hauses zu erahnen: Die Vereinigten Staaten würden die Ukraine gerade so weit unterstützen, dass sie überlebt, die russische Armee in der Ukraine jedoch nicht besiegt. Das Problem ist nur, dass Biden, da Donald Trump den deutlichen Eindruck erweckt, ein »nützlicher Idiot« Putins zu sein, keinen Druck von rechts bekommt, es besser zu machen.

Ende April 2024, zum Zeitpunkt meiner Arbeit an diesem Kapitel, heißt es, dass Putins zweiter domestizierter Psychopath, Ramsan Kadyrow, der tschetschenische Quisling, an einem Pankreaskarzinom erkrankt ist und es nicht mehr lange machen wird. Wenn Kadyrow stirbt, ist es gut möglich, dass es in Tschetschenien erneut zum Bürgerkrieg kommt und Putin sich gezwungen sieht, Truppen aus dem Ukraine-Krieg abzuziehen, um einer islamistischen Rebellion in Russlands unruhigem Süden Herr zu werden. Einen Vorgeschmack darauf, wie unangenehm das werden könnte, bekamen wir im Oktober 2023, als ein antisemitischer Mob den Flughafen von Machatschkala in der mehrheitlich muslimischen Republik Dagestan stürmte, nachdem man erfahren hatte, dass eine israelische Maschine gelandet war. Einer aus dem blutrünstigen Mob steckte auf der Jagd nach Juden sogar den Kopf in das Triebwerk eines Passagierjets. Schade nur, dass das Triebwerk nicht lief.

Die Wahrscheinlichkeit eines Bürgerkriegs ist hoch, denn nach der Explosion von Prigoschins Maschine weiß auch der Letzte: Wladimir Putins Wort und damit auch jede darauf gestützte Abmachung, jedes Versprechen von ihm ist nichts wert. Auf lange Sicht treffen Nawalnys Prophezeiungen aus dem Hundezwinger hinsichtlich eines Bürgerkriegs und eines katastrophalen Scheiterns des russischen Staats mit großer Wahrscheinlichkeit ein.

Kapitel siebzehn

»Sie werden mich auf jeden Fall töten«

Nachdem Nawalny nach Russland zurückgekehrt war, verbrachte Olga Michailowa- die Anwältin, die am längsten für ihn tätig war - viel Zeit damit, ihren schwierigen Mandanten in den Straflagern zu besuchen, und die Behörden taten alles, um den persönlichen Kontakt der beiden zu unterbinden: »Wir hatten große Angst um ihn. Als er nach der Rückkehr aus Berlin festgenommen wurde, versuchten wir, ihn jeden Tag zu sehen; das war sehr wichtig, denn wir befürchteten, dass er wieder vergiftet werden würde. In den Straflagern ließ man ihn hungern, es wurde ihm nicht erlaubt zu schlafen, und man steckte ihn in Strafzellen. In den drei Jahren veränderte er sich körperlich sehr. Aber wie sehr, begriff ich gar nicht vollständig, denn wenn wir ihn in den Straflagern besuchten, sprachen wir durch Plexiglas, das ziemlich verkratzt und an etlichen Stellen mit Milchglasfolie überzogen war. Darum war es ziemlich schwer, etwas zu sehen und irgendetwas zu hören. Wirklich persönlich sah ich ihn immer nur bei Gerichtsterminen, und als das erstmals im Sommer [2023] der Fall war, war ich entsetzt. Er war sehr dünn, seine Hautfarbe war grau, und neben ihm stand dieser rotwangige Gefängniswächter. Ich platzte heraus: ›Was habt ihr mit ihm gemacht? Warum sieht er so aus?‹«

Sperrt man einen Menschen drei Jahre lang weg vom Sonnenlicht, fehlt Vitamin D. Diese Mangelerscheinung schwächt das Immunsystem, und das macht anfälliger für Infektionen.

Erstmals waren sie hinter seinen Anwälten her, nahmen im

Oktober 2023 Vadim Kobzev, Alexej Lipster und Igor Sergunin fest. Bis dahin wahrte Putin brav den Anschein von Rechtsstaatlichkeit, darum hatte er Nawalnys Rechtsbeistand in Ruhe gelassen - aber nicht, natürlich nicht, aus Respekt vor der Sache. Die Verhaftungen waren ein Omen, und zwar kein gutes.

Nawalny schimpfte in einer Reihe von Tweets gegen den Kreml: »Die zitternden Knie von Putins bröckelndem System sind zu erkennen. Es versucht, ein Bild der Stärke und Stabilität zu vermitteln, aber es ist für alle, auch für das System selbst, offensichtlich, dass ihm ein solides Fundament fehlt - die notwendige Unterstützung des Volkes. Deshalb diese hysterischen Verhaftungen. Am Freitag erfuhr ich von Journalisten, die über den Prozess berichteten, dass bei meinen Anwälten eine Razzia stattgefunden hat. Dann, am Montag, informierten mich Journalisten im Gericht, dass mein Verteidiger Vadim Kobzev verhaftet worden war, ebenso wie zwei weitere Verteidiger, mit denen ich zuletzt vor über einem Jahr zusammengearbeitet habe - Alexej Lipster und Igor Sergunin.«

Die drei Rechtsanwälte wurden wegen Beteiligung an einer extremistischen Gruppierung angeklagt und eingesperrt. Die Maßnahme war ein Versuch, »Nawalny vollständig zu isolieren«, wie Iwan Schdanow, ehemaliger Leiter der inzwischen in Russland verbotenen Anti-Korruptionsstiftung auf Social Media erklärte. Darüber hinaus wurde angekündigt, dass Nawalny vom IK-6 in die brutalste Kategorie von Straflager innerhalb des gesamten russischen Gefängnissystems verlegt werden würde, eine »Sondersicherheits«-Strafkolonie. Seine PR-Sprecherin Kira Jarmysch erklärte das so: »Wenn er keinen Zugang zu Anwälten hat, wird er in völliger Isolation landen, in einer Form, die sich kein Mensch vorstellen kann. Briefe kommen schlecht durch und werden zensiert«, sagte sie. Nawalny war ohnehin nahezu die ganze Zeit in diesem Gefrierschrank, er durfte nicht telefonieren und außer von seinen Anwälten kaum besucht werden, fügte sie hinzu, »und das jetzt bedeutet, dass ihm auch das noch verwehrt wird«.

Nawalny sagte: »Wie in Sowjetzeiten werden nicht nur politische Aktivisten verfolgt und zu politischen Gefangenen, sondern auch ihre Anwälte.«

Anfang Dezember verschwand Nawalny, um in der IK-3, der sogenannten »Polarwolf-Kolonie« wiederaufzutauchen, dem grausamsten Gulag in Putins gesamten Archipel. Das Lager befindet sich nördlich des Polarkreises, in der Nähe des Rentier-Dorfs Charp auf der Halbinsel Jamal, circa 2000 Kilometer nordöstlich von Moskau. Das Nest Charp liegt ungefähr 30 Kilometer westlich des mächtigen Flusses Ob, etwa 160 Kilometer vor dessen Mündung in den Golf von Ob, der wiederum in die Karasee mündet, einen Teil des Arktischen Ozeans. Jamal bedeutet »Ende des Landes« und ist einer der trostlosesten Orte der Erde: eine karge Leere, die meiste Zeit des Jahres schneebedeckt und von einer halben Million Rentieren und sehr, sehr wenigen Menschen bewohnt. Aufgrund der globalen Erderwärmung schmilzt der Permafrost und setzt Methangasstürme frei, die 25 Meter hoch in die Luft schießen und kryovulkanische Erdlöcher schaffen oder »Pingo« genannte Erdhügel mit 50 Meter tiefen Furchen. 2016 legte die große Schmelze Massengräber aus der Sowjetära frei, in denen sich Leichen befanden von mit Milzbrand infizierten Zeks, umgangssprachlich für politische Gefangene, was zu einem Ausbruch der Krankheit unter den Rentieren und ihren Hirten führte. Komischerweise parken russische Oligarchen ihre Superjachten nicht in Jamal.

Nawalny beschrieb bei seiner Ankunft im Dezember 2023 die Atmosphäre seines neuen Zuhauses in der für ihn typischen prägnanten, sarkastischen Art: »Ich bin euer neues Väterchen Frost. Tja, jetzt habe ich einen Schaffellmantel, eine Uschanka-

Kappe«, eine Fellmütze mit Ohrenklappen, »und bald werde ich Valenki bekommen«, traditionelle russische Filzstiefel.

»Bis jetzt war es nicht kälter als minus 32 Grad«, postete Nawalny im Januar 2024. »Nichts belebt einen so sehr wie ein Spaziergang in Jamal um 6:30 Uhr am Morgen. Selbst bei dieser Temperatur kann man nur dann länger als eine halbe Stunde laufen, wenn man imstande ist, sich eine neue Nase, neue Ohren und neue Finger wachsen zu lassen.«

Nawalny spielte auf eine Szene von *The Revenant - der Rückkehrer* an, ein Film aus dem Jahr 2015, in dem Leonardo DiCaprio von einer Grizzlybärin schwer verletzt wird und sich im Inneren eines Pferdekadavers vor der extremen Kälte in Dakota schützt.

»Ich glaube nicht, dass das hier funktionieren würde. Ein totes Pferd wäre hier innerhalb von 15 Minuten steifgefroren«, sagte Nawalny. »Wir brauchen hier einen Elefanten, einen heißen Elefanten, einen gebackenen.«

Es ist immer noch rätselhaft, wie Nawalny es schaffte, diese Posts in der ganzen Welt zu verbreiten, wenn man bedenkt, dass er hinter Eisengittern und brutalen Stacheldrahtrollen in Russlands sicherstem Gefängnis am äußersten nördlichen Rand der bekannten Welt eingelocht war und drei seiner Anwälte ebenfalls eingesperrt waren. Aber es ist ihm gelungen. Als Putin Nawalny nach Jamal schickte, ging es vor allem darum, seinen Spirit zu brechen, doch schon einen Monat nach seiner Ankunft riss Nawalny Witze darüber, sich bei minus 32 Grad im Inneren eines heißen, gebratenen Elefantenkadavers warm zu halten. Und wieder einmal denkt man sich, wie sehr Putin ihn gehasst haben muss.

Nawalnys letzte Mitteilung an die Außenwelt war eine Nachricht an Julija zum Valentinstag: »Ich spüre, dass du in jeder Sekunde bei mir bist.«

Am nächsten Tag scherzte er in einem Videolink mit der Richterin hinsichtlich der Überlegung, ihm noch mehr Zeit im Gefängnis aufzubrummen, zur offenen Belustigung seiner Gefängniswärter in der Polarwolf-Kolonie, die neben ihm standen.

Einen Tag später war er tot.

An jenem schrecklichen Tag nahm Julija an der Münchner Sicherheitskonferenz teil. Sie war noch immer geschockt von den Meldungen über den Tod ihres Mannes und wusste nicht sicher, ob sie sich bestätigen würden, als sie auf die Bühne ging und zwei Minuten lang auf Russisch zu den Präsidenten, Premierministern und Generälen sprach. Es war klar, dass sie gegen die Tränen ankämpfte, was ihre Rede noch herzzerreißender machte.

»Ich weiß nicht, ob ich den Nachrichten glauben soll oder nicht, den schrecklichen Nachrichten, die wir in Russland nur aus Regierungsquellen erfahren. Wir können Putin und Putins Regierung nicht glauben. Sie lügen immer. Doch wenn die Nachricht wahr ist, möchte ich, dass Putin und sein gesamtes Gefolge, Putins Freunde und seine Regierung wissen, dass sie für das, was sie unserem Land, meiner Familie und meinem Mann angetan haben, zur Verantwortung gezogen werden. Und dieser Tag wird sehr bald kommen. Ich möchte die gesamte Weltgemeinschaft, jeden und jede in diesem Raum und die Menschen auf der ganzen Welt dazu aufrufen, zusammenzukommen, um dieses Übel zu besiegen, dieses schreckliche Regime zu besiegen, das jetzt in Russland herrscht.«

Im Publikum, das Julija Nawalnaja mit Standing Ovations ehrte, saßen unter anderen die US-Vizepräsidentin Kamala Harris, US-Außenminister Antony J. Blinken und die ehemalige Sprecherin des Repräsentantenhauses Nancy Pelosi. Später postete Julija eine Videoansprache, in der sie schwor, dass Alexejs Krieg gegen den Blutzaren noch nicht vorbei sei: »Ich hätte nicht an diesem Ort sein sollen, hätte dieses Video nicht aufnehmen sollen. Eine andere Person hätte an meiner Stelle sein sollen. Doch diese Person wurde von Wladimir Putin ermordet.«

Julija spielte auf die Ermittlungen des Teams Nawalny zu seinem Tod an, die, so viel ist sicher, in diesem Augenblick gerade im Gange sind. Sie sagte, dass Putin mit dem Mord an Alexej »eine Hälfte von mir ermordet [...], die Hälfte meines Herzens und meiner Seele. Aber ich habe noch die andere Hälfte, und die sagt mir, dass ich kein Recht habe aufzugeben. In all den Jahren war ich an Alexejs Seite. Aber heute will ich an Ihrer Seite sein, weil ich weiß, dass Ihr Verlust ebenso groß ist wie meiner. Putin hat den Vater meiner Kinder ermordet. Putin hat mir das Kostbarste genommen, das ich besaß, die Person, die mir am nächsten war und die ich mehr als alles andere auf dieser Welt geliebt habe ... Ich werde die Arbeit von Alexej Nawalny fortsetzen ... Ich will in einem freien Russland leben, ich will ein freies Russland aufbauen. Ich rufe Sie auf, mir beizustehen, nicht nur meine Trauer und meinen endlosen Schmerz zu teilen ... Ich bitte Sie, teilen Sie meinen Zorn. Den Zorn, die Wut, den Hass auf diejenigen, die es wagen, unsere Zukunft zu töten.«

In Russland ist nichts Offizielles wahr, aber die Schläger, die als Putins Erfüllungsgehilfen agieren, sind häufig Schwachköpfe, die dumme Fehler machen - Moskau4, Moskau4 -, also ist auch die offizielle Darstellung von Nawalnys Tod eine Überprüfung wert.

Am 16. Februar 2024 um 14:19 Uhr Moskauer Zeit, 12:19 Uhr MEZ, gab die Gefängnisverwaltung des Autonomen Kreises Jamal-Nenzen bekannt: »In der Strafkolonie Nummer 3 fühlte sich am 16. Feb. 2024 der Strafgefangene Nawalny A. A. nach einem Spaziergang unwohl und verlor fast sofort das Bewusstsein. Das medizinische Personal der Einrichtung war sofort zur Stelle, ein Rettungsteam wurde gerufen. Alle notwendigen Wiederbelebungsmaßnahmen wurden durchgeführt, zeigten aber keine positiven Ergebnisse. Die Ärzte des Rettungsteams stellten den Tod des Gefangenen fest. Die Todesursachen werden ermittelt.«

Nawalnys 69-jährige Mutter Ljudmila lebt in der Moskauer Zeitzone, zwei Stunden hinter Jamal zurück. Die Behörden informierten sie über den Tod, sagte Nawalnys Sprecherin Kira Jarmysch. Der Todeszeitpunkt wurde in der Nachricht an Nawalnys Mutter mit 14:17 Uhr lokaler Zeitrechnung, Zeitzone Jekaterinburg, angegeben, also 10:17 Uhr MEZ.

Die Behörden in Jamal bestimmen den Todeszeitpunkt mit 10:17 MEZ und geben ihn zwei Stunden später öffentlich bekannt. Da einige Journalisten vergessen hatten, dass Moskau und Jamal in zwei unterschiedlichen Zeitzonen liegen, gaben sie an, dass die Todesmeldung zwei Minuten nach dem offiziellen Todeszeitpunkt erschien. Die Gangster sind schon gut, aber so gut nun auch wieder nicht, und die Journalisten lagen nicht falsch, der offiziellen Version skeptisch gegenüberzustehen, wie sich herausstellte.

»Als Alexejs Anwältin und Mutter in der Strafkolonie ankamen, wurde ihnen mitgeteilt, dass plötzlicher Herztod der Grund für Nawalnys Tod war«, sagte Schdanow.

»Plötzlicher Herztod« heißt im Klartext, irgendetwas mit dem Herzen lief schief, aber wir wissen nicht genau, warum die Person gestorben ist. Danach teilte eine - natürlich nicht näher identifizierte - Quelle dem vom Kreml kontrollierten Sender *Russia Today*, kurz RT, mit, Nawalny sei aufgrund eines Blutgerinnsels gestorben. Eine der häufigsten Todesursachen ist ein Blutgerinnsel, das vom Bein aufsteigt und die Blutgefäße zur Versorgung von Lunge oder Herz verstopft.

Die Zeitung *Nowaja Gaseta* berichtete, dass die Leiche Anzeichen von Druckstellen aufwies, die auf eine Art Krampfanfall schließen ließen, aber auch Spuren von versuchter Herzmassage sein konnten. Die Zeitung erklärte, es sei unklar, warum Nawalnys Herz aufgehört hatte zu schlagen.

Das ist die klassische Kreml-Informationsvergiftung: Innerhalb weniger Stunden nach Nawalnys Tod gab es drei konkurrierende, nicht belegte Theorien, wie es zu seinem natürlichen Tod gekommen war: eine Art Herzinfarkt, ein Blutgerinnsel, ein Krampfanfall. Die Verwirrung ist perfekt, das Wasser ist trübe, die Welt dreht sich weiter. Die Nebelmaschine arbeitet.

Interessanterweise gelang es Journalisten der *Nowaja Gaseta*, einen nicht näher bezeichneten Gefangenen in der Polarwolf-Kolonie ausfindig zu machen, der ihnen erzählte, dass am Abend des 15. Februar, also vor dem offiziellen Todeszeitpunkt, ein »merkwürdige Aufregung« im Gefängnis ausgebrochen war. Der Häftling, dessen Name geheim gehalten wird, sagte, dass die Wachen ihre abendlichen Kontrollen der Gefangenen schneller durchgeführt und die Sicherheitsvorkehrungen verstärkt hätten. Am Morgen des 16. Februar fand eine »totale Razzia« des Gefängnisses statt, bei der die Wärter Handys und andere Gegenstände der Gefangenen beschlagnahmten. Kurz danach traf ein Komitee der Zentralstelle der Strafvollzugsbehörde ein, so der Gefangene. In der Kolonie verbreitete sich die Nachricht, dass Nawalny um 10:00 Uhr Jamal-Zeit gestorben war, 08:00 Uhr Moskauer Zeit, 06:00 MEZ, mehr als vier Stunden vor dem offiziellen Todeszeitpunkt.

Der Gefangene gab den Klatsch und Tratsch der Zeks weiter – eine weitaus zuverlässigere Informationsquelle als beispielsweise *Russia Today*. Der Häftling sagte, er gehe davon aus, dass Nawalny am Abend des 15. Februar gestorben sei und dass sein Tod die Gefängnisleitung überrascht habe.

Seltsam und immer seltsamer.

In einer Demokratie wird in der Regel der Familie die Leiche übergeben, und sie hat das Recht, eine sorgfältige Obduktion durchführen zu lassen, um die Todesursache festzustellen. Nicht so in Russland. Stattdessen begann das Regime mit dem Spielchen, die Leiche zu verstecken, was die Qualen von Nawalnys trauernder Mutter Ljudmila Nawalnaja noch verstärkte. Die 69-Jährige ging von Pontius zu Pilatus, um den Leichnam ihres Sohnes zu finden.

Nawalnys Leiche wurde offenbar zunächst nach Labytnangi am Westufer des Ob gebracht. Dann tauchten Livebilder auf, die einen Konvoi von vier Fahrzeugen der Strafvollzugsbehörde zeigten, und die in der Nacht des 16. Februar von Labytnangi über den Fluss nach Salechard fuhren. Eines der Fahrzeuge war ein Lieferwagen, was darauf hindeutet, dass Nawalnys Leiche darin transportiert wurde. Übrigens wurde 1907 Leo Trotzki nach Salechard, damals Obdorsk, verbannt, doch auf der Reise dorthin gelang ihm die Flucht, was beweist, dass das Leben eines politischen Gefangenen zur Zeit der Zaren viel einfacher war als im 21. Jahrhundert unter Putin.

Am Morgen des 19. Februar begaben sich Nawalnys Mutter und seine Anwälte zum Leichenschauhaus in Salechard, um herauszufinden, ob sie Zugang zu der Leiche bekommen konnten. Sie wurden fortgeschickt. Kriminalbeamte des Untersuchungskomitees, die vollständig dem Kreml unterstehen, teilten der Mutter mit, dass die sterblichen Überreste zu einer »chemischen Untersuchung« geschickt worden seien und erst weitere vierzehn Tage später der Familie ausgehändigt würden.

Der Grund für diese widerliche Scharade der Behörden war klar: Je später man Pathologen oder irgendwem sonst die Leiche übergab, desto schwieriger würde es sein, noch zu ermitteln, woran Nawalny gestorben war.

Am 20. Februar postete Nawalnys Mutter auf YouTube eine Nachricht an den Kreml. Sie stand vor der Polarwolf-Strafanstalt, dem letztbekannten Ort, an dem Nawalny noch am Leben gewesen war: »Seit fünf Tagen darf ich ihn nicht sehen, sie geben mir seine Leiche nicht und sagen mir nicht einmal, wo er ist. Ich appelliere an Sie, Wladimir Putin. Sie allein können das lösen. Lassen Sie mich meinen Sohn sehen. Ich verlange, dass Alexejs Leiche sofort freigegeben wird, damit ich ihn beerdigen kann.«

Zwei Tage später gab Nawalnys Mutter den Kampf gegen den Kreml auf und unterzeichnete eine Sterbeurkunde, in der es hieß, ihr Sohn sei eines natürlichen Todes gestorben. Das ist die offizielle Lüge.

Also, wie haben sie ihn ermordet?

Eine These deckt sich mit der Pressemitteilung der Strafvollzugsbehörde, wonach Nawalny nach der Rückkehr von einem Spaziergang gestorben sei. Was in der Pressemitteilung fehlte, war die Information, dass die Temperatur minus 25 Grad betragen hatte, und, so diese These weiter, dass Nawalny nur in Jeans und T-Shirt in der eisigen Kälte auf dem Gefängnishof herumstapfen musste, damit sich sein Blut verdickte und so das Herz zum Stehen brachte.

Zur Veranschaulichung einer Foltermethode, die von Putins belarussischem Schoßhündchen Alexander Lukaschenko angewandt wird, habe ich mich 2012 in einem Kühlhaus für Erbsen im Norden Londons bei minus 25 Grad ausgezogen. Nach drei Minuten zitterte ich unkontrolliert. John Oliver hat neulich in seiner Satire-Show einen Clip von meinem nackten Hintern gezeigt, ohne den Kontext der faschistischen Folter zu erklären, was mich zu dem Schluss brachte, dass Oliver ein ziemliches Arschloch ist.

Man hätte Nawalny in der extremen Kälte herumlaufen lassen können, bis kaum noch Leben in ihm war, und ihn dann verprügeln, sodass er ein Herzversagen oder ein tödliches Blutgerinnsel erlitten hätte. Seine Verletzungen hätte man auf die Rettungsversuche von Sanitätern schieben können.

Seine Witwe Julija Nawalnaja und sein guter Freund, der bulgarische Sherlock Holmes Christo Grosew, verdächtigten beide Nowitschok, den waffenfähigen Nervenkampfstoff, mit dem die Schlägertrupps des Kreml im August 2020 schon einmal versucht hatten, Nawalny zu töten. Diesmal, in der Strafkolonie Polarwolf, war niemand da, der ihm rechtzeitig Atropin spritzen konnte.

Die »KGB-Schlag-Theorie« wurde aufgestellt von dem im Exil lebenden russischen Menschenrechtsaktivisten Wladimir Osechkin, Gründer der Menschenrechtsgruppierung Gulagu.net, was übersetzt so viel heißt wie »Nein zum Gulag«, und Osechkins Darstellung schaffte es auf die Titelseite von *The Times*. Er erklärte gegenüber dem britischen Leitmedium, dass Nawalny wahrscheinlich durch einen Schlag aufs Herz getötet wurde: »Ich denke, zuerst haben sie seinen Körper zugrunde gerichtet, indem sie ihn lange in der Kälte stehen ließen, sodass der Blutkreislauf auf ein Minimum reduziert war. Und wenn der Täter darin Erfahrung hat, ist es dann sehr einfach, jemanden innerhalb von Sekunden zu töten. Es handelt sich um eine alte Methode von KGB-Spezialeinheiten. Sie bildeten ihre Agenten darin aus, einen Menschen mit einem Schlag aufs Herz, mitten auf den Körper, zu töten. Das war ein Markenzeichen des KGB.«

Die Sache ist die, dass die Leiche nach ein paar Tagen dieses Geheimnis nicht mehr preisgibt. Gift ist der Freund des Pathologen, denn es gibt eindeutige Beweise für toxische Fremdkörper im Blut. Der KGB-Schlag ist die ultimative Methode des unsichtbaren Tötens, und das ist Wladimir Putins Markenzeichen schlechthin.

Die blauen Flecken, die an Nawalnys Körper gefunden wurden, passen laut Osechkin zur KGB-Schlag-Theorie: Er sagte *The Times* gegenüber, die Nowitschok-Theorie sei unwahrscheinlich. »Untersteht jemand der Kontrolle des Gefängnissystems gibt es viele Möglichkeiten, wie man ihn töten kann. Nowitschok würde in seinem Körper Spuren hinterlassen und unmittelbar zu Putin führen, da er das schon einmal versucht hat.«

Für Osechkin ist die KGB-Schlag-Theorie ein Volltreffer. Es gibt nur ein Problem damit. Im Jahr 2023 war Osechkin Thema eines langen investigativen Artikels von Roman Badanin bei *Proekt,* in dem darauf hingewiesen wurde, dass Osechkins Website zwar ein paar überzeugende Berichte über das russische Gefängnissystem veröffentlicht hatte, aber Osechkins unternehmerische Bestrebungen hin und wieder die Fähigkeit übersteigen, Beweise zu gewichten. »Osechkin«, schrieb Badanin, »produziert regelmäßig Geschichten, die sensationell und absurd sind. So schrieb beispielsweise das Magazin *Newsweek* unter Berufung auf eine Osechkin-Quelle ›im FSB‹, dass Russland im Sommer 2021 in Japan einmarschieren werde. Osechkins FSB-Quelle wurde ›Wind of Change‹ genannt.« Badanin fährt fort: »In einem anderen Interview behauptete der Menschenrechtsaktivist unter Berufung auf eine ›Quelle im FSO‹ [Russlands Präsidialer Sicherheitsdienst], Jewgeni Prigoschin bereite Menschenfleisch für Putin vor. Ein anderes Mal zitierte Osechkin Einblicke einer anonymen Quelle, aus der es hieß, dass Russland an diesem Abend Atomwaffen einsetzen würde, um dann ein beliebtes russisches Internet-Meme über ›den Vater eines Bekannten, der beim FSB arbeitet‹ vorzutragen.« Später stellte sich heraus, dass ein anderer Internetaktivist Osechkin möglicherweise einen Streich gespielt hatte. Badanin behauptete weiter, dass Osechkin ein »Menschenrechtsunternehmer« sei, der wegen eines zwielichtigen Gebrauchtwagenhandels, bei dem die Kunden über den Tisch gezogen wurden, im Gefängnis gesessen hatte, obwohl *Proekt* fairerweise zu seiner Verteidigung auch berichtete, dass er wohl von korrupten Lokalbeamten, die Schutzgeld gefordert hatten, hereingelegt worden war. *Proekt* deutete im Weiteren an, Osechkin habe seine Rolle bei der Überführung etlicher russischer

Ex-Soldaten in den Westen übertrieben dramatisiert und seine Version der Ereignisse nicht durch versprochene, aber nie aufgetauchte Dokumente untermauert. Osechkin entgegnete, dass die *Proekt*-Reporter »für den FSB« arbeiteten - was ich, so wie ich Badanin kenne, bezweifle. Der KGB-Schlag bleibt eine mögliche Todesursache. Nur weil einige Dinge, die Osechkin in der Vergangenheit von sich gegeben hat, zweifelhaft sind, muss die Theorie nicht falsch sein.

Eine andere Version der Gift-Theorie hatte kein Geringerer als Nawalny selbst gegenüber seiner Anwältin Olga Michailowa vertreten. Ich war ihr zum ersten Mal im Januar 2018 persönlich in Straßburg beim Europäischen Gerichtshof für Menschenrechte begegnet: Eine couragierte Blondine, die sich von den Apparatschiks des Kreml nicht einschüchtern ließ. Nach seiner Ermordung erzählte sie dem unabhängigen russischen Onlinenachrichtenmagazin *Meduza*, die Geschichte, Nawalny befürchtete, er würde langsam und schleichend vergiftet. Michailowa hatte ihren Mandanten Nawalny im April 2023 in der Strafkolonie IK-6 in Melechowo getroffen, bevor er in die Polarwolf-Kolonie verlegt wurde. Nawalny sagte zu ihr: »Hören Sie, ich möchte nicht paranoid klingen, aber es scheint, dass man mich hier vergiftet.« Michailowa machte die Behauptung publik, indem sie sie in einem von Nawalnys Anwaltsteam genutzten X-Account (ehemals Twitter) postete und stellte die »unbekannte Krankheit«, an der er litt, die einen Rettungswageneinsatz erforderte und dazu führte, dass er in einem Zeitraum von etwa zwei Wochen ungefähr neun Kilo Gewicht verlor, in Frage. Seine Anwälte erklärten damals, dass die »merkwürdige Situation« rund um seinen Gesundheitszustand eine Verschlechterung verursacht habe, die nicht plötzlich, sondern »stetig« und »allmählich« eingetreten sei.

Der genaue Wortlaut des Gesprächs gelangte an die Öffentlichkeit, da die russischen Behörden eine Aufzeichnung des theoretisch allein Rechtsvertretern vorbehaltenen Treffens lange danach veröffentlichten, als Michailowa und die anderen Nawalny-Anwälte wegen Beteiligung an einer extremistischen Gruppierung angeklagt wurden. Glücklicherweise befand sich Michailowa zu diesem Zeitpunkt außer Landes und machte mit ihrer Tochter Urlaub in Jordanien. Die anderen Anwälte sind hinter Gittern.

Roman Borissowitsch, einer der allerersten Förderer der Anti-Korruptionsstiftung, vermutet eine schlichtere Todesursache: »Es ist möglich, dass er nach drei Jahren brutaler Behandlung, Folter, schlechtem Essen und davon so wenig, dass er viel Gewicht verlor, kaum Sonnenlicht, sodass sein Gesicht grau wurde, irgendeine Art von natürlichem Tod starb, aber nur in dem Sinne, dass sie ihn tatsächlich nicht geradewegs getötet haben. Der Kreml machte aus einem außerordentlich gesunden Mann einen sehr kranken Mann, der vor der Zeit gealtert ist. Sie töteten ihn langsam, über einen längeren Zeitraum.«

Die Plötzlichkeit seines Todes, die Tatsache, dass er an einem Tag noch mit seinen Gefängniswärtern lachte und am nächsten tot war, lässt mich vermuten, dass er absichtlich und geplant getötet wurde. Aber wessen Plan? Wer gab den Befehl, Nawalny töten zu lassen?

Kurz nach Nawalnys Tod wurde bekannt, der Westen hatte versucht, ihn gegen Putins wichtigsten Gefangenen im Westen auszutauschen, den FSB-Auftragskiller Wadim Krassikow, der den tschetschenischen Dissidenten Selimchan Changoschwili in Berlin ermordet hatte. Im August 2019 war Changoschwili gegen Mittag auf dem Weg zur Moschee im Kleinen Tiergarten zu Fuß unterwegs, als er von einem russischen Attentäter auf einem Fahrrad mit einer schallgedämpften Glock 26 einmal in die Schulter und zweimal in den Kopf geschossen wurde. Das Fahrrad, eine Plastiktüte mit der Glock und eine fürchterliche

Perücke, die Krassikow getragen hatte, wurden in der Spree versenkt und dann wieder herausgefischt. Es heißt, Putin sei stets darauf bedacht, seine Killer aus westlichen Gefängnissen zu befreien, weil dies eine Botschaft an die anderen ist: »Macht euch keine Sorgen, wenn etwas schief geht. Wir stehen hinter euch. Wir holen euch raus.«

Aber auch das Team Nawalny arbeitete an der Freilassung ihres Helden. Kurz nach Nawalnys Rückkehr nach Russland berichtete CNN, hatte Christo Grosew Hillary Clinton auf irgendeiner Party in den USA angesprochen, und sie hatte den Kontakt an Jake Sullivan weitergereicht, Nationaler Sicherheitsberater von Old Man Biden. Der Austausch gestaltete sich schwierig. Um Nawalny gegen Krassikow auszutauschen, bedurfte es der Zustimmung Deutschlands. Dann wollten die Amerikaner zwei völlig unschuldig in Russland inhaftierte US-Bürger hinzufügen - den *The Wall Street Journal*-Reporter Evan Gershkovich und den ehemaligen US-Marine Paul Whelan - beide aufgrund fadenscheiniger Beweise unter Spionageverdacht verhaftet.

Wurde Navalny von einem Kreml-Insider umgebracht, um den Handel zu stoppen?

Paul Joyal glaubt, genau so war es. Joyal ist der ehemalige US-Geheimdienstanalyst, auf den, wie Sie sich vielleicht erinnern, von zwei unbekannten Möchtegern-Killern geschossen wurde, wenige Tage nachdem er in einer amerikanischen NBC-Dateline-Sendung gesagt hatte, er glaube, dass Putin für die Ermordung von Litwinenko verantwortlich sei, und eine Geschichte erzählte, die andeutete, Putin sei vielleicht nicht ganz so ein Macho, wie seine Propaganda suggerierte. Glücklicherweise überlebte Joyal. Er sagte mir: »Sie müssen sich ansehen, was seitdem geschehen ist. Nikolai Patruschew wurde auf brutale und erniedrigende Weise vom Leiter des Nationalen Sicherheitsrates zum Berater für maritime Angelegenheiten degradiert.

Und warum? Patruschew ist meiner Meinung nach fast ein paranoider Schizophrener. Er glaubt diesen Unsinn, dass die Amerikaner Biowaffen entwickeln, die auf das russische Erbgut abzielen.

Und er ist ein Spieler. Er handelt auf eigene Faust und jenseits roter Linien. Ich glaube, dass er genau das bei den Bombenanschlägen auf Moskauer Wohnungen getan hat, die Putin an die Macht gebracht haben.«

Joyal glaubt, dass der Handel in Gang war, und hatte gehört, dass Nawalny vor seiner Freilassung in den Westen nach Moskau verlegt werden sollte, und zwar genau an dem Tag, an dem er getötet wurde: »Meine Arbeitshypothese ist, dass Patruschew Nawalny töten ließ, ohne das O. K. von Putin zu bekommen, weil er Nawalny hasste. Erinnern Sie sich daran, wie Nawalny den Giftmischer Konstantin Kudrjawzew austrickste, indem er vorgab, ein Helfer Patruschews zu sein? Das war sein Todesurteil.« Patruschew glaubte, dass Nawalny eine Kreatur der CIA sei. Er wollte den Handel um jeden Preis verhindern, also ließ er Nawalny ermorden. Nachdem sich alles etwas beruhigt hatte, entließ Putin ihn.

In dieser Version war es also nicht Putin selbst, sondern sein oberster Wachhund. Der Besitzer ist natürlich verantwortlich für das Verhalten seines Kampfhundes.

Ende April 2024 veröffentlichte das *Wall Street Journal* einen merkwürdigen Artikel unter dem Titel »US-Geheimdienst befindet: Putin hat den Tod Alexej Nawalnys im Februar nicht direkt angeordnet«. Wie immer bei der CIA war die Quelle undurchsichtig, die Zeitung zitierte »ungenannte Personen, die mit der Angelegenheit vertraut sind«. Die US-Einschätzung basierte auf geheimen Informationen, der Analyse öffentlicher Fakten, einschließlich des Zeitpunkts von Nawalnys Tod, wie dies die Wiederwahl Putins im März überschattete, sie war »innerhalb der Geheimdienste weitgehend akzeptiert und wurde von mehreren geheimdienstlichen Behörden geteilt, unter anderem der Central Intelligence Agency, dem Office of the Director of National Intelligence und der Nachrichtendiensteinheit des Außenministeriums.«

Die wichtigste Feststellung lautete: »Die Einschätzung bestreitet nicht Putins Schuld an Nawalnys Tod, sondern stellt vielmehr fest, dass er ihn zu diesem Zeitpunkt wahrscheinlich nicht angeordnet hat.«

Ich hoffe, dass meine Leser inzwischen wissen, wie schwierig es ist, die Wahrheit über einen Mord herauszufinden, der vom Kreml unterstützt wurde.

Es gibt jedoch noch eine letzte Hypothese, wer den Mord an Alexej Nawalny in Auftrag gegeben hat und wie er geschah – nämlich durch Gift –, und die hat für mich das größte Gewicht. Für dieses Buch habe ich mich an jemanden gewandt, der über etablierte, gut platzierte und zuverlässige Quellen innerhalb des russischen Machtgefüges verfügt. Sein wichtigster Kontakt sagt, dass Putin im Dezember 2023 dem Chef des FSB, Aleksandr Bortnikow, faktisch, aber nicht protokolliert, die »Genehmigung« für die Vergiftung Nawalnys mit einer ausgeklügelten Technik gab. Sie erinnern sich: In der Nawalny-Dokumentation sitzt Bortnikow im Diagramm der Gifttruppe direkt unter Putin. Dem Informanten zufolge hat Bortnikow dann das beteiligte FSB-Team zusammengestellt und die ganze Mordaktion persönlich geleitet. Die Informanten waren sich dessen sicher, obwohl keine formellen Befehle erteilt worden waren.

Dies war dieselbe Vorgehensweise wie im August 2020, als ein anderes FSB-Einsatzteam Nawalny mit Nowitschok vergiftet hatte. An der Vergiftung Nawalnys im Jahr 2024 war dasselbe FSB-Institut, das Wissenschaftliche Forschungsinstitut Nr. 2 (NII-2), beteiligt, aber die Aufträge wurden von einem komplett anderen Team von »Spezialisten« ausgeführt.

Der wichtigste Informant sagte, dass zum Zeitpunkt der Anfertigung dieses Buches keine Protokolle von geheimen Treffen oder Gesprächen zwischen Putin und Bortnikow unmittelbar vor dem Tod Nawalnys durchgesickert seien. Das ist aber keineswegs überraschend. Die beiden Männer trafen immer die höchsten Sicherheitsvorkehrungen, wenn sie die geheimsten und sensibelsten Themen besprachen, zu denen auch Nawalny gehörte.

Selbst dann sprachen sie sehr diskret und benutzten selten kontextspezifische Wörter oder Namen.

Eine zweite Quelle sagte, dass andere hochrangige russische Beamte nicht im Voraus von dem Plan wussten, Nawalny zu töten. Der hochrangige Kreml-Beamte berichtete, dass der Plan zur Ermordung Nawalnys nie offiziell auf irgendeiner Verwaltungsebende diskutiert und/oder genehmigt worden sei. Aber sie haben ihn vergiftet, und der Mann hinter der Tat war Putin selbst.

Nawalny kannte den russischen Dunkelstaat besser als jeder in der CIA oder in der Beratergruppe in Foggy Bottom. Als er seine Anwältin im IK-6 traf, sagte er, er befürchte, langsam vergiftet zu werden. Das glaube ich. Im Moment seines größten Triumphs, als er einen von der Gift-Truppe dazu brachte, genau zu verraten, wie sie ihm das Nowitschok verabreicht hatten, und damit Wladimir Putin als Unterhosenvergifter in die Geschichte einging, sagte Nawalny mit einem Lächeln auf den Lippen: »Sie werden mich auf jeden Fall töten.«

Und genau das taten sie.

Kapitel achtzehn

»Ich komme wieder«

Der andere große russische Geist, der am selben Tag wie Nawalny starb, war Dmitri »Dima« Markow, der Fotograf, der in dem Moskauer Knast das ikonische Bild von dem schwer gerüsteten Bullen mit der Sturmhaube aufnahm, wie er die jungen Anhänger Nawalnys anstarrt und Putin von hinten aus einem Rahmen zuschaut. Dieses Bild, schrieb Howard Amos, »wurde zu einem Symbol für die Brutalität des russischen Regimes, sein scharfes Vorgehen gegen Andersdenkende und - weil der Polizist sein Gesicht verbarg - für die Angst des Kreml vor seinen eigenen Leuten.«

Das Foto, ein Ikonenbild des russischen Faschismus, ist als solches in den sozialen Medien viral gegangen und zur Inspiration für Dutzende Memes geworden. Ein paar Tage später erzielte der einzige von Markow signierte Abzug des Fotos auf einer Wohltätigkeitsauktion einen Zuschlagspreis von zwei Millionen Rubel. Markow spendete den Erlös an Menschenrechtsgruppen. Zum Entstehungskontext des Bildes sagte er: »Um den vollen Eindruck zu bekommen, wäre es toll, die Leute zu sehen, die diesem Bereitschaftspolizisten direkt gegenübersaßen. Es waren junge Leute, manche um die 25, und der [Polizist] ist, wie man sieht, an die fünfzig. Und er schämt sich, er scheut sich, sein Gesicht zu zeigen, er trägt sogar seine Sturmhaube, obwohl es da drinnen [im Gebäude] sehr warm war.«

Werfen Sie einen Blick auf Markows Instagram-Account, dann sehen Sie sein außergewöhnliches Auge, das ein anderes Russland einfängt: Das Russland, das Wladimir Putin und seine ätzende Mörderbande mit ihren teuren Uhren und Jachten und Privatjets mit Corgis an Bord verachtet. Das Russland, das Alexej Nawalny liebte und für das er so hart kämpfte. Markow, der mit achtzehn heroinabhängig war, kämpfte zwei Jahrzehnte lang gegen seine Sucht. Das Fotografieren rettete ihn, und im Gegenzug fing er das wahre Russland ein. Leute, die sich in Russlands ewigen Wohnblöcken aus Sowjetzeiten durchschlagen; Kinder, die im Fluss herumalbern; zwei Schwestern in Gummistiefeln, die in Karelien unter Sturmwolken stehen; ein dicker Mann, der sein fettes Schwein im Schnee hütet; Waisen, Junkies, Rekruten. Er war ein »russischer Cartier-Bresson«, sagte Kirill Serebrennikow, ein führender russischer Theaterdirektor: »Er vermochte die Seele der Menschen einzufangen, ihre DNA. Wenn man die Russen verstehen will, sollte man sich Dima Markows Fotos ansehen. Viele Menschen leben in dem Russland, das Dima Markow fotografiert hat. Aber sie sehen es nicht wie er. Sie betrachten es als etwas Schreckliches, etwas Beschämendes und etwas, was in Vergessenheit geraten sollte. Dima blickte es an und vermochte Schönheit zu sehen.«

Aus der Ferne betrachtet, war Dmitri Markow für mich Caravaggio mit einem Mobiltelefon und einem Instagram-Account.

…

Ein einfacher Maßstab für das Leben eines Menschen, für das Gute oder Böse, das er getan hat, ist die Anzahl der Leute, die zu seiner Beerdigung kommen. In Nawalnys Fall gab es noch eine zusätzliche Dimension. Jeder wusste, dass wer auch immer dorthin ging, um ein letztes Mal Abschied zu nehmen, Gefahr lief, gefeuert, verhaftet, von der Polizei verprügelt zu werden oder noch Schlimmeres.

Der Kreml verlangte etwas Stilles und Abgeschiedenes. Nawalnys Familie und Freunde wollten ein ganz öffentliches Begräbnis. Der Kreml wollte seinen Willen nicht lauthals kundtun; stattdessen lehnten die Beerdigungsinstitute bei jeder Anfrage des Teams Nawalny ab, denn das Ganze hatte sich über die Geheimpolizei bereits herumgesprochen. Nawalnys Pressefrau, Kira Jarmysch, twitterte am 27. Februar 2024: »Wir haben die meisten privaten und staatlichen Beerdigungsinstitute, kommerziellen Unternehmen und Trauerhallen angerufen. Manche sagen, die Räumlichkeiten seien ausgebucht, manchen legen auf, wenn sie Nawalnys Namen hören. Eine Firma hat uns klipp und klar gesagt, dass sie Anweisung hätten, nicht mit uns zusammenzuarbeiten.« Die Präkonditionierung, die Soldatow mir beschrieben hatte, als wir um die graue Kröte der Lubjanka herumfuhren, bewahrheitete sich: »Wir haben immer noch Angst vor Stalins Geheimpolizei.« Jeder wusste: Wer das Risiko auf sich nahm und Nawalnys Mutter dabei behilflich war, ihren Sohn zu beerdigen, bei dem würde es in Zukunft nicht gut laufen. Das galt von der Spitze der russischen Gesellschaft bis hinunter zu den Totengräbern.

Und der Kreml scheute keine Mühe, dem Gedächtnis der Leute auf die Sprünge zu helfen. An dem Tag, als Nawalnys Freunde niemanden finden konnten, der sich bereit erklärte, den Leichnam zu begraben, wurde Wassili Dubkow, ein Anwalt, der Ljudmila Nawalnaja bei der aufreibenden Suche nach dem Leichnam ihres Sohnes auf der Halbinsel Jamal begleitet hatte, in Moskau wegen »Störung der öffentlichen Ordnung« verhaftet.

Die Beerdigung war ursprünglich für den 29. Februar geplant, doch es gab einen unerwarteten Konflikt. Schdanow, der ehemalige Direktor der Anti-Korruptionsstiftung, erklärte, dass für den Tag kein Veranstaltungsort zu finden sei, da der Termin mit Putins jährlicher Ansprache an die Föderationsversammlung zusammenfalle. Sie fand dann zwei Tage später statt, am 1. März, in der Kirche zu Ehren der Gottesmutterikone im Moskauer Bezirk Marijno, wo Nawalny gewohnt hatte. Die Polizei rückte früh und massiv an und sperrte direkt vor der Kirche einen Bereich von der Größe eines Exerzierplatzes mit Absperrgittern ab, um jeden daran zu erinnern, dass dies keine gewöhnliche Beerdigung war. Peskow machte die Botschaft unmissverständlich klar: »Jede nicht genehmigte Versammlung stellt einen Verstoß gegen das Gesetz dar, und diejenigen, die daran teilnehmen, werden dafür zur Verantwortung gezogen.«

Aber sie kamen trotzdem, Tausende, dann Zehntausende, die sich langsam durch den Schnee bewegten; die Schlange reichte einen Kilometer weit zurück, vorbei an den Reihen der mit Sturmhauben vermummten Bereitschaftspolizei. Die Leute skandierten: »Russland wird frei sein!« - »Putin ist ein Mörder!« - »Nein zum Krieg!« und immer wieder einfach nur »Nawalny.« Das Begräbnis wurde live auf YouTube gestreamt und ist sehr bewegend. Ein Gottesdienst für ein Opfer eines faschistischen Staates, zelebriert innerhalb dieses Staates. Nawalny lag in einem offenen Sarg, sein Gesicht war sichtbar, doch über seinen Augen lag ein weißes Band.

Als der Gottesdienst vorbei war, versuchten Trauernde mit ihren Mobiltelefonen Fotos zu machen, doch die Bestatter hatten es eilig, mit ihrer Arbeit voranzukommen, und es entstand ein unwürdiges Gedränge. Es war, als arbeiteten die Bestatter nicht für die Familie, sondern auf Anweisung eines Dritten.

Julija Nawalnaja und ihre zwei Kinder waren in Sicherheit, außerhalb von Russland. Der Kreml verweigerte ihnen ihr Recht zu trauern. Sie konnten nicht zurückkehren, und es muss außerordentlich schmerzhaft für sie gewesen sein, der Beerdigung aus der Ferne über YouTube beizuwohnen und zu sehen, wie ihr Ehemann und Vater mit dem Gesicht nach oben in einem Sarg liegt, und zu wissen, dass sie sein Grab in absehbarer Zukunft nicht besuchen können. Sie konnten ihm keinen Abschiedskuss geben, sie konnten keine Blumen auf seinem Grab niederlegen, sie konnten nicht mit seiner Mutter und seinem Vater trauern. Man kann sich kaum eine grausamere Form der psychologischen Folter vorstellen. So ziemlich alle berühmten Namen der russischen Opposition waren nicht anwesend, denn sie waren entweder im Exil oder im Gefängnis oder sind tot. Die Botschafter von Amerika, Frankreich und Deutschland waren gekommen, einige andere westliche Diplomaten, dazu zwei disqualifizierte Präsidentschaftskandidaten der Opposition, Boris Nadeschdin und Jekaterina Dunzowa, und der frühere Bürgermeister von Jekaterinburg, Jewgeni Roisman.

Auf dem Borisowskoje-Friedhof wurde Nawalnys Leichnam zu den Klängen von »My Way« von Frank Sinatra und der Titelmusik von *Terminator 2: Tag der Abrechnung* beigesetzt.

Nach Angaben von Menschenrechtsgruppen wurden in ganz Russland 128 Personen in neunzehn Städten aufgrund der Teilnahme an Gedenkveranstaltungen am Tag von Nawalnys Begräbnis verhaftet, meist schlicht aufgrund des Versuchs, Blumen an den Denkmälern für die Opfer sowjetischer Repression niederzulegen. Ein Videoclip zeigte zwei hünenhafte, mit Sturmhauben vermummte OMON-Polizisten in voller Kampfausrüstung, die einen Jugendlichen über die Straße zu einer Reihe mit Polizeiwagen führten, wobei sie die Arme des Jungen so hoch auf seinen Rücken drehten, dass er ganz nach vorn gebeugt, das Gesicht fast an den Knien, gehen musste.

Die Trauernden in Moskau kamen drei Tage lang und legten so viele Blumen und Kränze auf Nawalnys Grab, dass sie einen kleinen Hügel bildeten, bis die städtische Straßenreinigung anrückte, um den provisorischen Schrein niederzureißen.

Pater Dmitri Safronow, der Priester, der die Trauermesse gelesen hatte und, gemäß orthodoxer Tradition, vierzig Tage nach

Nawalnys Tod auch eine Gedenkmesse abhielt, wurde im April vom Halten von Gottesdiensten suspendiert; darüber hinaus wurde ihm eine dreijährige »Buße« auferlegt. Die Moskauer Diözese der russisch-orthodoxen Kirche teilte mit, dass Safronow zum Psalmenleser degradiert werde. Das Tragen einer Soutane sei ihm verboten, und er werde in eine andere Kirche in der Region Moskau versetzt, um dort »Buße zu tun«. Falls er darin versage, werde er seines Amtes enthoben. *The Guardian* berichtete, dass kein offizieller Grund für die Bestrafung angegeben wurde. »Mangels offizieller Information kann die Suspendierung nur mit der Gedenkmesse in Verbindung gebracht werden, die Pater Dmitri für Alexej Nawalny las«, schrieb Ioann Burdin, ein Priester, der mit einer Geldstrafe belegt und seines Amtes enthoben wurde, nachdem er Kritik am Krieg in der Ukraine geübt hatte. Julija Nawalnaja rief ihre Anhänger auf, Geld für Safronows Familie zu spenden. »Ich bin ihm sehr dankbar«, schrieb sie. »Lasst uns ihm und seiner Familie helfen.«

Der »Make America Great Again«-Flügel der Republikanischen Partei in den USA hat die Versuche der Ukraine, die vom Kreml kontrollierte Russisch-Orthodoxe Kirche, auch als das Moskauer Patriarchat bekannt, zu überwachen, scharf kritisiert, vielleicht ohne sich darüber bewusst zu sein, dass deren Oberhaupt, Patriarch Kirill, zu Sowjetzeiten ein aktiver KGB-Agent war, dass er in einen Skandal um Zigarettenschmuggel verstrickt und geschätzt vier Milliarden Dollar schwer ist. Um jeden Zweifel auszuräumen: Kirill hat Putins Präsidentschaft als »Wunder Gottes« bezeichnet. Gottlob, sagen manche.

Ilja Jaschin ist ein russischer Oppositionspolitiker und ein enger Verbündeter von Alexej Nawalny, der nun für acht Jahre wegen Verbreitung »falscher Information« über die Kriegsverbrechen des russischen Militärs in Butscha, Ukraine, im Gefängnis sitzt. Jaschins »falsche Information« war, natürlich, vollkommen wahr: Die russische Armee beging Kriegsverbrechen in Butscha. Anfang April 2022 reiste ich selbst nach Butscha und sah mit meinen eigenen Augen die Massengräber mit den vielen Leichen derer, die von den Russen ermordet worden waren. Abseits der Hauptstraße stolperte ich über zwei Zivilisten; dem einen hatte man in den Hinterkopf geschossen, dem anderen zwischen die Augen.

Nachdem Nawalny getötet worden war, bloggte Jaschin einen edelmütigen Artikel aus seiner Gefängniszelle über den Gegensatz zwischen Putin und dem Mann, der so bemüht war, ihn aus dem Kreml zu vertreiben: »Putin spricht oft und ausführlich über konservative Werte. Europa und die USA wollen uns ihre verderbte und gottlose Art aufzwingen, erzählt er den Russen, um sie zu erschrecken und eine Distanzierung gegenüber dem ›kollektiven Westen‹ zu rechtfertigen. Zum Thema Krieg erklärt er, dass nur die russische Armee ukrainische Schulkinder vor ›genderneutralen‹ Toiletten bewahren könne. Sein Wahlmanifest legt großen Wert auf die Familie als Basis der russischen Gesellschaft und auf sein Bekenntnis zu Tradition und religiösem Glauben. Doch seine ganze Rhetorik ist reine Heuchelei. Der konservative Diskurs ist für Putin nicht mehr als ein politisches Instrument zur Manipulation des Bewusstseins der Bevölkerung. In Wirklichkeit führt der russische Präsident ein unmoralisches Leben, ganz im Gegensatz zu den Werten, die er zu verkörpern vorgibt. Putin behauptet, ein Mann des Glaubens zu sein, der an christlichen Ritualen teilhat. In Wirklichkeit hat er einen blutigen Krieg in Osteuropa begonnen, einen Krieg, in dem Christen andere Christen töten. Er behauptet, der Verteidiger des Familienlebens zu sein. In Wirklichkeit ist er ein Mann, der sich öffentlich von seinen beiden Töchtern distanziert hat; wenn er sie in der Presse erwähnt, dann als ›diese Frauen‹. Putins Heuchelei ist offensichtlich. Neben ihm erschien Alexej Nawalny als eine deutlich ganzheitlichere, ausgewogenere Persönlichkeit ... Ich kannte Alexej 23 Jahre lang; wir waren Freunde, ich kenne seine Familie gut. Ich kann bezeugen, dass er wahrlich ein gläubiger Mensch war, für den die Gebote ›Du sollst nicht töten‹ und ›Du sollst nicht stehlen‹ sowie die ethischen Grundsätze der Bergpredigt nicht bloßes Beiwerk der Religion waren, sondern zum Leitstern für sein Leben und seine Politik wurden. Ich kann mit Sicherheit sagen, dass Alexej im Gegensatz zu Putin auch ein echter Familienmensch war: ein liebevoller Sohn, Ehemann und Vater. Sein Familienleben, das auf Liebe und gegenseitigem Respekt basierte, war für mich immer eine Quelle der Bewunderung.«

Jaschin ging detailliert auf den Druck ein, den der Kreml auf Nawalnys Familie ausübte: Sein Zuhause wurde regelmäßig durchsucht, ebenso das Zuhause seiner Eltern; sein Bruder Oleg wurde praktisch in Geiselhaft genommen und dreieinhalb Jahre lang eingesperrt; seine Kinder wurden ausspioniert, seine Tochter Dasha wurde auf dem Weg zur Schule regelmäßig von FSB-Agenten in Zivil verfolgt. Jaschin fasste zusammen: »Seine Familie bleibt für Alexej die Quelle seiner Kraft, selbst jetzt, da er im Gefängnis umgekommen ist. Julija hatte keinerlei Ambitionen unabhängig von ihm, noch Absichten auf eine eigene politische Karriere. Doch dadurch, dass er Alexej ermordete, ließ Putin ihr keine andere Wahl - sie hat die Fahne des Kampfes ergriffen. Ich vermute, dass Putin zu Chauvinismus neigt und eine Frau als Gegnerin kaum ernst nehmen wird. Doch er kennt Julija nicht gut und wird, da bin ich mir sicher, seinen Fehler bald erkennen. Ich persönlich wünsche Julija Nawalnaja jeden Erfolg und werde sie unterstützen, wenn auch nur vom Gefängnis aus.«

Aus der Tiefe seines Grabes landete Nawalny einen letzten Schlag ins Gesicht des Kreml-Krokodils. Am 17. März 2024 fand in Russland die Präsidentschaftswahl, pardon, die Wiederkrönung, statt.

Es gab, wie immer, nur einen Kandidaten, der eine Chance auf den Sieg hatte, denn die anderen im Wettbewerb waren Strohmänner oder tot. Doch den Leuten fiel auf einmal auf, dass sich mittags große Menschenmengen vor den Wahllokalen zu bilden begannen. Willkommen bei »Mittag gegen Putin«, ist im Russischen eine hübsche Alliteration von drei Wörtern: Полдень против Путина, in Umschrift: *Polden protiv Putina*, wenn auch eine Übersetzung in britisches Englisch besser »High Noon for Putin« lauten würde. Im Januar 2024 unterstützte Nawalny den Protest, bevor er getötet wurde, aber ursprünglich kam die Idee von Maxim Resnik, einem früheren Rat in St. Petersburg: »Das ist keine Wahl, das ist ein ›Wahl-Sondereinsatz‹. Warum hat Putin es nötig, das zu tun? Um die Einheit zwischen Führer und Nation zu beweisen: Putin und Russland sind ein und dasselbe.«

Resnik lebt heute übrigens im Exil. Man kann Putin nicht Führer nennen und in Russland noch lange am Leben bleiben. Er fuhr fort: »Es ist wichtig für ihn, diese These, an die viele Leute schon glauben, noch einmal zu bestätigen. Unsere Aufgabe ist es, genau das Gegenteil zu beweisen ... Deshalb ist es für uns wichtig, uns selbst und der Welt zu zeigen, dass wir viele sind. Deshalb sollten wir zu dieser Mittagsstunde überall sein: in Kaliningrad, in Wladiwostok, in St. Petersburg, im Niltal und auf dem Gipfel des Mount Everest. Unser High Noon wird zeigen, was die Russen von Putin denken.«

Und sie taten es: Überall bildeten sich vor den Wahllokalen riesige Menschenschlangen. Es war ein einziger großer, gegen die machtlos wirkende Obrigkeit erhobener Finger. Hätten sie damit begonnen, die Menschen in Massen zu verhaften, dann hätte das die »russische Demokratie« wie einen Schwindel aussehen lassen. Die Polizei ging gegen einige der Demonstranten vor, drang in Wahlkabinen ein und schikanierte die Wähler. Es sah nicht gut aus. Der Kreml war ausgebremst.

Diktatoren verbocken alles, total. Sie zerstören die Chance auf einen friedlichen politischen Wandel, sodass, wenn sie endlich im Schlaf sterben oder sich das Hirn wegpusten oder ihnen mit einem Messer mehrfach in den Anus gestochen wird - der jeweilige Tod von Stalin, Hitler und Gaddafi - Chaos herrscht. Im besten Fall, aus seiner Sicht, wird Wladimir Putin hohes Alter ereilen und dann das einzig mögliche Ende des Alters. Und das Russland, das er geschaffen hat, wird auseinanderfallen. Im schlimmsten Fall wird Nawalnys Prophezeiung nach dem Feuerball, der Jewgeni Prigoschin erledigte, nämlich dass die Bildung und anschließende Zerstörung bewaffneter Gangs ein Rezept für Bürgerkrieg sei, sich eher bewahrheiten, als Putin denkt.

Und dann wird Russland vielleicht mit Schnee an den Stiefeln in *Mad Max* versinken, von der westlichen Welt verstoßen, von den Islamisten in seinem Süden und Osten gehasst, seine sibirischen Reichtümer vom chinesischen Drachen beäugt.

Dann ist es Zeit für Nawalny, wie Terminator 2, zurückgebracht zu werden, um die Zukunft zu ändern. Aber das ist alberne alte Science Fiction. Es ist eine wissenschaftliche Tatsache, dass er tot ist, und sein Erzfeind, der Drachenkönig, tut, was er am besten kann, nämlich töten. Hätte man Nawalny jemals bei einer fairen Wahl antreten lassen, dann hätte er gewinnen können. Und wenn ihm das gelungen wäre, hätte er genug Charisma und Lebensfreude besessen, um frischen Wind für den Aufbau eines schönen Russlands der Zukunft zu bringen.

Aber Russland hat es vermasselt.

Genau wie der Westen. Die Anti-Korruptionsstiftung hat außerordentlich gute Arbeit bei den Ermittlungen gegen die russischen Gauner um Putin geleistet. Keiner von ihnen wurde großartig behelligt, bis der große Krieg begann, weil die Menschen im Westen anscheinend die Herrschaft des Geldes der Herrschaft des Gesetzes vorziehen. Und als es wirklich darauf ankam, als Nawalny im Gulag gefoltert wurde, stellten westliche Liberale bei Amnesty International und im Friedensnobelpreiskomitee die Erleichterung ihres eigenen Gewissens über sein Leben.

Er war voller Fehler, er war unglaublich arrogant, ein Mann, der mit der extremen Rechten flirtete, doch in den letzten zehn Jahren ist der Junge aus Tschernobyl für die Idee eines anderen Russlands aufgestanden, für die Idee eines Landes, das nicht von grotesker Korruption, Grausamkeit und einem dummen Krieg geprägt ist, sondern von Ehrlichkeit, Mut und großem, gutem Humor. Das sichert ihm seinen Platz in der Geschichte. Als alle Hoffnung verloren war und Russland wieder einmal umkehrte, zurück zur Dunkelheit, da kam ein Ritter in verbeulter Rüstung des Wegs, der gegen böse Windmühlen kämpfte.

Alexej Nawalny war tapfer und gut.

Alexej Nawalny erhielt das rote Auge von Russlands Seele am Leben, und eines Tages wird es wieder anfangen zu blink-blink-blinken, wenn es wie Terminator 2 der Maschinerie der Gier entgegenstapft, die den Kreml kontrolliert.

Alexej Nawalny ist tot, aber das, wofür er stand, wird wiederkommen.

Dank

Lehrer besiegen Tyrannen. Chapeau also für den verstorbenen Norman Levitt, unseren Russischlehrer an der Barton Peveril Grammar School in Eastleigh vor so vielen Jahren, der an einem eiskalten Morgen sämtliche Fenster unseres Klassenzimmers öffnete und Свежий sagte, das Wort für »frisch«. Mr. Levitt kam aus dem Nordosten Englands und hatte keine Ahnung von echter Kälte. Doch seine Methoden funktionierten. Allerdings - wenn es in meinen Übersetzungen in diesem Buch irgendwelche Fehler gibt, liegt es daran, dass ich vor lauter Bibbern im Unterricht nicht genug aufgepasst habe.

Mutige, gute Tschetschenen haben mir die Augen für die Bedrohung geöffnet, die Wladimir Putin darstellt, als sie mich im Jahr 2000 zweimal in ihr Land schmuggelten, damit ich die Beweise für die Kriegsverbrechen der russischen Armee mit eigenen Augen sehen konnte.

Über die Jahre hinweg haben mir Dutzende von Russen und Ukrainern geholfen, die russischen Machtverhältnisse zu verstehen und auch zu begreifen, was es kostet, ihnen zu trotzen. Dieses Buch über Alexej Nawalny habe ich auch deshalb geschrieben, weil er nicht der erste, sondern bereits der vierte große Russe ist, den kennenzulernen ich die Ehre hatte, der Putin herausforderte und ermordet wurde. Die ersten drei waren Anna Politkowskaja, Natalia Estemirowa und Boris Nemzow, die vergiftet und dann erschossen bzw. erschossen wurden.

Meine alten Kollegen bei BBC *Panorama*, sowohl festangestellte als auch freie, haben mir die Chance verschafft, Putin 2014 zu stellen. Nick Sturdee hat dabei seinen Zauberstab geschwungen und alles gefilmt. 2018 ermöglichte mir BBC *Panorama* ein Interview mit Nawalny in Moskau für unseren Film *Taking On Putin*. Ein besonderer Dank geht an die ganze Bande, vor allem jedoch an John Coffey, Seamas McCracken, Andrew Head und Zagit für ihre Professionalität auch unter hohem Druck. Ein Unterstützer und zwei Mitglieder aus dem Team Nawalny, die mit mir gesprochen haben, sollen ebenfalls eigens erwähnt werden: der Straßenreiniger Wladimir Iwanjutenko, der Wahlkampfmanager Nikolai Lyaskin und der Menschenrechtsaktivist Dinar Idrisow. Wladimir wurde mit einem Elektroschocker und mit einem Messer angegriffen, Nikolai mit einer Eisenstange geschlagen und Dinar bewusstlos geprügelt.

Dann gilt mein Dank meiner Kontaktperson in der Ukraine, Sascha Aleksandrenko für die Reise nach Neu-Salissja, um Menschen ausfindig zu machen, die Nawalny zu jener Zeit kannten, als er ein Kind war und sie im Schatten von Tschernobyl lebten. Weiterhin meiner Russisch sprechenden ukrainischen Dolmetscherin Mariia Chepa und meiner ukrainischen Freundin und Beraterin Jenny Klochko. Mir ist schmerzlich bewusst, dass viele Ukrainer Nawalny sehr kritisch sehen. Ich verstehe ihre Beweggründe, doch bei allem Respekt: Ich bin anderer Meinung. Für mich ist Nawalny ein, wenn auch mit Fehlern behafteter, Held.

Roman Borisovich hat Nawalnys Antikorruptionsstiftung standhaft unterstützt und war mir eine große Hilfe beim Verfassen dieses Buchs. Besonderer Dank geht auch an Andrew Duncan, Paul Joyal, Arthur Snell und Chris Steele für ihren Witz und gesunden Menschenverstand; an Daniel Roher und alle, die an der brillanten Nawalny-Dokumentation mitgearbeitet haben; an Roman Badanin und sein Team bei *Proekt*; an alle vom Team Nawalny;

an Catherine Belton, Ben Noble und Andrew Roth. Besonders möchte ich Clarissa Ward von CNN für ihre Gedanken zu Nawalny danken - und für ihren Bericht über ein wirklich großartiges Überfall-Interview. Danke auch an Marvin Rees, den ehemaligen Bürgermeister von Bristol, der Erinnerungen an seinen Freund in Yale mit mir teilte.

Mein Agent Humfrey Hunter hat wie üblich einen fantastischen Job gemacht. Danke auch an meinen Verleger Martin Redfern bei Headline an Ellie Harris und die ganze Truppe dort. Wenn man in Rechnung stellt, was für ein grausiges Buch das hier eigentlich ist, hat es wirklich großen Spaß gemacht, mit euch daran zu arbeiten.

Meine Nachbarn, meine Freunde und meine wunderbar dysfunktionale Familie haben sich um mich gekümmert, als ich mit gebrochenem Knie dasaß und nichts anderes tun konnte als schreiben: Danke an Jeremy und Margaret, Maria und Yeva, Luisa, Alessio, Anne, Tomiko, Molly, Sam, Lou und Shilah.

Danke an Mike Lambert, meinen Physiotherapeuten, der mir große Schmerzen bereitet hat und dann aufbrach, um mit seinem Kanu durch Großbritannien zu paddeln, wo er hoffentlich von einem verirrten Salzwasserkrokodil verschlungen wird.

Normale Menschen in Großbritannien oder irgendwo sonst auf der Welt sind absolut nicht in der Lage, sich vorzustellen, wie grausam der russische Machtapparat sein kann. Dieses Buch habe ich zur Erinnerung an einen tapferen und einzigartigen Mann geschrieben, der versucht hat, uns zu warnen, damit wir uns wappnen, bevor es zu spät ist.

John Sweeney, London im Mai 2024

Liste von ermordeten Putin-Gegnern

Anatoly Levin-Utkin; 1998; Korruptionsvorwürfe; totgeschlagen
Artyom Borovik; 2000; ist Putin pädophil?; Flugzeugabsturz
Antonio Russo; 2000; ist Putin pädophil?; Folter und KGB-Schlag
Nikolai Palenni; 2002; Korruptionsvorwürfe; stranguliert?
Sergej Juschenkow; 2003; Bombenanschläge September 1999; erschossen
Juri Schtschekochikin; 2003; Bombenanschläge September 1999; vergiftet
Roman Zepow; 2004; Korruptionsvorwürfe; vergiftet
Lecha Islamow; 2004; Kriegsverbrechen; vergiftet
Anna Politkowskaja; 2006; Kriegsverbrechen; vergiftet, dann erschossen
Alexander Litwinenko; 2006; ist Putin pädophil?; vergiftet
Stanislaw Markelow; 2009; Verbindungen zwischen Neonazis und dem Kreml; erschossen
Anastasia Baburowa; 2009; Verbindungen zwischen Neonazis und dem Kreml; erschossen
Natalia Estemirowa; 2009; Kriegsverbrechen; erschossen
Boris Beresowski; 2013; erhängt
Sergej Zapok; 2014; bezeichnete Putin als peinlichen Mörder; erschossen?
Boris Nemzow; 2015; politischer Gegner; erschossen
Dawn Sturgess; 2018; Mädchen aus Salisbury, die zur falschen Zeit am falschen Ort war; vergiftet

Max Borodin; 2018; untersuchte den Tod von Wagner-Söldnern in Syrien; Fenstersturz

Dr. Sergej Maximischin; 2021; rettete Nawalny das Leben; »Herzinfarkt«

Dr. Rustam Agischew; 2021; rettete Nawalny das Leben; »Schlaganfall«

Jewgeni Prigoschin; 2023; Meuterei; Explosion

Alexej Nawalny; 2024; politischer Gegner; ermordet, Methode unbekannt

Quellen

Anm.: Sämtliche Internetseiten zuletzt aufgerufen am 9.Juni 2024.

Bücher

Jan Matti Dollbaum; Morvan Lallouet; Ben Noble, *›Navalny: Putin's Nemesis, Russia's Future?‹* 2021.

David Herszenhorn, *The Dissident: Alexey Navalny: Profile of a Political Prisoner*, 2023.

Adam Michnik, *Opposing Forces: Plotting the New Russia*, 2015.

John Sweeney, *Killer In The Kremlin: The Explosive Account of Vladimir Putin's Reign of Terror*, 2022. (Deutsche Ausgabe: *Der Killer im Kreml*, München 2022)

Konstantin Voronkov, *Threat to Crooks and Thieves*, 2012.

Motto

»Sirens«, Victoria Amelina, zuerst veröffentlicht in *Invasion: Ukrainian Poems about the War* (Hg. Tony Kitt, SurVision Books, Dublin, 2022)

Einleitung

Terminator 2 Musik
www.bbc.co.uk/news/av/world-europe-68445602
Nawalnys falsche Aussagen über die Ukraine
www.washingtonpost.com/world/2023/10/27/navalny-ukraine-putin-russia/
Tucker Carlson zu weich nach Ansicht von Putin
www.politico.eu/article/vladimir-putin-tucker-carlson-soft-interview/
Tucker Carlson spricht mit Andrew Cuomo über sein Interview mit Putin
www.youtube.com/watch?v=o9Y15fiTIuw

Kapitel eins

Kindheit in Tschernobyl

https://galka-galkina.livejournal.com/875989.html

Nawalny Interview mit dem Esquire

www.mk.ru/politics/2011/11/24/646636-esquire-teper-s-navalnyim.html

Der junge Nawalny

Dollbaum, Jan Matti; Lallouet, Morvan; Noble, Ben. *Navalny: Putin's Nemesis, Russia's Future?*, 2021

Herszenhorn, David. *The Dissident: Alexey Navalny: Profile of a Political Prisoner*, 2023

Putins Medien und die Wahrheit über Tschernobyl

www.themoscowtimes.com/2019/06/04/putins-media-struggle-to-deal-with-hbos-chernobyl-a65866

Nawalnys Cousin 2012 getötet

www.themoscowtimes.com/2022/04/19/navalny-relative-killed-in-ukraines-bucha-reports-a77404

www.amnesty.org/en/wp-content/uploads/2022/05/EUR5055612022ENGLISH.pdf

Kapitel zwei

Der wilde Osten

www.bulvar.com.ua/gazeta/archive/s28_64799/6968.html

Jawlenskis Sohn verstümmelt

www.themoscowtimes.com/archive/rybkin-affair-is-no-laughing-matter

Jelzin kreist über Shannon Airport

www.independent.ie/life/just-plane-rude-the-day-boris-yeltsin-overslept/30615643.html

Keine Angst vor Bürgermeister Luschkow

www.kommersant.ru/doc/482159

Kapitel drei

Nawalnys Video für freien Waffenerwerb

www.youtube.com/watch?v=oVNJiO1oSWw

Nawalnys Video Nationalismus

www.youtube.com/watch?v=ICoc2VmGdfw

Die Entwicklung von Nawalnys Nationalismus

www.newyorker.com/news/our-columnists/the-evolution-of-alexey-navalnys-nationalism?_sp=db2a5f41-889e-42b3-bcf5-66f94ed71bcd.1710845665630

Nawalny verteidigt sich gegen den Vorwurf des Nationalismus

Navalny, Alexei; Michnik, Adam. *Opposing Forces: Plotting the new Russia*, Egret Press, 2016, S.63

Marvin Rees über seinen Freund aus Yale
Conversation with the author
Nawalnys Untersuchungen des Falls Transneft
www.bbc.co.uk/news/world-europe-11779154
Oleg Kaschin zusammengeschlagen
www.theguardian.com/world/2010/nov/07/nationalist-thugs-attack-russian-journalist
Nawalnys Korruptionsverdächtiger spendet für Tory-Abgeordnete
www.bbc.co.uk/news/world-58791274

Kapitel vier

Nawalnys private E-Mails geleakt
www.themoscowtimes.com/2011/10/26/navalnys-private-e-mails-leaked-a10439
Nawalnys Blog verhöhnt die Duma-Wahlen 2011
https://navalny-en.livejournal.com/1560.html
Nawalny am 5. Dezember
https://navalny-en.livejournal.com/2012/12/07/
Nawalnys Grußwort aus dem Gefängnis: Wir sind kein Vieh und keine Sklaven
https://navalny-en.livejournal.com/3039.html
Nawalnys Rede am 24. Dezember 2011
https://navalny-en.livejournal.com/4410.html
www.theguardian.com/world/2011/dec/24/russia-europe-news
Nawalny verhaftet am 6. Mai 2012: »Sie brechen mir den Arm!«
https://youtu.be/RupZW2Zcfwg?si=HaNWZCiZZxXPAXbW

Kapitel fünf

Keine Angst
https://globalvoices.org/2010/10/27/russia-blogger-alexey-navalny-on-fighting-regime/
Putin bedroht Journalisten mit Kastration
www.telegraph.co.uk/news/worldnews/europe/russia/1413083/Putin-suggests-castration-for-journalist.html
Nawalny wird vom Investor zum Aktivisten
www.kommersant.ru/doc/1197604
Nawalnys Blog: »Wie sie an Gazprom sägen«
https://navalny.livejournal.com/342311.html
Borisovich sponsert die Antikorruptionsstiftung
Conversations with the author

Kapitel sechs

Taking On Putin, Podcast

https://open.spotify.com/show/0rwlMXKNQK0a7ug2p40X1D

Stalins Bibliothek

www.theguardian.com/books/2022/feb/16/stalins-library-by-geoffrey-roberts-review-the-marks-of-a-leader

Putins Gangster-Mentor

Sweeney, John, *Killer in the Kremlin*, Penguin, 2022.

Putin: Plagiate

www.brookings.edu/wp-content/uploads/2012/09/Putin-Dissertation-Event-remarks-with-slides.pdf

Ein sehr russisches Massaker

www.bbc.co.uk/news/world-europe-11736312

Bastrykin, Entführer

https://web.archive.org/web/20130118124158/http://www.novayagazeta.ru/columns/53061.html?print=1

Bastrykin Plagiate

www.newyorker.com/news/news-desk/heckling-russias-j-edgar-hoover

Bastrykin als Affe

https://navalny-en.livejournal.com/26788.html

Bastrykin besitzt Immobilien in Tschechien

https://navalny-en.livejournal.com/28761.html

Kapitel sieben

Bürgermeister Sobjanin Plagiate

https://wiki.dissernet.org/wsave/SSS.html

Nawalnys Rede beim Kirowles-Prozess, Juli 2013

www.nytimes.com/2013/07/06/world/europe/text-of-navalnys-closing-remarks-in-russian-court.html?pagewanted=all&_r=3&

www.youtube.com/watch?v=VQGpcEjezqQ

Die Tochter des Bürgermeisters hat eine hübsche Wohnung

www.themoscowtimes.com/2013/08/11/sobyanin-daughters-apartment-triggers-controversy-a26693

Nawalnys Tochter

https://navalny-en.livejournal.com/101866.html

Kapitel acht

Nawalnys Blog über die Krim

https://navalny.livejournal.com/914090.html?fbclid=IwAR33uDqii3ax-ogVU8BbwHU8eZMxTExb_vA7aSKI1LQmHVciukzeb7JSvG4s_aem_AcUu1UpzzZEANcA2nkCdkjrwwiXZ2nPYzrFUUJjnxijG35TtblKek-XAoAsXT7dOkSdBHzA4-Ds3gMNbWKqicek7I

Würde die Krim nicht zurückgeben

www.themoscowtimes.com/2014/10/16/navalny-wouldnt-return-crimea-considers-immigration-bigger-issue-than-ukraine-a40477

Kapitel neun

Udalzow im Gefängnis

www.nytimes.com/2014/07/25/world/europe/russia-2-activists-sent-to-prison-colony.html

Raswosschajew entführt

www.nytimes.com/2012/10/23/world/europe/leonid-razvozzhayev-russian-opposition-figure-says-he-was-kidnapped-and-tortured.html

https://navalny-en.livejournal.com/40640.html

https://navalny-en.livejournal.com/73570.html

Folter gegen Udalzow

https://navalny-en.livejournal.com/54915.html

Nawalnys Bruder in Haft

www.theguardian.com/world/2014/dec/30/kremlin-critic-navalny-given-suspended-sentence-brother-jailed

Abramowitsch, Nähe zu Putin

Im folgenden Link forderte das Team Nawalny Sanktionen gegen 35 Oligarchen. Roman Abramowitsch steht an erster Stelle.

https://en.wikipedia.org/wiki/Navalny_35

BBC Newsnight, *Prosecutor General Chaika*

Nawalnys Film über Tschaika

www.youtube.com/watch?v=3eO8ZHfV4fk

***The Observer* über den Tschaika-Film**

www.theguardian.com/world/2015/dec/13/alexei-navalny-yuri-chaika

Parlamentarische Untersuchung

https://committees.parliament.uk/writtenevidence/63782/html/

Wladimir Medinski über Russlands Extra-Chromosom

http://rusk.ru/st.php?idar=58000

Wladimir Medinski, Plagiatsvorwürfe

www.rferl.org/a/russia-profile-culture-minister-vladimir-medinsky/24602133.html

Nemzows Mutter fürchtete, ihr Sohn könnte umgebracht werden
https://sobesednik.ru/politika/20150210-boris-nemcov-boyus-togo-chto-putin-menya-ubet
Kasjanow unter Zugzwang
www.themoscowtimes.com/2016/04/22/former-prime-minister-kasyanov-stifled-by-both-kremlin-and-allies-a52631

Kapitel zehn

***Taking On Putin*, Panorama, BBC, 2018**
www.bbc.co.uk/programmes/b09w85tc
Nawalny vorübergehend blind
www.rferl.org/a/russian-authorities-launch-criminal-inquiry-navalny-assault-green-antiseptic/28469160.html
SERB wirft mit Kot
www.rferl.org/a/thugs-attack-volunteers-guarding-nemtsov-memorial-in-moscow/29478626.html
Putin ein Kriegsverbrecher
www.theguardian.com/world/2000/mar/05/russia.chechnya
Putin zerstört Russland
www.theguardian.com/world/2000/mar/12/chechnya.johnsweeney
Russen foltern in Tschetschenien
www.theguardian.com/world/2000/oct/15/russia.chechnya
Blair missversteht Putin
www.theneweuropean.co.uk/alastair-campbells-diary-vladimir-putins-belligerence-must-not-be-underestimated/
Überfall auf Idrisow
https://meduza.io/en/news/2018/01/29/things-turned-violent-for-this-human-rights-activist-at-sunday-s-voters-boycott-rally-in-st-petersburg
Angriff auf den Mann mit der Putin-Maske
https://meduza.io/en/feature/2019/03/26/st-petersburg-activist-investigated-for-trying-to-kill-putin-s-chef-is-now-under-arrest-for-trafficking-bombs
Nawalny-Mitarbeiter mit Eisenstange angegriffen
https://meduza.io/en/feature/2017/09/22/an-ex-con-bashed-navalny-s-moscow-campaign-chief-over-the-head-with-a-pipe-police-think-he-hired-his-own-attacker

Kapitel elf

Unwahrscheinlicher Messias

CNN documentary, *Navalny*, 2022, directed by Daniel Roher

Piloten ignorierten Bombendrohung am Flughafen, um Nawalny zu retten

www.thetimes.co.uk/article/pilots-ignored-bomb-alert-to-save-alexei-navalny-gqp6rjlgm

Ärzte, die Nawalny behandelten, starben

www.rferl.org/a/russia-navalny-omsk-another-doctor-dies/31174637.html

https://edition.cnn.com/2021/02/04/europe/russia-navalny-doctor-maximishin-dies-intl/index.html#

Leitender Arzt in Omsk verschwindet und taucht wieder auf

www.themoscowtimes.com/2021/05/10/russian-police-find-missing-ex-head-of-siberian-hospital-that-treated-navalny-a73845

Recherchen von Bellingcat zur Vergiftung Nawalnys

www.bellingcat.com/news/uk-and-europe/2020/12/14/fsb-team-of-chemical-weapon-experts-implicated-in-alexey-navalny-novichok-poisoning/

Kapitel zwölf

Nawalny stellt den Attentäter

CNN documentary, *Navalny*, 2022, directed by Daniel Roher

https://edition.cnn.com/2020/12/21/europe/russia-navalny-poisoning-underpants-ward/index.html

Clarissa Ward stellt ein Mitglied der Poison Squad

www.youtube.com/watch?v=ODcuEE799r4

Putin bestreitet Giftanschlag

www.theguardian.com/world/2020/dec/17/putin-questions-navalny-poisoning-covid-crisis-annual-press-conference-russian-president-kremlin

Kapitel dreizehn

Nawalny kehrt nach Moskau zurück

www.theguardian.com/world/2021/jan/17/alexei-navalny-detained-at-airport-on-return-to-russia

Matthew Parris über Politiker und Risiken

www.thetimes.co.uk/article/politics-is-a-magnet-for-the-rash-and-reckless-sxrwfp80x

Putins Palast

https://palace.navalny.com/

www.youtube.com/watch?v=T_tFSWZXKN0

In Putins Palast

www.thetimes.co.uk/article/vladimir-putins-1bn-palace-built-with-illicit-funds-says-alexei-navalny-from-prison-cell-plflch3ft

www.theguardian.com/world/2022/jan/21/russian-activists-publish-leaked-photos-of-putin-linked-palace

Kapitel vierzehn

Team Nawalny wird verhaftet

www.rfi.fr/en/russia-detains-navalny-allies-after-apartment-raids

Nawalnys Rede 2021

https://theins.ru/politika/239043

Trumps Verbindungen zum Mob

www.youtube.com/watch?v=-k3B-tw2sB0

Kapitel fünfzehn

Prigoschin droht, Nawalny zu vernichten

www.themoscowtimes.com/2020/08/26/kremlin-linked-businessman-prigozhin-vows-to-ruin-navalny-a71246

Prigoschin verklagt Nawalny

https://punchng.com/court-fines-russian-opposition-leader-1-4m-for-defamation/

Sobols Recherchen zu Prigoschin

https://navalny.com/p/5086/

Proekts Recherchen zu Prigoschin

www.proekt.media/en/portrait-en/evgeny-prigozhin/

Nawalnys Recherchen zu Prigoschin

https://navalny.com/p/5382/

Eine Art Geständnis

www.occrp.org/en/investigations/9038-operative-for-putin-s-chef-shares-secrets-vanishes-then-reappears-and-retracts

Prigoschins Leute in Syrien

www.occrp.org/en/other-articles/9039-prigozhin-s-men-in-syria

Der Straßenreiniger erkennt den Mann, der ihn angriff

https://meduza.io/en/feature/2019/03/26/st-petersburg-activist-investigated-for-trying-to-kill-putin-s-chef-is-now-under-arrest-for-trafficking-bombs

Kapitel sechzehn

Putins langweilige Abhandlung

http://en.kremlin.ru/events/president/news/66181

Nawalnys Aufruf gegen die Korruption

www.theguardian.com/commentisfree/2021/aug/19/action-against-corruption-russian-sanctions-oligarchs-alexei-navalny

Laut Amnesty International kein Prisoner of Conscience

www.bbc.co.uk/news/world-europe-56181084

Kein Nobelpreis

www.nytimes.com/2021/10/08/world/europe/russian-laureate-.html

Nawalny kritisiert den Krieg gegen die Ukraine

www.rferl.org/a/navalny-condemns-russia-attack-ukraine/31720484.html

Zeuge der Anklage kritisiert Krieg gegen die Ukraine

www.svoboda.org/a/na-sude-nad-navaljnym-svidetelj-obvineniya-otkazalsya-davatj-pokazaniya/31714818.html

Folter in IK-6

https://novayagazeta.ru/articles/2018/07/26/77289-promochil-nogi-v-kartsere-i-umer-ot-pnevmonii

Nawalny geht wieder in den »Kühlschrank«

www.themoscowtimes.com/2022/09/07/navalny-put-in-solitary-confinement-for-fourth-time-in-month-a78737

Team Nawalny veröffentlicht die Liste der 6000

www.occrp.org/en/daily/16253-navalny-s-foundation-lists-putin-s-6-000-bribe-takers-and-warmongers

Nawalny über den Mord an Prigoschin

https://x.com/navalny/status/1694742307810013541

Anti-jüdischer Mob im Süden Russlands

www.telegraph.co.uk/world-news/2023/10/29/anti-israel-mob-airport-plane-dagestan-russia-makhachkala/#

Kapitel siebzehn

Nawalnys Anwälte verhaftet

www.theguardian.com/world/2023/oct/14/russia-detains-lawyers-acting-for-opposition-leader-alexei-navalny#:~:text=Navalny%20said%20at%20the%20hearing,%2C%20too%2C'%20he%20said.

Anwältin über Nawalnys Angst, langsam vergiftet zu werden

www.thedailybeast.com/navalny-told-lawyer-he-thought-he-was-being-slowly-poisoned

Strafkolonie Polarwolf
www.reuters.com/world/europe/russias-navalny-describes-harsh-reality-polar-wolf-arctic-prison-2023-12-26/
Folter
https://novayagazeta.ru/articles/2024/02/16/vy-liudi-voobshche
Nawalnys Tod
www.reuters.com/world/europe/alexei-navalnys-death-what-do-we-know-2024-02-18/
KGB-Schlag-Theorie
www.thetimes.co.uk/article/alexei-navalny-killed-punch-death-cause-russia-putin-x86g6jcdx
Pläne für einen Gefangenenaustausch
https://edition.cnn.com/2024/03/08/europe/navalny-prisoner-swap-deal-abramovich-intl/index.html
Die *Times* zitiert Osechkin
https://www.thetimes.com/world/russia-ukraine-war/article/alexei-navalny-killed-punch-death-cause-russia-putin-x86g6jcdx
Proekt über Osechkin
www.proekt.media/en/portrait-en/vladimir-osechkin-en/
Osechkins FSB-Quelle behauptete, Russland wolle in Japan einmarschieren
www.newsweek.com/russia-planned-attack-japan-2021-fsb-letters-1762133
US-Geheimdienst bezweifelt Putins Befehl, Nawalny zu ermorden
www.reuters.com/world/europe/us-intelligence-believes-putin-probably-didnt-order-navalny-be-killed-wsj-2024-04-27/

Kapitel achtzehn

www.theguardian.com/artanddesign/2024/feb/26/dmitry-markov-russia-cartier-bresson-photographer